V&R

Inge Kirsner / Ilona Nord /
Harald Schroeter-Wittke (Hg.)

… und den Mond
als Licht für die Nacht

Andachten zur Nacht im Kirchenjahr

Vandenhoeck & Ruprecht

Hans-Martin Gutmann zum 60. Geburtstag

Umschlagabbildung: flamingo und mond, r. fichtinger, www.digitalstock.de

Bibliografische Information der Deutschen Nationalbibliothek

Die Deutsche Nationalbibliothek verzeichnet diese Publikation in
der Deutschen Nationalbibliografie; detaillierte bibliografische Daten
sind im Internet über http://dnb.d-nb.de abrufbar.

ISBN 978-3-525-58040-0
ISBN 978-3-647-58040-1 (E-Book)

Satz: textformart, Göttingen
Druck und Bindung: ⊕ Hubert & Co, Göttingen

Gedruckt auf alterungsbeständigem Papier.

Inhalt

Zu diesem Buch …

Biblische Anstöße zum Thema »Nacht« – dieses Brevier führt mit 74 Beiträgen durch das Kirchenjahr. So kann man die Nacht im Wechsel der Jahreszeiten und des Kirchenjahres entdecken. Denn eine Winternacht ist ganz anders als eine Nacht im Sommer. Und wenn der Engel Gottes die Türen des Gefängnisses auftut, dann zeigt sich die Macht der Nacht, die Verhältnisse zum Tanzen zu bringen. Doch die Bibel kennt auch die Nächte, in denen alles starr und verschlossen wirkt, man sich verlassen fühlt. Die Nacht vor dem Karfreitag, die dunkle Zeit, in der Jesus seine Jüngerinnen und Jünger darum bittet, bei ihm zu bleiben und mit ihm zu wachen und zu beten. Wie gut, dass das Kirchenjahr ohne eigenes Zutun weiterführt. Ostern kommt, und am Anfang des Kirchenjahres ist selbstverständlich auch vom Glanz der Heiligen Nacht zu erzählen: Stern über Bethlehem. Die Nacht ist eine facettenreiche Zeit. Die Autorinnen und Autoren entfalten sie sensibel, neugierig, traurig, hoffnungsvoll und sogar komisch. Wer die Andachten liest, wird bemerken, wie der Gang durch das Kirchenjahr zugleich zur Schule der Wahrnehmung von Gefühlen und Atmosphären wird.

Der Jubilar, dem dieser Band gewidmet ist, ist ein Lehrer, der der Angst vor der Nacht nicht ausweicht. Fast möchte man sagen: Keine Nacht ist ihm fremd. Vielleicht lehrt er deshalb so eindrücklich, am Licht festzuhalten.

Wir freuen uns, dass der Verlag Vandenhoeck & Ruprecht in Göttingen diesen Band produziert hat, und danken Martina Steinkühler sehr für die Begleitung.

Hamburg im Frühling 2013,
Ilona Nord, Inge Kirsner und Harald Schroeter-Wittke

Michael Weinrich (Bochum)

Erster Advent:
Die Nacht ist vorgedrungen

Die Nacht ist vorgerückt, der Tag aber nahe herbeigekommen.
So lasst uns ablegen die Werke der Finsternis und anlegen die
Waffen des Lichts. (Röm 13,12)

Tatsächlich werden die Tage immer kürzer und die Nächte immer länger. Das Jahr neigt sich seinem Ende zu. An manchen Tagen wird es gar nicht mehr richtig hell. Wenn wir uns nicht selbst Licht verschafften, hätte die Dunkelheit längst die Oberhand. Doch die selbstangezündeten Lichter können uns nicht wirklich über die Tatsächlichkeit der Dunkelheit hinweghelfen. Die Wahrnehmung der Finsternis drängt uns einmal mehr die Endlichkeit unseres Lebens ins Bewusstsein. Volkstrauertag, Totensonntag. Damit können es unsere Versuche der Selbsterhellung nicht aufnehmen. Und wir ahnen das zumindest. Alles wird aufgeboten, das Ende hinauszuzögern. Es wird aber nicht einmal eine Elle sein, die wir schließlich der Länge unseres Lebens hinzufügen können (Mt 6,27). Und wenn uns ein weiteres Jahr gegeben wird, so geht auch dieses definitiv seinem Ende zu. Bei nüchterner Betrachtung wird es wohl heißen müssen: Das Ziel ist das Ende. – Da bleiben wir doch lieber ziellos und halten uns an das, was wir in unserer Hand haben, selbst wenn dieses uns *mit uns selbst* am Ende zwischen Fingern zerrinnen wird. Angesichts des Endes werden wir – nicht ohne einen gewissen Zynismus – zu Epikureern.

Es hat einen eigenen Sinn, wenn das Kirchenjahr beginnt, bevor die Dunkelheit ihren Höhepunkt erreicht hat. Da werden ein neuer Tag und sein Licht in die Aufmerksamkeit gerückt, während es tatsächlich immer noch dunkler wird. Der immer endloser werdenden Nacht, die allem ein Ende zu setzen scheint, wird, bevor es so weit ist, ein Ende gesetzt. In der sich unangefochten ausbreitenden Finsternis wird ein Licht angezündet, erst eins, dann zwei … – Advent. Es gibt einen Anfang vor dem Ende. Wir gehen keinem endlosen Enden entgegen, sondern blicken in der Finsternis auf den Anfang, der dem Ende sein Ende ankündigt. Der Anfang setzt uns das Ziel – also lasst uns die Geister der Nacht vertreiben und uns auf den kommenden Tag einstellen.

Als Paulus diese Botschaft an die Römer schrieb, hat er wohl an das endgültige Wiederkommen des Auferstandenen gedacht, wenn nicht gleich, so doch bald: »Der Tag ist nahegekommen«. Paulus greift in die Farbtöpfe der Apokalypse, um uns vor Augen zu stellen, was die Stunde geschlagen hat. Es ist an der Zeit, aus dem Schlaf aufzuwachen, der uns längst zu Kumpanen der Finsternis gemacht hat, und uns auf den Tag einzustellen, den Gott uns bereiten will. Weder Bedrängnis und Angst noch unsere Bemühungen ihrer Verdrängungen werden der tatsächlichen Situation noch gerecht. Vielmehr gilt es, sich auf die Nähe des angesagten Tages einzustellen. Es gilt, bereits jetzt entschlossen auf die Seite den neuen Äons zu wechseln, in dem uns die »Sonne der Gerechtigkeit« (Mal 3,20) leuchten wird. Paulus spricht vom Ergreifen der Waffen des Lichts. Das Licht ist das Kriterium für die Tauglichkeit der in die Hand zu nehmenden Instrumente; die Sparte »Waffen« verweist auf deren Effektivität und Durchschlagskraft. Kein Schlachtfeld steht zu erwarten. Es sind ja nicht wir, welche die Finsternis vertreiben und ihre agilen Mächte aus dem Feld schlagen sollen. Aber Paulus will uns daran erinnern, dass wir bereits Grund genug haben, uns dem kommenden Licht nicht weiter als Kumpanen der Finsternis entgegenzustellen. Es geht um das Ernstnehmen der Verheißung, die das anhaltende praktische Paktieren mit der Finsternis in seiner abgründigen Widersinnigkeit blamiert und damit die Besinnungslosigkeit bloßlegt, in der wir uns den Bedingungen der Finsternis gefügig zeigen. Waffen des Lichts gilt es von denen in die

Hand zu nehmen, die mit dem »Ton vom Ostermorgen« (Karl Barth) die Verheißung des neuen Äons vernommen haben, den Paulus unmittelbar bevorstehen sieht.

Die Naherwartung des Paulus hat sich so nicht erfüllt. In der Theologie sprechen wir von der Parusieverzögerung. Aber mittlerweile stellt sich die Frage, ob wir überhaupt noch auf das Wiederkommen Christi warten. So wie er uns mit seiner Himmelfahrt seine Gegenwart zu entziehen scheint, so lässt er uns im Warten wieder einschlafen. Die Finsternis hat uns betäubt; der Osterton verklingt in der Ferne. Auch das Licht des Advents scheint längst mehr die Finsternis zu bestätigen als ihr entgegenzuwirken. Der alljährliche Weckruf verkümmert zum Ritus. Wir folgen den Maßeinheiten der Finsternis, die uns mit Quantitäten in Atem halten. Die Sehnsucht nach der Qualität des neuen Lichtes scheint verkümmert.

Daran können die Veranstaltungen des Kirchenjahrs nichts ändern. Sie sind nur ein veränderbarer Erinnerungskalender, der uns wichtige Aspekte des Weges an die Hand gibt, den Gott bereits mit uns gegangen ist und den er mit uns geht und weiter gehen wird. Wenn wir am Anfang an die Verheißung seines Kommens und an die Freiheit erinnert werden, unser Leben bereits jetzt seinem Licht anzuvertrauen, sollen die Entmutigten aus ihrem Schlaf erwachen, deren Diesseitszufriedenheit ihnen verbietet, über das Greifbare hinaus noch etwas zu erwarten. Der hier angesprochene Mut kann nicht aus den Umständen unseres Lebens kommen. Das Kirchenjahr und die Kirche können bestenfalls Kerzen anzünden und es ist gut, wenn sie das tun. Es wird darauf ankommen, dass sich unsere Kerzen von dem Licht überstrahlen lassen, auf das sie hinweisen. Dann gibt es einen Anfang vor dem Ende, ja, ein Anfangen ohne Ende, und wir werden uns der Werke der Finsternis schämen und nach den Waffen des Lichts greifen. Angesichts dieser Aussicht bietet es sich an, an der Seite der ersten christlichen Gemeinden zu bleiben und zu rufen: *Maranatha* – Komm unser Herr! (1 Kor 16,22).

Vielen von uns klingt gewiss das eindrückliche Lied »Die Nacht ist vorgedrungen« von Jochen Klepper in den Ohren. Es könnte eine Waffe des Lichts sein, wenn wir die vierte Strophe anstimmen:

Noch manche Nacht wird fallen
auf Menschenleid und -schuld.
Doch wandert mit uns allen
der Stern der Gotteshuld.
Beglänzt von seinem Lichte,
hält euch kein Dunkel mehr.
Von Gottes Angesichte
kam euch die Rettung her.

Magdalene L. Frettlöh (Bern)

Zweiter Advent:
In schlaflosen Nächten ...

Wer nicht begehrt, wacht verkehrt. (Jes 26,9)

Meine Lebenskraft – ich begehre deiner in der Nacht [mit ihr],
ja, mein Lebensatem in meinem Innern – ich sehne mich nach
dir [mit ihm] (Jes 26,9a)

Der ganze Mensch – ein einziges Verlangen und Sehnen, von der hungrigen und durstigen Kehle bis zu den tiefsten Empfindungen seiner Seele, mit jedem Atemzug und allen Regungen seines Geistes: lechzend nach dem geliebten Du. Randvoll von ungestilltem Begehren, von einem Suchen, das sein Ziel noch nicht erreicht hat. Mit jeder Faser seines Herzens, mit jeder Pore seiner Haut, ja mit allem, was seine geschöpfliche Lebendigkeit ausmacht, wünscht er dieses Du herbei. Unbeschreibliche Sehnsucht. Schier unerträgliches Verlangen.

Es ist Nacht und sie liegt wach. Dabei ist nicht ausgemacht, ob ihr leidenschaftliches Begehren des schmerzlich Ersehnten sie nicht schlafen lässt oder ob es sich gerade deshalb so heftig meldet, weil sie nicht schlafen kann, und weil in den Nächten, wo es draußen stiller wird, das Pochen des eigenen Herzens und das nach Leben Lechzen der eigenen Kehle, das Sehnen der Seele und der ruhelose Geist sich lautstark melden und nicht zum Schweigen bringen lassen.

Kein gesunder, tiefer Schlaf, aber auch kein Totschlagen der schlaflosen Stunden, bei dem mensch sich von einer Seite auf die andere dreht, immer wieder auf die Uhr schaut und feststellen muss, dass die Zeiger sich kaum merklich vorwärtsbewegt haben, um dann irgendwann am Morgen gerädert aufzustehen. Vielmehr: hellwach, quicklebendig, sehnsüchtig mit allen Sinnen.

Dessen Begehren und Verlangen sich hier in nächtlicher Stunde zu Wort melden, bekennt sich zu seiner ganzen Bedürftigkeit, weiß sich angewiesen auf jenes so innig ersehnte Du. Ihr ist die Beziehung zum Anderen ein elementares Lebensmittel; sie hat sie nötig wie das tägliche Brot. Er kann seinen dürstenden Geist und seine hungernde Seele nicht allein stillen. Dieses nächtliche Verlangen spottet jeder Autarkie. Eine unumwundene, vorbehaltlose Liebeserklärung zu nächtlicher Stunde.

Und eben diese begegnet uns in einem Psalm der Gerechten aus Israel und den Völkern (Jes 26,7–18.19), die sich leidenschaftlich ein Ende der Unterdrückung und des Unfriedens sowie die Durchsetzung der Gerechtigkeit Gottes in Jerusalem und weltweit wünschen. Die sich danach sehnen, dass das Gottesvolk und die Menschheit nicht für immer in Unterdrücker und Unterdrückte, in Gerechte und UnrechtstäterInnen gespalten bleiben, dass eine Zeit kommen wird, in der es keine Feinde Zions mehr geben wird, sondern eine gerechte Nation Einzug hält in die Tore der Gottesstadt (V. 2). Sogar darauf geht die weit ausgreifende Hoffnung der BeterInnen, dass die Toten leben, die Leichname wieder aufstehen werden (V. 19): die Entmachtung des Todes, ein Leben, das vom Tod nicht länger bedroht wird, als Ziel des weltweiten Schalom!

Damit erweist sich der Gott der Gerechtigkeit und des Friedens in diesem Psalmwort als der »Traum der schlaflosen Nächte«. Israels Gott ist das Du, nach dem sich die Gerechten im Gottesvolk und aus den Völkern verzehren. Als die Gericht übende, Recht sprechende, zurechtbringende Gottheit ist sie Adressatin dieser nächtlichen Liebeserklärung.

Denn wenn immer deine Rechtssprüche über die Erde [gekommen sind], haben Gerechtigkeit gelernt die, die den Erdkreis bewohnen (Jes 26,9b).

Der Liebhaber, nach dem das nächtliche Begehren des Beters, der Beterin steht, ist der Gott, der als Weltenrichter wirkt. Seine Gerichte lehren die Weltbevölkerung Gerechtigkeit. Sie machen die Erdbewohnenden zu PfadfinderInnen des Rechts, zu solchen nämlich, die auf geraden Pfaden, auf den Pfaden der göttlichen Rechtsprechung, unterwegs sind (vgl. V. 7.8a). Gottes Gerichte auf Erden erweisen sich so als Lehrgang der Gerechtigkeit.

Was als innige, geradezu intime nächtliche Liebeserklärung eines schlaflosen Menschen an das erwählte Du daherkommt, erweist sich vom zweiten Teil des Verses und vom ganzen Psalm her als eine Hoffnung, die den todesmächtigen Gott herbeisehnt, der nicht nur der Stadt (Zion/Jerusalem!), sondern dem ganzen Erdkreis Frieden und Gerechtigkeit bringt.

Mag man auch exegetisch mit gutem Grund die beiden Vershälften auseinanderhalten – unübersehbar korrespondiert ja die erste Vershälfte mit dem vorausgehenden V. 8a und die zweite Vershälfte mit dem nachfolgenden V. 10 (sowie mit V. 7–8a) –, die Herausforderung liegt gleichwohl darin, beide als Einheit zu verstehen: Wie die Nähe des Geliebten wird von der nächtlichen Beterin, dem wachenden Beter ungeduldig das Kommen des Gerechtigkeit übenden und Frieden schaffenden Gottes erwartet. Ja, es ist dessen Jerusalem orientiertes wie globales Engagement für Gerechtigkeit und Leben zur Genüge (Schalom), dass das leidenschaftliche Begehren und die tiefe Sehnsucht der Gerechten entfacht. Wie können sie seelenruhig schlafen, solange Unfriede und Unrecht in der Welt herrschen?! Und: wie können sie nicht auch seelenruhig schlafen, solange es *Gott* ist, der seinem Volk und der Welt Recht spricht?!

Jesaja 26,9 – ein Gebet für die Nächte der zweiten Adventswoche? Dafür spricht nicht nur die Gerichts-Thematik, die den zweiten Adventssonntag prägt. Zu lernen wäre von diesem Vers allemal eine adventliche Erwartung, die sich anstecken ließe vom heißen Begehren und der ungestillten Sehnsucht liebender Menschen. Das Bitt- und Klagegebet in Jesaja 26,7 ff. lässt das menschliche Verlangen nach dem Gott, der die ganze Weltbevölkerung auf den Pfad der Gerechtigkeit locken will und allen gottlosen

Begehrlichkeiten den Riegel vorschiebt, sich in leidenschaftlicher Lyrik aussprechen, ist doch auch diesem Gott solches Begehren, allemal wenn es um den Zion geht, nicht fremd (Psalm 132,13).

»Die Nacht ist nicht allein zum Schlafen da; die Nacht ist da, dass was gescheh'«, dass nämlich Menschen, die nicht schlafen können, den Gott herbeisehnen, der die Menschheit Gerechtigkeit lehren und so die Welt zurechtbringen wird.

Harald Schroeter-Wittke (Paderborn)

Dritter Advent:
Hüter, ist die Nacht bald hin?

Hüter, ist die Nacht bald hin?
Hüter, ist die Nacht bald hin? (Jes 21,11b)

Manche Nächte sind uns schier zu lang. Der Schlaf ist unruhig, vielleicht wird er uns geraubt. Wir liegen wach, wälzen uns hin und her. Die Sorgen schießen uns immer wieder durch den Kopf und wollen unser Herz beim besten Willen nicht verlassen. Solche Nächte sind eine Qual. Dann können wir das erste Licht des Morgens kaum erwarten und sehnen uns mit aller Kraft das Ende der Nacht herbei. Dann rufen wir nicht nur einmal, sondern doppelt: »Wächter, ist die Nacht bald hin? Wächter, ist die Nacht bald hin?« (Lutherbibel 1984)

Größere Not, eindringlicheres Bitten lässt sich sprachlich kaum denken, denn das, was sonst den *parallelismus membrorum* auszeichnet, nämlich etwas als zwei verschiedene Nuancen zur Sprache zu bringen, wird hier zur schlichten Wiederholung. Im hebräischen Text allerdings wird die erste Erwähnung der Nacht im Unterschied zur zweiten mit einem *he* versehen; es gibt dort also doch eine klitzekleine Nuance, die buchstäblich macht, dass bei der zweiten Erwähnung die Nacht mindestens schon einen Hauch kürzer ist. So werden die Gesetze der Kunst auch in der allergrößten Not nicht preisgegeben. Gerade das Judentum kann davon ein Lied singen.

Solches Sehnen nach der Not-Wendigkeit kann verschiedenen Situationen entspringen, z. B. in einer belagerten Stadt. Dann wird der Nachtwächter auf der Zinne gefragt: »Wache, wie lange dauert noch die Nacht? Wache, wie lange dauert noch die Nacht?« (Bibel in gerechter Sprache)

Aber auch die Herbst- und Winterdepressionen des Advents mit seinen langen Nächten können Quelle eines solchen Sehnens sein. »Hüter ist die nacht schier hin? Hüter ist die nacht schier hin?« (Luther 1545)

Unser Vers steht innerhalb der Fremdvölkersprüche Jesajas in einem Ausspruch über Duma: »Zu mir ruft's aus Seir: Wächter, wie weit ist's in der Nacht? Wächter, wie weit ist's in der Nacht? Sagt der Wächter: Gekommen ist der Morgen, und noch ist es Nacht. Wollt ihr fragen, fragt, kommt noch einmal!« (Hans Wildberger, Jesaja, BK 10, Neukirchen-Vluyn 1977, 787)

Duma bezeichnet eine Oase am Nordrand der Wüste Nefud im heutigen Saudi-Arabien, von der heute nur noch Ruinen existieren: Dumat Al Jandal. Der Name geht auf Duma, den sechsten der 12 Söhne Ismaels, zurück (Gen 25,14), bedeutet gleichzeitig aber auch Schweigen, Stille. Dieses Wort taucht auch in 1 Kön 19,12b am Horeb auf, wo Elia Gottes Anwesenheit gewahr wird in einer qol demamah, wörtlich zu übersetzen als »unhörbare Stimme«. Luther übersetzt sie mit »still sanfftes Sausen«, Buber/Rosenzweig mit »Stimme verschwebenden Schweigens«.

Es bleibt erstaunlich, dass es für diese entfernte Oase einen Ausspruch bei Jesaja gibt. Offenbar gab es Kontakte dorthin. Zur Zeit Jesajas war Duma nicht unbedeutend. Und: Duma war von den assyrischen und babylonischen Großreichen ebenso betroffen wie Israel. Der Ausspruch erspäht aus dem fernen Israel ungeduldig das Ende dieses Unterdrückungsszenarios. Die Antwort des Wächters lautet: Der Morgen ist schon gekommen, aber vorläufig ist es noch Nacht. Drosselt eure Ungeduld und schraubt eure Erwartungen runter. Es ist alles noch sehr undurchsichtig. Kommt später wieder, dann ist mehr zu sehen.

Duma – da denke ich heute an Ismail und seine Nachkommen, an den arabischen Frühling und seine Hoffnungen, Enttäuschungen und Undurchsichtigkeiten.

Hü - ter,   ist die Nacht bald hin,____   Hü - ter,   ist die Nacht bald hin?____

So begegnet unser Vers in der 2. Sinfonie von Felix Mendelssohn Bartholdy, dem Hamburger Sohn. Diese Sinfonie-Kantate »Lobgesang« op. 52 entstand als Auftragskomposition für die 400-Jahrfeier der Erfindung des Buchdrucks durch Gutenberg in der Bücherstadt Leipzig 1840. Aufklärung und Romantik klingen hier in beeindruckender Weise zusammen.

Wie in Beethovens 9. Sinfonie komponiert auch Mendelssohn seinen letzten Satz hier mit Chor und Solisten, die allerdings eine Zusammenstellung biblischer Texte singen. Im Zentrum dieses Finalsatzes begegnet Jes 21,11b als dramatischer Höhepunkt. Viermal mal singt der Tenor, gesteigert bis zur unerträglichen Spannung, die existenzielle und bedrängende Frage: Hüter, ist die Nacht bald hin? Hüter, ist die Nacht bald hin? Jedes Mal verhallt diese Doppelfrage in einer Pause. Doch dann erklingt von woanders her, abseits der Bühne ein einzelner Sopran ohne Begleitung aus der Ferne mit den schlichten Worten: Die Nacht ist vergangen! (Röm 13,12) Dies greifen Chor und Orchester dann auf, bevor zart und leise der Choral a capella erklingt: Nun danket alle Gott.

Endlich: Die Zeit der Unwissenheit ist vorbei. Spätestens seit der Erfindung des Buchdrucks, so Mendelssohns Botschaft, kann niemand mehr sagen: Davon habe ich nichts gewusst. Oder: Das konnte ja niemand ahnen! Gott sei Dank! Nach den medialen und politischen Erfahrungen des zwanzigsten Jahrhunderts füge ich zugleich hinzu: Gott sei's geklagt: Hüter, ist die Nacht bald hin?

Barbara Müller (Hamburg)

Vierter Advent:
Phosphor

Umso fester haben wir das prophetische Wort, und ihr tut gut
daran, dass ihr darauf achtet als auf ein Licht, das da scheint an
einem dunklen Ort, bis der Tag anbreche und der Morgenstern
aufgehe in euren Herzen. (2 Petr 1,19)

Hamburgerinnen und Hamburger führt dieser Vers leicht in das Reich
der Chemie, wird doch das, was im Herzen der Gläubigen aufgehen soll –
der »Morgenstern« – im griechischen Text mit *phosphoros* bezeichnet.
Der gewiefte Grieche weiß zwar, dass damit der Lichtbringer gemeint
ist. Nichts desto trotz kann man sich der Assoziation mit dem Phosphor
schwerlich erwehren und der Versuch einer chemisch-spirituellen Exegese liegt nahe.

Im Hamburg des Jahres 1669 stieß der Alchemist Henning Brandt
beim Versuch, den Stein der Weisen herzustellen, mit dessen Hilfe er Sub-
stanzen in Gold verwandeln wollte, auf den Phosphor.[1] Aus eingedamp-
tem und erhitztem Urin war in Brandts Laboratorium in der Nähe des
Michaelisplatzes urplötzlich eine flüssige, anhaltend grünlich leuchtende
Substanz entstanden. Brandt frohlockte, die gesuchte Substanz, welche
unedle Metalle in Gold transmutieren lässt, endlich gefunden zu haben.
Ganz Hamburg war fasziniert und sprach von der wundersamen Ent-

---

1 Vgl. John Emsley, Phosphor – ein Element auf Leben und Tod, Weinheim 2001.

deckung. Alchemisten von nah und fern fanden sich in Brandts Laboratorium ein, um die lumineszierende Substanz mit eigenen Augen zu sehen
und dem selbst ernannten Doktor womöglich das Rezept zu deren Her-
stellung zu entlocken. Auch Leibniz war erfasst von der Begeisterung über
die Entdeckung und verfasste 1710 gar ein schwärmerisches Gedicht über
den *phosphorus mirabilis*, in dem unter anderem zu lesen ist:

Jeremiae unlöschbarer Opferbrand,
In dem Feuer des Phosphor sein Gleichnis fand.
Wer seine Natur nicht näher kennt,
Der fürchtet im Dunkel, dass es brennt;
Indessen man kann ihn gefahrlos berühren,
Von seinem Feuer ist nichts zu spüren.
Den Dingen teilt mit er sein Körperlicht;
bestreicht man mit ihm das Angesicht,
So wird es leuchtend und man geht einher

Wie Moses, umgeben vom Flammenmeer.
Zu fest berührt von harter Hand
Voll Zorn gerät er leicht in Brand.
Mit Geprassel loht empor sein Gischt,
Der, wie die Naphta schwer erlischt.
Das feurige Kleid, von Medea beschert,
Wird leichter am Brennen als Phosphor gestört,
Doch ruhig liegend verbirgt er die Kraft,
Kaum fühlt man die Wärme als Eigenschaft.
Sein Glanz nur zeigt, dass ihm Leben nicht fehle:
Ein Sinnbild ist er der glücklichen Seele.[2]

Zwar machten bereits in der Frühzeit der Entdeckung Labormitarbeiter
schmerzhafte Erfahrungen mit ätzenden Verbrennungen, die der Phos-

---

2 Nach: G. Leibniz, Historia inventionis Phosphori (Miscellanea Berolinensia ad in-
crementum scientiarum 1, Berlin 1710, S. 96 f.)

phor bewirkt. Nichtsdestotrotz wurden dem Phosphor Jahrhunderte lang heilende Qualitäten zugesprochen und der Stoff wurde in Salben und Pillen bei Koliken und Gicht nicht weniger eingesetzt als bei Depression und Tuberkulose sowie als Aphrodisiakum. Von verbreitetem allgemeinem Nutzen war Phosphor auch in den Brennköpfen von Streichhölzern, die unter belastendsten Arbeitsbedingungen vor allem von Frauen und Kindern hergestellt wurden.

Den schauerlichen Höhepunkt der Phosphoreuphorie bildete allerdings der Einsatz in Bomben. Unter dem Decknamen »Gomorrah« wurde im Jahre 1943 Hamburg mit mehreren Tonnen Phosphorbrandbomben beworfen. Die Bevölkerung wurde dezimiert, die Stadt großflächig verwüstet. Nirgendwo bewegt sich die Beziehung zum Phosphor zwischen extremeren Polen als in Hamburg: Zwischen der Euphorie, die seit Menschengedenken gesuchte magische Substanz gefunden zu haben, und dem Schock über grausamstes Leiden und wüste Zerstörung. Trotz seiner potenziell zerstörerischen Entflammbarkeit und Toxizität gehört der Phosphor unverzichtbar zur DNA des Lebens, das ohne Phosphor nicht wachsen und gedeihen kann. Wir brauchen Phosphor.

Aber welchen Phosphor? Welches »P«? Die heutige naturwissenschaftliche Chemie antwortet: Phosphor, das lebensnotwenige Element aus der Natur. Die chemisch-spirituelle, historisch-kritische im literaranalytischen Reagenzglas spontan Explosionen hervorbringende Bibel-Exegese würde dem entgegenstellen: Mit Phosphor und »P« ist elementar das prophetische Wort, die Licht bringende Verheißung Christi, gemeint.

Auf Gottes Wort geht die Schöpfung zurück. Auf Gottes Wort ist entsprechend als Erstes zu vertrauen, noch vor allem Vertrauen auf die menschliche Schöpfer- und Erfinderkraft. Nur Gottes Licht der Liebe – sicher keine fluoreszierende chemische Substanz – lässt die Herzen der Menschen erglühen, ohne sie gleichzeitig zu verbrennen. Dunkelheit und Verzweiflung können nicht übertüncht, die Seele nicht mit Farbe glücklich gefärbt werden, es bedarf dazu Gottes erschaffenen und erschaffenden Lichtes und liebender Wärme.

Maike Schult (Kiel)

Christvesper: Etwas ganz Neues wartet hinter allen Dingen

Und es waren Hirten in derselben Gegend auf dem Felde bei den Hürden, die hüteten des Nachts ihre Herde. (Lk 2,8)

Nichts muss bleiben, wie es ist. Mit diesen Worten warb vor einigen Jahren die *taz*. Ich schnitt den Satz aus und steckte ihn in den Rahmen eines Spiegels. Wenn ich dort hineinsah, hängte sich mein Blick zugleich an die Worte und so sah ich immer mehr als nur mich selbst jetzt, in diesem Augenblick: *Nichts muss bleiben, wie es ist.* Das tröstete mich. Denn es gibt Ereignisse, die bringen die Welt aus den Fugen. Die ändern alles von jetzt auf eben und dann ist nichts mehr, wie es war. Aber es gibt auch das andere: Phasen, in denen sich gar nichts bewegt. In denen es einem eng wird in den festen Fugen aus Ordnung und Gleichmaß und man sich nichts sehnlicher wünscht als endlich: ein neuer Anfang. Eben dann kann es trösten zu wissen: *Nichts muss bleiben, wie es ist.*

Manche Veränderung geschieht ganz plötzlich und schafft über Nacht eine andere Welt. So sagen wir es auch von der Nacht, die wir die »heilige« nennen, vielleicht, weil sie uns heilen, ganz und gesund machen soll bei all dem, was uns im Leben in die Brüche geht. Weihnachten. In dieser Nacht wird uns der Heiland geboren, der Retter nicht nur unseres zu sehr aus den Fugen geratenen oder zu festgefügten Lebens, sondern auch der

29

Retter der Welt. Mit dieser Nacht beginnt eine neue Zeit, auch eine neue Zeitrechnung, und sie trägt das Licht, das sie zum Tage macht, aus einem winzigen Winkel hinaus in die Welt. So erzählen wir es.

Mit dieser Nacht beginnt eine neue Zeitrechnung, aber vielleicht stimmen die Berechnungen nicht. Denn es lässt sich täglich in jeder Zeitung lesen, dass sich die Zeiten wenig geändert haben. Seit diese eine Nacht hereingebrochen ist und alles anders und ganz machen soll, sind die Dinge erstaunlich gleich geblieben. Seit jener Nacht im Stall mit dem Kind in der Krippe und den Tieren an den Trögen liegen eben nicht *Wölfe und Lämmer* beieinander. Der Löwe frisst weiter das Rind, nicht das Stroh, und der Mensch bleibt des Menschen Feind. Nichts scheint sich geändert zu haben.

Zwischen *alles und nichts* liegt meistens noch eine andere Geschichte – und diese will ich hinzuerzählen. Vor fünfzig Jahren erschien Marlen Haushofers Roman »Die Wand« (1963).[1] Er erzählt eine unheimliche Geschichte: Eine Frau macht mit Freunden einen Ausflug zu einer Jagdhütte. Die Hütte gehört den Freunden. Es ist ihr Ferienhaus. Gleich nach der Ankunft wollen die beiden noch einmal kurz hinunter ins Dorf – und kommen nicht zurück. Als die Frau dies am anderen Morgen bemerkt und ihnen nachgehen will, findet sie – über Nacht eine andere Welt.

In einem weiten Kreis um die Hütte herum zieht sich plötzlich eine gläserne Wand. Die Frau kann die Wand fühlen. Sie kann sie betasten, aber nicht durchbrechen. Sie ist gefangen in einem Käfig aus Glas. Anfangs sucht die Frau noch nach einem Ausweg. Sie forscht die Wand ab und markiert ihren unsichtbaren Verlauf mit Zweigen: »Es sah aus, als hätten Kinder gespielt, ein heiteres harmloses Frühlingsspiel.« (20) Aber das ist es nicht. Denn soweit die Frau sehen kann: Hinter der Wand gibt es kein Leben. Mensch und Tier sitzen, stehen oder liegen regungslos in der Sonne, »eher schlafend als tot« (30), unverweslich. Aus den Häusern steigt kein Rauch mehr auf, die Straßen liegen still und verlassen. Nur das Gras auf den Wiesen lebt, und in irgendeiner Höhe ziehen Wolken un-

---

1 Zitiert nach der Neuausgabe Berlin [4]2012. Die Verfilmung von Julian Roman Pölsler kam 2012 in die Kinos.

gehindert über die Wand hinweg und bringen weiter: Frost und Hitze, Sommer und Winter, Tag und Nacht.

Die Wand steht fest, doch die Zeit läuft weiter. Seit »über Nacht eine unsichtbare Wand niedergegangen« war (22), versucht die Frau, sich in einem Leben einzurichten, für das sie keine Erklärungen hat. Doch sie lernt, den Blick vom Unabänderlichen fortzuwenden hin auf das, was ihr gestaltbar ist: Sie erkundet die Hütte und den umliegenden Wald. Sie lernt, sich selbst zu versorgen, und schreibt ihre Geschichte auf das letzte Papier, das sie finden kann. Hoffen und Warten bestimmen ihren Rhythmus, auch wenn die Retter ausbleiben (39) und sie schreibt: »Ich bin ganz allein«. (7)

Aber das stimmt nicht. Denn in der menschenleeren Welt gibt es Tiere, die ihr anvertraut sind, die sie hüten, hegen und versorgen muss: den Hund der Gastgeber, eine Katze und eine Kuh. Die Tiere schenken ihr eine Aufgabe, Trost und Gemeinschaft. Weil sie sie brauchen, kann sich die Frau nicht davonstehlen: »Ich hatte ja nur noch die Tiere, und ich fing an, mich als Oberhaupt unserer merkwürdigen Familie zu fühlen.« (47) In dieser »Familie« erlebt sie das an Wärme und Wahrhaftigkeit, was ihrem früheren Leben fehlte und worüber sie nun die Wahrheit sagen kann, denn »alle, denen zuliebe ich mein Leben lang gelogen habe, sind tot.« (40)

Am vierundzwanzigsten Dezember ihrer sorgfältig aufrechterhaltenen Zeitrechnung erlebt die Frau ihr erstes Weihnachtsfest hinter der Wand. Schon Wochen vorher fürchtet sie sich, obwohl Weihnachten in ihrem früheren Leben längst ein sterbendes Fest gewesen war, an dem man sich nur noch gewohnheitsmäßig beschenkte. Nun sitzt die Frau mit ihren Tieren wie in einer Krippenlandschaft, und alles ist so, »wie es ursprünglich hätte sein sollen« (133), und zugleich zum Verschwinden bestimmt. Denn mit ihr wird die Erinnerung an dieses Fest verlorengehen, und von da an wird »ein verschneiter Wald nichts anderes bedeuten als verschneiten Wald und eine Krippe im Stall nichts anderes als eine Krippe im Stall.« (134)

Doch eben als sie zum Stall hinübergehen will, fällt das Licht ihrer Lampe in den winterlichen Wald. Es bringt den Schnee zum Leuchten und erhellt die Nacht, in der nichts heil und ganz, sondern nur ganz aus den Fugen und damit offen für Neues ist: »Etwas ganz Neues wartete hinter allen Dingen, nur konnte ich es nicht sehen, weil mein Hirn mit altem Zeug vollgestopft war [...], aber ich wußte, daß es vorhanden war.« (134) *Nichts muss bleiben, wie es ist.* Und diese Einsicht erfüllt sie mit einer schwachen und schüchternen Freude. Was dieses Neue sein könnte, sieht die Frau nicht. Aber sie sieht in einer aussichtslosen Lage mehr als nur sich selbst jetzt, in diesem Augenblick und findet in einer Nacht, in der nichts mehr ist, wie es war, Mut für den nächsten Tag.

Andreas v. Maltzahn (Schwerin)

Christnacht:
Menschen seines Wohlgefallens

Ehre sei Gott in der Höhe und Friede auf Erden bei den Menschen seines Wohlgefallens. (Lk 2,14)

Als ich noch klein und ein strahlender Sopran war, probte unsere Kurrende zum ersten Mal die Orffsche Weihnachtsgeschichte »up platt«. Mit der Partie des Josef war mir eine Hauptrolle zugefallen – so dachte ich jedenfalls. Was aber meine Solostrophe hätte sein sollen – »Muhme, liebe Muhme mein, gern helf ich dir wiegen dein (!) Kindelein« –, das wurde bei der Aufführung dann sicherheitshalber vom ganzen Kinderchor gesungen. Es hätte unserem Kantor wohl gefallen, wenn ich meinen Josef überzeugter hätte singen können.

Im Laufe der Jahre spielte ich dann noch verschiedene Rollen. Zum Verkündigungsengel aber oder dem »schwatten« König, der zu orientalischen Klängen in die Kirche zu stürmen und sich beeindruckend zu Boden zu werfen hatte, hat es bei mir nie gereicht.

Jahrzehnte später: Nach einem Gottesdienst im kommunalen Altersheim besuchte ich wieder eine alte Frau. Sie konnte das Bett nur noch selten verlassen. Es fiel ihr schwer, auf Hilfe angewiesen zu sein – und dies umso mehr, als die Schwestern völlig überarbeitet waren. Sie sehnte sich danach, zu sterben. Und wie es sie danach verlangte! Jedes Mal kreiste unser Gespräch um dieses Thema. »Hat mich denn unser Herrgott ganz vergessen?« So auch dieses Mal. Aber dann kam ein Leuchten auf ihr Gesicht: »Vor ein paar Tagen war hier im Haus ein Krippenspiel. Sie haben mich hinuntergefahren. Lauter kleine, weiß gekleidete Mädchen mit Flügeln!« Und versonnen lächelnd: »Ich war auch mal solch ein Engel.«

Wie gut, dass diese Frau solch schöne Kindheitserinnerungen hat, dachte ich. Erst zu Haus begriff ich, dass es mehr war: Weihnachten war *ihre* Geschichte. Sie gehörte dazu, zu diesem Geschehen. Das Kind in der Krippe war auch ihr geboren. Sie gehörte dazu: »Und alsbald war da bei dem Engel die Menge der himmlischen Heerscharen, die lobten Gott und sprachen: Ehre sei Gott in der Höhe und Friede auf Erden bei den Menschen seines Wohlgefallens.« Dieser Jubel gehörte genauso zu ihr wie die Mühsal des erschöpften Lebens.

Sie war schön gewesen, als sie daran dachte. »Ich war auch mal solch ein Engel.« Ja, ziemlich sicher auch ich. Das »Gloria in excelsis« wurde immer von uns allen, von der ganzen Kurrende gesungen. Auch hatten wir während der Adventszeit gruppenweise, in unsere Kurrende-Mäntel gekleidet, gebrechliche Gemeindeglieder besucht, ihnen Licht vom Altar gebracht, gesungen und die Weihnachtsgeschichte vorgelesen. Wir konnten sie bald auswendig – damals noch mit Luthers Übersetzung: »… und den Menschen ein Wohlgefallen«.

Heute bin ich froh, dass die andere Lesart besser bezeugt ist: »… und den Menschen seines Wohlgefallens«. Nicht exklusiv zu verstehen – die einen ja, die anderen nicht! Sondern »allem Volk« ist Christus geboren. Wir, alle, in Hauptrollen: »Menschen seines Wohlgefallens«.

Tim Schramm (Hamburg)

Erster Weihnachtstag:
Matthäus zwischen Tag und Traum

Und siehe, der Stern, den sie im Morgenland gesehen hatten,
ging vor ihnen her, bis er über dem Ort stand, wo das Kindlein war. Als sie den Stern sahen, wurden sie hoch erfreut.
(Mt 2,9b–10)

»Wir kommen weit her und wir müssen weit gehen« … In unserer Tradition und in uns selbst sind alle Bewusstseinsstufen lebendig, die das
Menschengeschlecht so kennt. Weit her – aus archaischer Tiefe hinüber
zu Magie und Mythos. Seit der Achsenzeit treibt das rationale Bewusstsein die Welt um und womöglich ins Verderben. Hoffentlich findet es
bald im integralen Bewusstsein zu menschenfreundlicher Balance! Danach sehnen wir uns – im Glauben an einen Gott, der mit Himmel und
Erde die sichtbare ebenso wie die unsichtbare Welt geschaffen hat.

Die Weihnachtsgeschichten gehören zu den späten Texten der Überlieferung; sie sind erst »erfunden« worden, als der Osterglaube den in Nazareth Geborenen längst schon zu einer Gestalt des Mythos gemacht hatte.
Matthäus und Lukas haben mit ihren Geburtsgeschichten Jesus-Erfah-
rung ins Bild gesetzt. Warum? »All dies kam«, sagt Bert Brecht vom Gesicht des Sohnes der Maria, »der leicht war, Gesang liebte, Arme zu sich
lud und die Gewohnheit hatte, unter Königen zu leben – und einen Stern
über sich zu sehen zur Nachtzeit.«

Hell der Tag, geheimnisvoll die Nacht. Hier Nazareth, da Bethlehem. Hier Fakten, historisch-kritisch erkundete Wirklichkeit! Da Träume, Bilder, Mythos, Theopoesie und Fiktion, hinter der Wirklichkeit entdeckte Wahrheit!

Zu den Fakten nur dies: Jesus ist in Nazareth geboren. Unvoreingenommene Exegese kann aus Mk 6,3 entnehmen, dass er eines von mehreren Kindern des Zimmermanns Joseph und der Maria gewesen ist. Seine leiblichen Brüder hießen Jakobus, Joses, Juda und Simon; er hatte auch Schwestern. Dass er der Erstgeborene der großen Geschwisterschar gewesen sei, wird im Anschluss an die Geburtslegenden angenommen, ist aber sonst nicht zu belegen und eher unwahrscheinlich. Ich stelle mir Jesus als mittleren oder jüngsten Sohn seiner Eltern vor. Möglicherweise hat er eigene Geschwistererfahrung in sein Gleichnis vom gütigen Vater (Lk 15) verwoben. Selber aus der Familie aufgebrochen, ein »run-away«, macht er einen Aufbrechenden zum Protagonisten und dessen älteren Bruder zum Gegenspieler. Dass es zum Bruch zwischen Jesus und seiner Familie gekommen ist, wird durch Mk 3,21 belegt. Die Seinigen, heißt es da, ziehen aus, um sich seiner zu bemächtigen. »Sie sagten: Er ist von Sinnen!« So urteilt die Familie über den »verlorenen« Sohn. Gut vorstellbar, dass Jakobus als Erstgeborener den Clan bei dieser Aktion angeführt hat. Das sind die Fakten!

Matthäus kennt die Fakten, aber die will er nicht weitersagen. Die Gemeinde glaubt Jesus jetzt als den Gottessohn. Matthäus schreibt sein Evangelium in Antiochien, Hauptstadt der Provinz Syrien, seit Augustus auch Standort des provinzialen Kaiserkultes. Nicht nur hier ist eine berühmte »Kaiser-Story« in aller Munde: Es geht um ein Ereignis des Jahres 66. Plinius, Tacitus, Sueton berichten, Dio Cassius (Buch 63,1–7) erzählt ausführlich davon.

Tiridates, parthischer Königssohn, kommt mit großem Gefolge aus dem Osten nach Rom, um dort von Nero zum König gekrönt zu werden. Die triumphale Reise, von Nero angeregt und massiv gesponsert, führt auf dem Landweg über Norditalien zunächst nach Neapel; da schon gibt es glänzende Spiele, die dann durch eine große öffentliche Audienz mit Volksfest in Rom noch überboten werden. Die Stadt ist geschmückt, bei

Tagesanbruch betritt Nero im Gewand eines Triumphators das Forum. Nachdem er auf der Tribüne Platz genommen hat, kommen Tiridates und sein Gefolge durch die Reihen der beiderseits aufgestellten Schwerbewaffneten und huldigen dem Kaiser. Darauf kniet Tiridates vor Nero nieder und spricht:

»Herr, ich bin Nachkomme des Arsaces und der Bruder von Königen …, und nun doch dein Sklave. Ich bin zu dir als meinem Gott gekommen, um dich wie Mithras anzubeten. Ich werde das sein, wozu du mich bestimmst; bist du doch mein Glück und mein Schicksal.«

Neros Antwort: »Du hast wohl daran getan, persönlich hierher zu kommen, damit du von Angesicht zu Angesicht meine Gnade erfahren kannst. Denn was dir weder dein Vater hinterließ noch was deine Brüder dir übergaben und für dich bewahrten, das gewähre ich dir jetzt. Und ich mache dich zum König von Armenien, damit sowohl du als auch jene erkennen, dass ich die Macht besitze, Königreiche wegzunehmen wie auch zu verleihen.« Eine glänzende Feier im Theater – »nicht nur die Bühne, sondern auch das ganze innere Rund vergoldet« – beschließen das grandiose Ereignis, das hinfort als der »Goldene Tag« erinnert wird.

Der König kehrte übrigens »nicht auf dem Wege, auf dem er … gekommen war, nach Hause zurück«, sondern auf einem anderen Weg. Dabei sah er u. a. auch die Städte Asiens. Nicht ausgeschlossen, dass Matthäus ihn in Antiochien gesehen hat. Im Bericht des Plinius (n. h. XXX,16) findet sich über Dio Cassius hinaus der Hinweis, dass Magier den Tiridates begleitet und den römischen Kaiser über mithräische Festmähler (»cenae magicae«) belehrt haben.

Die Tiridates-Story inspiriert den Evangelisten zu seinem Bethlehem-Traum. Magier aus dem Osten, weise Männer, Priester des Mithras, ziehen jetzt nicht nach Rom, sondern nach Bethlehem, um ein Kind anzubeten. Sie reisen nicht triumphal, sondern heimlich bei Nacht; ein Stern führt sie. Als sie den Stern nach dem Stopp in Jerusalem wieder sehen, »freuen sie sich, eine große Freude, gewaltig«, heißt es mit schönem Semitismus. Sie finden den »neugeborenen König« der Juden und Christen. Dem gehört die Zukunft, nicht dem römischen Gott-Kaiser und auch dem Gott Mithras nicht: Mythos, Traum, die Weihnachtspredigt des Matthäus!

Johann Anselm Steiger (Hamburg)

Zweiter Weihnachtstag: Nacht lichter als der Tag

Und das Licht scheint in der Finsternis, und die Finsternis hat's nicht ergriffen. (Joh 1,5)

Weihnachten bildet einen Schwerpunkt der geistlichen Dichtung des schlesischen Barock-Dichters Andreas Gryphius (1616–1664). Die Entäußerung Gottes in Christus (Phil 2,7) findet Gryphius zufolge nicht erst an Gründonnerstag und Karfreitag statt, sondern – hierin stimmt er mit Luther und der lutherisch-barocken Theologie überein: Sie prägt das ganze irdische Leben Jesu und bleibt auch nach dessen Himmelfahrt bestimmend. Darum liest Gryphius die Weihnachtsgeschichte und den Prolog zum Johannesevangelium im Kontext der Passionserzählung und verleiht seinen weihnachtlichen Hymnen passionsmeditative Züge. In Christus begibt sich der Schöpfer des Lichtes in die Finsternis der sündhaften Welt (Joh 1,5), nimmt Fleisch (Joh 1,14) an und somit alle Lasten der Menschen auf sich:

Vor dem nichts finster ist / vor dem der Höllen grau't
Vnd was mehr dunckel heist / hat sich der Welt vertrau't
Vnd nimbt an vnser Fleisch vnd schwere Last der Zeiten.
Er ist vom Ehrenthron ins Threnen-Thal ankommen
Vnd hat diß Leibes Zelt zur Wohnung angenommen [...].[1]

---

1 Andreas Gryphius: Gesamtausgabe der deutschsprachigen Werke. Hg. v. Marian Szyrocki und Hugh Powell. Bde. 1–8 und Ergänzungsbände. 1/I–3/II, Tübingen 1963–1987, 1, 190.

In der Szenerie der Weihnachtsgeschichte sowie in dem Umstand, dass der Gottmensch in einem Stall geboren wird (Lk 2,7), entziffert Luther die Entäußerung, in die sich Gott um der Errettung der sündigen Menschheit willen begibt. Gryphius sieht in der göttlichen Viehstall-Geburt die Niedrigkeit Gottes abgebildet, aber auch den weiteren Lebens- und Leidensweg Christi vorgezeichnet, der als Opferlamm die Sünden der Welt hinwegtragen wird (Joh 1,29).

> *Der Held wird in dem Stall bey Vih für uns gebohren*
> *Weil er wie Vih vor uns zum Opfer ist erkohren.*[2]

Im Anschluss an Luther, der das Jesuskind einen »windelherrn und krippenfursten«[3] nennt und so die Dialektik der antik-christlichen Zwei-Naturen-Lehre humorvoll vor Augen stellt, lässt Gryphius den Glaubenden bittend-fordernd ausrufen: »O Friede-Fürst lach uns aus deinen Windeln an!«[4] Indem Gott, der Schöpfer, in Christus menschliche Natur annimmt und in die Schöpfung eingeht, beginnt die Aufrichtung der neuen Schöpfung und die Überwindung der Chaos- und Verderbensmächte Finsternis, Sünde und Hölle. Die nächtliche Geburt Christi, der das Licht der Welt ist (Joh 8,12) und deren Finsternis in Licht verkehrt, lässt bereits das ewige Licht hervorscheinen, das von keiner Unterscheidung zwischen Tag und Nacht und von keiner Finsternis mehr bestimmt ist (vgl. Jes 60,19). Nacht ist hier nicht mehr Nacht, sondern taghell und durchflutet vom göttlichen Licht. Joh 1,5 (›das Licht scheint in der Finsternis, und die Finsternis hat's nicht begriffen‹ [im Sinne von: nicht absorbiert]) lyrisch predigend, verbalisiert Gryphius die schöpfungstheologisch-paradoxen Folgen des christologischen Paradoxon als *exclamatio*: »Nacht mehr denn lichte nacht! nacht lichter als der tag«.[5] Indem der Anfangsvers am Ende des Sonetts in chiastischer Umkehrung wieder aufgenommen wird, wird das griechische »Chi« und damit das Christus-

---

2 Gryphius 2, 173.
3 WA 32, 285,9.
4 Gryphius 1, 96.
5 Gryphius 1, 30.

Monogramm zum das gesamte Sonett umgreifenden Strukturprinzip: »Nacht lichter als der tag; tag mehr denn lichte nacht!«[6]

In scharfem Kontrast hierzu (und gerade darum in konsequentester Kontinuität) steht der Karfreitag, an dem es mittags nicht nur Nacht, sondern finster wurde (Mt 27,45), sich also die alte Chaosmacht (Gen 1,4) zeigte. In einem Karfreitagsepigramm Gryphii heißt es darum:

> *Tag schwärtzer als die nacht / in dem die welt verlohren*
> *Jhr leben trost / vnd licht / das in der nacht gebohren.*[7]

Doch sind die scheinbar gegenläufigen Verkehrungen, die weihnachtliche Verkehrung der Nacht in den ewigen Tag und die karfreitägliche des Tages in die Finsternis, darin miteinander aufs Engste verwandt, dass sie Visualisierungen der höchsten erdenklichen Verkehrung sind, die darin besteht, dass Gott Mensch wird.

Die Weihnacht, diese taghelle Nacht, ist mehr als nur taghell, da die Sonne, ein Geschöpf, vor Christus, dem Schöpfer, der das Licht der Welt ist, das schien und scheint in der Finsternis, um sie in ihr Gegenteil zu verkehren, verblassen muss.

> *Nacht heller als die Sonn' / in der das licht gebohren,*
> *Das Gott / der licht / in licht wohnhafftig, ihmb erkohren:*[8]

Gryphius spielt hier in kunstvoller Weise nicht nur mit dem Prolog des Johannes-Evangeliums, sondern auch mit 1 Tim 6,16 und dem Bekenntnistext des Nicaeno-Constantinopolitanum, dem zufolge Christi Wesensgleichheit mit dem Vater darin besteht, dass er Gott von Gott, Licht vom Licht und wahrer Gott von wahrem Gott ist. Indem das wesentliche Licht, der Schöpfer selbst, die Nacht auf ungeahnte Weise erleuchtet,

---

6 Gryphius 1, 30.
7 Gryphius 2, 151.
8 Gryphius 1, 30.

wird die Nacht dazu befähigt, die finsteren Verderbensmächte zu überwinden:

O nacht / die alle nächt' vndt tage trotzen mag.
O frewdenreiche nacht / in welcher ach vnd klag /
Vnd fünsternüß vnd was sich auff die welt verschworen
Vnd furcht vnd hellen angst vnd schrecken ward verlohren.[9]

An Weihnachten wird der Satz vom Widerspruch (+A ist nicht −A) durchkreuzt, indem die philosophisch zutreffende Aussage »Gott ist nicht Mensch« revidiert, d.h. verneint und auf den Kopf gestellt wird. Diese weihnachtliche Paradoxie stellt die menschliche Sprache vor die höchsten Anforderungen und drängt zur geistlichen Dichtung, die in ihrer kontrakten Präzision letztlich allein den Anforderungen der inkarnatorischen Erdverbundenheit gerecht zu werden vermag.

Was wir brauchen, ist eine Schulung im Fach »Geistliche Rhetorik des Kirchenjahrs«. Wenn es richtig ist, dass die christliche Predigt letztlich wurzelt im *Gloria in excelsis* der Engel am Heiligen Abend (Luther), dann müsste der Chiasmus die Basis der *rhetorica sacra* sein – zumal, wenn es darum geht, mit dem Grundsatz, nichts als Christus sei zu predigen (1 Kor 1,23), auch sprachlich ernst zu machen.

---

9 Gryphius 1, 30.

Norbert Mette (Dortmund)

Erster Sonntag nach Weihnachten: Die Nächte der Migrantinnen und Migranten

Da stand Josef auf und nahm das Kindlein und seine Mutter
mit sich bei Nacht und entwich nach Ägypten. (Mt 2,14)

Wer bedroht und verfolgt wird und sein Leben sowie das der ihm oder ihr Anvertrauten nicht mehr anders retten kann als durch Flucht, wählt dafür häufig die Nacht als den Zeitpunkt, an dem man am ehesten unbemerkt entkommen kann. So ist der Erzählung im Matthäusevangelium zufolge, der der obige Vers entnommen ist, es auch Josef geglückt, den neu geborenen Jesus mitsamt seiner Mutter Maria heil nach Ägypten zu schaffen und so vor der dem Blutbad, das Herodes unter allen bis zu zwei Jahren alten Knaben anrichten ließ, um seinen möglichen Gegenspieler garantiert auszumerzen, zu bewahren. Zugetragen wurde Josef diese Absicht des Herodes im Traum durch einen Engel des Herrn. Es ereignete sich zum zweiten Mal, dass ein Engel Josef im Traum erschien und ihm eine Weisung gab. Zum ersten Mal war das geschehen, als er vor der Entscheidung stand, wie er sich angesichts der Tatsache, dass seine Verlobte Maria offensichtlich von jemandem anderen ein Kind erwartete, verhalten sollte. Der Engel sprach ihm Mut zu, Maria nicht zu verlassen, sondern sie zu sich zu nehmen, weil sie mit dem werdenden Leben in ihr von Gottes Geist erfüllt sei (vgl. Mt 1,18–25).

Beide Male, so erzählt Matthäus, zögerte Josef nicht lange, sondern setzte in die Tat um, was ihm der Engel aufgetragen hatte. Dieselbe Entschlossenheit legte Josef auch nach dem dritten Traum an den Tag, als er in Ägypten nach dem Tod des Herodes nochmals von einem Engel aufgefordert wurde, nunmehr wieder ins Land Israel zurückzukehren (vgl. Mt 2,20).

Es findet sich in diesen beiden ersten Kapiteln des Matthäusevangeliums eine Reihe von Motiven, denen nachgegangen werden könnte: Nirgendwo kommt Josef im Neuen Testament so oft vor wie hier, wo vom Beginn des Lebens Jesu die Rede ist. Wenn, so die Botschaft des Matthäus, dieses auf Fürsorge angewiesene Baby von seinem Adoptivvater Josef nicht beschützt worden wäre, hätte es das erste Lebensjahr und auch die weitere Kindheit nicht überstanden. – Nebenbei bemerkt: Was im Nachhinein mit diesem Josef gemacht worden ist und wofür er allenthalben insbesondere vonseiten der katholischen Kirche als Vorbild für die Gläubigen eingesetzt worden ist, ist im wahrsten Sinne des Wortes sagenhaft; man lese dazu nur das Schreiben »Redemptoris Custos« von Papst Johannes Paul II aus dem Jahre 1989.

Als Weiteres ist das Traummotiv zu nennen. Von solchen (nächtlichen) Träumen, in denen den Betroffenen besondere Erfahrungen bis hin zu Gottesbegegnungen zuteilwerden, ist in der Bibel öfters die Rede. Wohl der bekannteste »Träumer« ist der alttestamentliche Josef. Dass es zwischen diesem und dem neutestamentlichen Josef bemerkenswert enge Bezüge gibt, hat Jürgen Ebach (Josef und Josef, Stuttgart 2009) vor kurzem erhellend herausgearbeitet. Überhaupt wird an dieser kanonischen Nahtstelle zwischen dem sogenannten Alten und Neuen Testament deren enge Zusammengehörigkeit überaus deutlich (vgl. Hubert Frankemölle, Matthäus Kommentar 1, bes. 128–177). Entscheidende Stellen des Neuen Testaments wie hier in den ersten beiden Kapiteln des Matthäusevangeliums sind ohne Rückverweis auf verwandte Stellen im Ersten Testament nicht zu verstehen – und zwar nicht im Sinne deren Erfüllung, sondern des hoffnungsvollen Sich-Vergenwärtigens des Wirkens Gottes in seiner Geschichte mit den Menschen, insbesondere dem Volk seines Bundes. Solange der verheerende christliche Antijudaismus noch nicht gänzlich überwunden ist, muss dieses immer wieder mit Nachdruck betont werden. Schließlich kommt mit der Nennung Ägyptens noch ein weiteres Motiv ins Spiel.

Dem allen kann und soll hier jedoch nicht weiter nachgegangen werden. Stattdessen sei das Augenmerk auf die Flucht und die Rettung gerichtet, von dem in dem eingangs zitierten Vers die Rede ist. Diese stehen in einem zweifachen Kontrast, zum einen zu den vorhergehenden und zum anderen zu den folgenden Versen. Vorher findet sich die Episode von der Huldigung der Magier aus dem Morgenland – einem Motiv, das einerseits damals im Zusammenhang mit Herrschergeburten gebraucht wurde, andererseits an die Vision von der Völkerwallfahrt zum Zion erinnert – nur dass der kommende König nicht in Jerusalem zu finden war, sondern in Bethlehem, der Geburtsstadt Davids. Hier, bei einer ärmlichen Familie, kommt der lang erwartete Messias zur Welt, nicht am prachtvollen Königshof des Herodes. Nach dem Traum Josefs und der kurzen Erwähnung des sofortigen Aufbruchs nach Ägypten folgt, wie bereits erwähnt, die grausame Geschichte von dem von Herodes veranlassten Massenmord an den bis zu zwei Jahre alten Knaben. Zwei Jahrgänge des Nachwuchses des jüdischen Volkes werden auf diese blutige Weise gänzlich ausgelöscht. Israels Stammmutter Rahel bringt das ein weiteres Mal aus ihrem bei Bethlehem gelegenen Grab heraus zum Weinen und Klagen. Ein weiteres Mal findet sich dieses Volk einem Leid ausgesetzt, wie es sich ähnlich schon ereignet hatte – und sich in steigendem Ausmaß auch in den kommenden Jahrhunderten ereignen sollte.

Spätestens hier wird deutlich: Was hier erzählt wird, ist nicht ein Geschehen, das sich einmalig in der Vergangenheit zugetragen hat. Die Verfolgungs- und Leidensgeschichte des jüdischen Volkes dauert an. Doch nicht nur die des jüdischen Volkes: Heute sind es Abertausende von Menschen, die aus ihrer Heimat zu fliehen gezwungen sind und von denen viele unterwegs umkommen. Besonders hart davon betroffen davon sind Kinder und ihre Mütter. Viele von ihnen haben keinen Vater und Mann, der bei ihnen ist und sie beschützt. Vor allem die Nächte sind für diese nach neuen Lebensmöglichkeiten suchenden Migranten und

Migrantinnen bitter – hungernd, frierend, ohne Obdach, in Angst vor den Verfolgern.

Muss es eigentlich immer so weitergehen, dass Rahels Klagen und Weinen ungehört verhallt und Josef weiterhin seine Sachen zu packen gezwungen ist und sich mit Frau und Kind auf die Flucht begibt?

Ulrike Wagner-Rau (Marburg)

Silvester:
Gott schläft nicht

DER HERR behütet dich; der HERR ist dein Schatten über deiner rechten Hand, dass dich des Tages die Sonne nicht steche noch der Mond des Nachts. (Ps 121,5 f.)

Warum geht kaum jemand in der Silvesternacht schlafen? Fast alle bleiben wach – mindestens bis Mitternacht, sogar die Uralten und die kleinen Kinder, die sonst früh ins Bett kriechen. Auch sie wollen bewusst das alte Jahr verabschieden und das neue heraufziehen sehen.

Eine mögliche Antwort auf die Frage lautet: Dies ist die Nacht, in der man nicht vergessen kann, dass die Zeit vergeht. Wie die Strömung eines Flusses nimmt sie uns mit. Wir sind unterwegs und das Leben zieht durch uns hindurch. Manche Menschen sind viele Jahre an unserer Seite, manche Ufer wirken seit langem vertraut – aber dennoch ist alles ist in Bewegung und wir mittendrin. »Werdet Vorübergehende!«, heißt es im Thomasevangelium (Logion 42). Wer auch immer dies formuliert hat, wusste, dass das Leben nicht anzuhalten und am Ende nichts festzuhalten ist. Wenn man sich dem Vorübergehen nicht entziehen kann, dann muss man lernen, dazu Ja zu sagen.

»Siehst du den Mond über Soho?«, fragt Macheath in der Nacht Polly, seine Geliebte. Man ahnt bereits, dass diese Liebe zwischen dem Anführer einer Verbrecherbande und der Tochter seines Gegenspielers Peachum in Bertolt Brechts »Dreigroschenoper« nicht gut ausgehen wird. Polly antwortet: »Ich sehe ihn, Lieber«, sie schwört ihm: »Wo du hingehst, da will ich auch hingehen.« Und er stimmt zu: »Wo du bleibst, da will ich auch bleiben.« Aber nur wenig später singen sie gemeinsam: »Der Teller, von welchem du issest dein Brot / Schau ihn nicht lang an, wirf ihn fort! / Die Liebe dauert oder dauert nicht / An dem oder jenem Ort.«[1]

Auch dies ist eine Nacht, in der sich mitten im Leben, inmitten der Liebe die Vergänglichkeit meldet. Es ist still, das Mondlicht ergießt sich magisch über die Welt und macht sie schön, aber auch irritierend unwirklich. Polly und Macheath spüren gerade in diesem kostbaren Moment, wie verletzlich der Mensch ist auch in seinen besten Zeiten, wie ungewiss die Zukunft und wie zerbrechlich die Liebe. Was wird kommen und was wird verloren gehen? Kein Wunder, dass die Liebenden wach bleiben in solch einer Nacht, um dem Augenblick ein Stück Ewigkeit abzuringen.

Ist es nicht ähnlich in der Silvesternacht, in der die Reise durch die Zeit – zwar nicht objektiv messbar, aber im Gefühl unabweisbar – Fahrt aufnimmt? Was ist gewesen im vergangenen Jahr, welche Freude, welche Schönheit, was für ein Schmerz oder Schrecken? – Und was wird sein in den Tagen und Wochen, die kommen mit dem Heraufdämmern des Morgens – verheißungsvoll und beunruhigend zugleich? Den Jahreswechsel in Wachheit zu erleben, hat etwas von dem Versuch an sich, die Zeit anzuhalten, ihr Vergehen mindestens erträglicher zu machen – gemeinsam mit anderen – und die Furcht vor dem unaufhörlichen Verrinnen des Lebens mit Raketen und Böllern in die Luft zu schießen.

»Der HERR behütet dich. Der HERR ist dein Schatten über deiner rechten Hand, dass dich des Tages die Sonne nicht steche noch der Mond des Nachts.« Der 121. Psalm, in dem diese Verse zu finden sind, ist von oder für Menschen gedichtet worden, die äußerlich und innerlich unterwegs sind. Vielleicht war es ein Reisesegen, der die Pilger bei ihrem Aufbruch nach Jerusalem begleitete, oder das Lied wurde bei ihrer Ankunft in der heiligen Stadt gesungen. Genauso ist es möglich, in dem Text den inneren Dialog eines Menschen zu sehen, der in den Wechselfällen des Lebens

---

1 Bertolt Brecht, Die Dreigroschenoper, in: Ders., GW 2, Stücke 2, werkausgabe edition suhrkamp, Frankfurt 1967, 422.

nach Vergewisserung sucht:[2] Ausgang und Eingang, Tag und Nacht, Sonne und Mond folgen aufeinander – und auch die Menschen entkommen der ständigen Veränderung nicht. Niemand ist ohne Angst unterwegs, alle strecken sich aus nach einer Hilfe, die durchträgt im Wechsel der Räume und Zeiten. Der letzte Vers des Psalms – »Der HERR behüte deinen Ausgang und Eingang von nun an bis in Ewigkeit« – erinnert nicht nur an das Ende des Lebens, weil er uns von Beerdigungen vertraut ist. Im Judentum wurde er »bisweilen beim Berühren der Mesusa am Haus- oder Wohnungseingang gesprochen … und in christlicher Tradition (vor allem im byzantinischen Kontext) auf Türstürze geschrieben.«[3] Es sind Schwellenworte, die das Alte verabschieden und den nächsten Schritt initiieren und begleiten.

Darum passen sie gut in die Silvesternacht. »Der Hüter Israels schläft noch schlummert nicht.« Das war etwas Besonderes im alten Orient. Denn die Götter pflegten sehr wohl zu schlafen und reagierten unwirsch, wenn die Menschen sie in ihrer Ruhebedürftigkeit störten. »Zu lästig wurde mir nun das Geschrei der Menschen; infolge ihres lauten Tuns entbehre ich den Schlaf. Schneidet ab den Menschen den Lebensunterhalt«, so klagt der Gott Enlil im altbabylonischen Atramchasis-Epos.[4] Der Psalm füllt die Kluft zwischen Abend und Morgen mit der Gegenwart Gottes. JAHWE schläft nicht. Er wacht in Liebe für die Menschen Tag und Nacht, beschirmt sie vor der sengenden Sonne und schützt sie vor den Ängsten und Dämonen, die im Mondlicht ihr Unwesen treiben.

Es ist gut, solche Schwellenworte zu kennen und sprechen zu können. Beschirmt und behütet lassen wir die Ängste für den Moment. Wenn Gott wacht, können wir schlafen gehen – irgendwann sogar in der Silvesternacht. Wir lassen unsere besorgte Wachheit fahren, schließen die Augen und werden weitergetragen im Strom der Zeit.

---

2 Vgl. zu den exegetischen Informationen Frank-Lothar Hossfeld/Erich Zenger, Psalmen 3.101–150, HThKAT, Freiburg i. Br. 2008, 428–449, hier: 430 f.

3 A. a. O., 449.

4 Zit. nach a. a. O., 440.

Kristian Fechtner (Mainz)

Neujahr:
Der erste Tag

Und Gott nannte das Licht Tag und die Finsternis Nacht.
Da ward aus Abend und Morgen der erste Tag. (Gen 1,5)

Der erste Tag des neuen Jahres ist schon der Tag danach. Kalendarisch ist der Jahreswechsel bereits in der Nacht geschehen, Schlag zwölf. Auch festzeitlich liegt der Akzent auf dem Silvesterabend und der Neujahrstag kommt, manchmal etwas müde, hinterher. Aber vielleicht kann man heute den Anfang noch einmal ruhiger bedenken, bei Tageslicht. Nicht mehr dem Vergangenen nachsinnen; das haben wir, wo es schwer gewesen ist und drückt, Gott in die Hände gelegt: »Der du die Zeit in Händen hast, Herr, nimm auch dieses Jahres Last und wandle sie in Segen.« (EG 64,1). Wie kommt uns das neue Jahr entgegen, unter welchem Leitmotiv gehen wir ins Jahr hinein? Es ist gut, wenn ich spüre, was meine Perspektive ist und worauf ich schaue:

- Dass ich mich losmache ins Freie – »Du stellst meine Füße auf weiten Raum« (Psalm 31,9), weil ich hinaus will oder raus muss aus dem, was mir das Herz und das Leben eng gemacht hat.
- Oder aber dass mein Leben in Obhut genommen wird und ich bleiben möchte – »Von allen Seiten umgibst du mich« (Psalm 139,5), weil meine Seele Schutz braucht, ringsum, den Schutz Gottes und den verlässlicher Menschen.

49

Mit welcher Haltung wir beginnen[1] und was den Anfang ausmacht, schreibt sich fort in dem, wie es weitergeht, mit uns und mit dem Jahr. Dass ein Anfang Zeichen enthält im Blick auf das, was kommen mag, ahnen wir auch in nach-mythischen Zeiten. Deshalb wünschen wir uns gegenseitig ein gutes oder glückliches neues Jahr. Der Wunsch ist wie ein Unterpfand des erhofften Glücks, das wir den anderen mitgeben wollen und für sie erbitten. Und wir wissen: Wir haben's nicht in der Hand. Das macht die alte Wendung deutlich, die feiner und genauer ist: *Ich wünsche dir ein glückseliges neues Jahr.* In ihr scheint durch, dass wir angewiesen sind auf den Segen Gottes: Selig sind, die gesegnet sind, gnädig von Gott angesehen. Und so ist noch jeder Neujahrsglückwunsch ein – oft unerkannter – Segenswunsch und ein Akt des Segnens. Er meint: Als eine Gesegnete mögest du ins neue Jahr gehen; als ein Gesegneter magst du das Jahr getrost auf dich zukommen lassen.

So beginnt es: Am Anfang der Schöpfung entsteht der erste Tag. Davor war es finster. Nun erschafft Gott Licht und er sieht, es ist gut. Und er scheidet zwischen dem Licht und der Finsternis.

Und Gott nannte das Licht Tag und die Finsternis Nacht. Da ward aus Abend und Morgen der erste Tag. (Gen 1,5)

Das erste, was die Schöpfung braucht, ist der Rhythmus der Zeit: Abend und Morgen, Tag und dann die Woche, und jetzt Jahr um Jahr. Wir können als Menschen gar nicht leben, ohne dass unsere Zeit geordnet ist und dass sie es auch bleibt – morgen, die nächste Woche, das ganze kommende Jahr. Wir machen uns selbst unsere Kalender und füllen sie, nicht selten mehr, als uns guttut. Aber in die Rhythmen der Zeit treten wir ein, sie sind uns heilsam vorgegeben: Auch nach einem Tag, der kein Ende nehmen will, kommt der Abend. Auch nach einer Nacht, in der ich keinen Schlaf finde, zieht der Morgen auf. Drei Momente enthält der

---

1 Eine entsprechende Andachtsübung mit vier biblischen Orientierung zum neuen Jahr findet sich bei Kristian Fechtner, Mit Gott erwarten, was kommen mag. Eine Übung, um sich geistlich für das neue Jahr zu präparieren. In: Im Kirchenjahr leben. Liturgien und Rituale. Herausgegeben von Sabine Bäuerle, Zentrum Verkündigung der EKHN. Frankfurt a. M. 2006, 81–83.

biblische Schöpfungsbericht: Es ist das Licht, und zwar nur das Licht, das von Gott geschaffen wird, von ihm angesehen und gutgeheißen wird. Es ist einzig das Licht, welches göttlichen Ursprungs ist. Das ist der erste Hinweis. Der zweite ist: Auch wenn Gott Licht schafft, bleibt die Finsternis ein Teil seiner Schöpfung. Sie fällt nicht einfach heraus und sie wird auch nicht hell. Unsere Welt hat auch eine dunkle Seite, eine Nachtseite. Und drittens schließlich werden Licht und Finsternis, Tag und Nacht getrennt; sie bleiben deutlich unterschieden. Sie fließen nicht zu einem dauernden Zwielicht, zu einem grauen Dämmerlicht zusammen. Nein: Es kann ganz dunkel sein in der Welt und es kann hell sein. Wir gehen am Abend in die Nacht und kommen am Morgen wieder ins Licht. Dies ist die Verheißung, die dem ersten Schöpfungswerk Gottes eingestiftet ist.

Am ersten Tag des Jahres führt uns der Rhythmus der Zeit in ein neues Jahr. Was wir nicht alles erwarten und befürchten, meiden wollen und erhoffen. Gesundheit gehört zu den ersten Wünschen, mit denen Menschen andere zum neuen Jahr bedenken. Der Wunsch, für andere und für sich, ist nur zu verständlich. Und er ist problematisch. Bin ich nur recht im Leben, wenn ich gesund bin? Wie ist es mit den beiden Seiten, den lichten und den finsteren, im Schöpfungswerk des kommenden Jahres? Gesundheit, die wir wünschen, beschränkt sich gerade nicht auf die helle Seite des Jahres, sie reicht bis hinein in die dunklen Seiten unseres Lebens. Sie ist »Kraft zum Menschsein« (Karl Barth): Fähig sein, zu arbeiten und still zu halten; empfänglich sein, das Leben zu genießen, aber auch die Kraft haben, es zu erleiden. Gesundheit ist die Kraft, sich vom Leben einnehmen zu lassen, auch im Widerstreit mit dem, was es dunkel macht. Mit Hans-Martin Gutmann kann man die Bewegung, mit der wir in dieser Weise ins neue Jahr gehen können, als Doppelbewegung umschreiben: Sich hingeben, ohne sich herzugeben. Sich auf das einlassen, was das Leben an mich heranträgt. Und zugleich mich von ihm nicht überwältigen lassen; nichts von dem hergeben, was mir herzenswichtig ist. So wird aus Abend und Morgen der erste Tag und aus ihm, Tag für Tag, ein neues Jahr. »Nun lasst uns gehen und treten mit Singen und mit Beten zum Herrn, der unserm Leben bis hierher Kraft gegeben.« (EG 58,1).

Friedrich Grotjahn (Bochum)

Zweiter Sonntag nach Weihnachten: Wo Gott wohnt

Spräche ich: Finsternis möge mich decken, und Nacht statt Licht
um mich sein, so wäre auch Finsternis nicht finster bei dir, und
die Nacht leuchtete wie der Tag. Finsternis ist wie das Licht.
(Ps 139,11 f.)

In vielen biblischen Texten finden sich klein gedruckte Anmerkungen,
Hinweise auf parallele Textstellen. So auch hier, Psalm 139,11: Hin-
gewiesen wird auf eine Stelle im Buch Hiob: 34,22. Ich schlage nach und
finde dort den Satz: *Es gibt keine Finsternis und kein Dunkel, wo sich ver-
bergen könnten die Übeltäter.* Will sagen: Es ist unmöglich, dem Gericht
Gottes zu entgehen, oder – volkstümlicher: »Der liebe Gott sieht alles und
hat dich längst entdeckt.«

Da kann von einer echten »Parallele« wohl kaum gesprochen werden; denn bei Licht besehen geht es im Psalm um etwas anderes: nicht
um die Unmöglichkeit, Gottes Gericht zu entgehen, sondern um Er-
leuchtung: Bei Gott ist Finsternis nicht finster, bei ihm leuchtet die Nacht
taghell.

Und da soll der, der am Leben verzweifelt, sich in die finsterste Finsternis verkriecht, wo es gleich ist, ob er die Augen offen hat oder geschlossen hält, scharfe, schwarze Finsternis eben, der soll die Erfahrung machen
können, dass er plötzlich nicht mehr blind in der Dunkelheit umherirrt;
denn da ist ein Licht, das zeigt ihm, wo er wieder Boden unter die Füße

bekommt, ein Licht, das ihn den Abgrund sehen lässt, auf den er sich unwissend zubewegt hat. – Wenigstens behauptet das der Psalm.

Es gibt Finsternisse, in die sich niemand freiwillig begibt. Es gibt Dunkelheiten, in die wird man geworfen und weiß nicht aus noch ein. Wie kann das gehen, dass da die Nacht leuchtet wie der Tag?

Henning Mankell hat vor ein paar Jahren ein Buch herausgebracht mit dem Titel: »Ich sterbe, aber die Erinnerung lebt.« Er ist nach Uganda gefahren, hat dort Menschen getroffen, Aidskranke, die sich auf ihren Tod vorbereiten, indem sie »Memory Books« schreiben, Erinnerungsbücher, Hefte mit Texten und eingeklebten Bildern. Darin schreiben die todkranken Menschen ihr Leben auf für ihre vielleicht noch ganz kleinen Kinder, damit die nach dem Tod ihrer Eltern lesen, erfahren, wer sie gewesen sind.

Nach dem Tod von Vater und Mutter, der die Kinder in eine tiefe Finsternis des Verlusts, der Traurigkeit, der Ausweglosigkeit stößt, taucht hier ein Licht auf: Meine Eltern sind tot, aber sie haben mich nicht verlassen. Was ich hier in der Hand habe, schwarz auf weiß, haben sie aufgeschrieben, eigens für mich.

Zugleich wird die Vergangenheit erleuchtet. Die Kinder erfahren, woher ihre Eltern kamen; und so wird auch ihre eigene Herkunft deutlich. Sie erfahren, wer sie sind, woher sie kommen. Ihr Leben wird aufbewahrt in Generationen. Wer sich so eingebettet sieht in eine immer deutlicher werdende Vergangenheit, der ist auch fähig, einen Weg in die Zukunft zu finden.

In unserem Psalmtext ist die Rede von »Finsternis«, von »Nacht«, aber nicht direkt vom »Dunkel«. Natürlich gehören die drei zusammen, lassen sich auch synonym gebrauchen, und doch hat das Wort »Dunkel« noch eine eigene Bedeutung. »Finsternis« hat immer einen Beigeschmack von feindlich, gefährlich. »Dunkel« kann den auch haben, muss aber nicht immer, es ist vielschichtiger. Es gibt eine biblische Überlieferung, nach der Gott im Dunkeln wohnen will.

So sagte König Salomo im Zusammenhang mit dem Bau des Tempels als eines Wohnhauses Gottes:

Die Sonne hat Gott an den Himmel gestellt;
er hat aber gesagt, er wolle im Dunkel wohnen.
So habe ich nun ein Haus gebaut, dir zur Wohnung,
eine Stätte, dass du ewiglich da wohnest. 1 Kön 8,12 f.

Dementsprechend heißt es bei Jochen Klepper in seinem bekannten Adventslied: »Die Nacht ist vorgedrungen«: *Gott will im Dunkel wohnen und hat es doch erhellt.* Einen Eindruck davon habe ich beim Besuch einer Kapelle in der Eifel bekommen. Ein zwölf Meter hoher Bau ohne Fenster. Drinnen ist es dunkel, zunächst einmal. Es gibt keine Beleuchtung. Ich betrete die Kapelle durch eine dreieckige Tür, gehe den Gang nach innen, taste mich weiter an der rauen Wand, sehe nur Dunkelheit.

Der schmale Gang ist zu Ende. Ich spüre, der Raum wird größer. Ich taste mich weiter an der Wand entlang. Nach einer Weile stoße ich an ein Hindernis, eine Bank. Ich setze mich, ruhe mich aus. Und ganz allmählich wird die Dunkelheit, die mich umgibt, weniger dunkel. Licht kommt von oben durch das kleine Loch in der Decke, durch das auch der Regen kommt, und dann von allen Seiten durch lauter kleine Glaskugeln in den schwarzen Wänden.

Ich sehe mich um. Neben mir erkenne ich eine Stele, darauf eine Halbfigur: der Heilige. Wir sehen beide in dieselbe Richtung auf ein allmählich zutage tretendes Radsymbol an der gegenüberliegenden Wand: das Meditationsrad des Nikolaus von der Flüe:

In der Mitte ein Punkt, die Gottheit. Drumherum die Nabe des Rades, der Himmel. Der äußere Reifen, die Welt, durch sechs Speichen von der Nabe aus gehalten. Die Speichen: ganz schmale Dreiecke, drei mit der Spitze nach innen, drei nach außen.

»Siehst du diese Figur? So ist das göttliche Wesen. Der Mittelpunkt ist die ungeteilte Gottheit, darin sich alle Heiligen erfreuen. Die drei Spitzen, die zum Punkt des inneren Zirkels führen, sind die drei Personen; sie gehen von der einigen Gottheit aus und haben umgriffen den Himmel und alle Welt. … Und wie sie von der göttlichen Gewalt ausgehen, so führen sie wieder hinein und sind unteilbar in ewiger Macht«, sagt Bruder Klaus. – *Gott will im Dunkel wohnen und hat es doch erhellt.*

Andrea Bieler (Wuppertal)

Epiphanias: Nachtgedanken zum Stern über Bethlehem

Und dann verstehen wir endlich,
was mit Ewigkeit gemeint ist:
Der Stern steht still.
Eine große Freude breitet sich aus.
Freude
열락 (悅樂)
狂喜
Furaha
Joy
Réjouissance
Exaltação
Alegría
Vreugde.
Wir lernen noch, das Wort zu buchstabieren.
F-R-E-U-D-E
überwältigt uns,
breitet sich aus
wird zu einem glühenden Strom,
Und dann
zu einem tiefblauen, kühlen Fluss,

in den wir juchzend springen,
wie das prickelt.
Das also geschieht,
wenn wir endlich
das K-I-N-D sehen.
Der Stern steht still.
Die Zeit steht still.
Pure Präsenz.
Eine alte Frau singt in der Ferne:
»O klare Sonn, du schöner Stern,
dich wollten wir anschauen gern.«
Die Fremden aus dem Osten,
haben uns den Stern gezeigt.
Und dann fließt es nur so aus uns heraus,
wir wollen Geschenke bringen,
etwas Kostbares weitergeben.
Damals:
Gold, Weihrauch, Myrrhe:
Gold für die Armut der Mutter,
Myrrhe für die Gesundheit des Kindes,
Weihrauch, um den Gestank im Stall zu mildern,
sagt Thomas,
oder:
Glaube, Hoffnung, Liebe,
das kann jeder bringen,
sagt Martin.
Wir lassen uns los
und strecken uns aus.
Und endlich verstehen wir, was das heißt:
dem Kind zu huldigen.

Und es geschah zu der Zeit,
als die Nachrichten
von den getöteten Kindern nicht abrissen.

Michael Moxter (Hamburg)

Erster Sonntag nach Epiphanias: Ohne Worte

Die Himmel erzählen die Herrlichkeit Gottes, und das Werk seiner Hände verkündet die Feste. Ein Tag sagt's dem anderen, und eine Nacht tut's kund der anderen. Ohne Worte und ohne Rede – mit nicht vernehmbarer Stimme. (Ps 19,1–4)

Zur Meditation über die Nacht leiten diese Verse eigentlich nicht an. Denn die einschlägige Kunde der Nacht wird doch keine andere sein als jene, die auch der Tag übermittelt: das Lob der Doxa Gottes. Wird die Nacht, so darf man fragen, nicht überhaupt nur aus Gründen des *parallelismus membrorum* erwähnt, also umwillen der rhythmischen und sachlichen Aufgliederung des einen Sachverhalts in die Doppelung von »night and day«? Wie Abend und Morgen den einen Tag bilden, gehören auch das blaue Firmament des Himmelozeans und das noch größere Wunderwerk des bestirnten Nachthimmels von Haus aus zusammen. Sie künden gemeinsam dasselbe Lob, jedes auf seine Weise.

Insofern gedenkt der Beter der Nacht nur als einer Ergänzung und eines Gegenstücks, ohne Zwielicht und Finsternis zu assoziieren oder an die Kümmernisse schlafloser Unruhe zu erinnern. Daher erscheint die Nacht in diesem Psalm fern von unserer Lebenswelt, schlechterdings nur als kosmische Ordnung. Sie ist ein Wunder mehr, kein Grund zur Sorge und erst recht kein Ort für mancherlei Umtriebe.

Das hebräische Wort für das Erzählen, in dem sich Nacht und Tag hier einig sind, bedeutet wörtlich: ein Heraussprudeln, ein erregtes Ausbrechen, ein Flow-Erlebnis, wie es in der Musik am prägnantesten erfahren wird. Insofern liegt der Gedanke an die Sphärenharmonie der Himmelsschalen, mit der zumindest die griechische Antike rechnete, nicht so weit ab, wie die gelehrten Kommentare meinen. Tag und Nacht bringen Gottes Lob zum Klingen, so dass der Schall bis an die Enden der Erde ausgreift (Vers 5).

Die Schöpfung also als eine Rede, in der die Kreatur der Kreatur bezeugt, wie wunderbar sie von Gott gemacht ist! So redend entspricht sie dem Wort, das sie ins Sein gesetzt hat. Schön und wohlgeordnet macht der Kosmos seinem eigenen Namen (»kosmos« bedeutet: »Schmuck«) alle Ehre – ganz in der Art, in der die natürliche Theologie denkt, die noch immer auf die Erkennbarkeit des Schöpfers in seiner Schöpfung hinauswollte. Alles in allem mitreißend und unsere Zu- und Einstimmung fordernd und reizend, aber dabei auch merkwürdig frei von den Rissen und Brüchen, die dem menschlichen Leben eigentümlich sind.

Psalm 19 setzt auf den Zusammenklang von Schöpfung (Vers 2–7) und Thora (Vers 8–11), von *logos* und *nomos*, und nimmt seinerseits den Menschen erst spät und gleichsam am Rande in den Blick: als einen, der sich im Verstoß gegen die Ordnung als Missetäter (Vers 12–14) erweist, aber auf Erlösung hoffen darf (Vers 15). Von der Ambivalenz der Nacht, von den Abgründen menschlichen Lebens, die nicht erst aus Schuld und Gebotsübertretung resultieren, sondern zu seiner kreatürlichen Endlichkeit gehören, ist in dieser noch von keiner Krise berührten Weisheitstheologie keine Rede.

Diese Einseitigkeit war schon immer die Stärke, aber auch das Problem der natürlichen Theologie. Man ahnt in ihr nicht, dass der Kabod des Herrn auch Schwere und Gewicht meint, die mit den Lasten und Belastungen unserer Erfahrung in einem nicht nur äußerlichen Verhältnis stehen. Denn sobald es um uns selbst geht, um die Betrachtung humaner Existenz und ihrer Lebenswege, sobald nicht nur alle Geschöpfe, sondern wirklich *wir* eingeladen sind, in das Lob der Himmel einzustimmen, reicht die Harmonie weniger Grundakkorde nicht weit.

Um es dieser Geburtstagsgabe gemäß mit einer musikalischen Metapher anzudeuten: Das Gotteslob der Himmelswerke, die Einstimmigkeit von Tag und Nacht, verhält sich zu dem stets durch Klage aufgemischten Gotteslob des Menschen wie das Nebeneinander von »Clerical Beauties« und »Tisch 5«. Dort die klare Struktur, gehalten durchs Melodische, ein Klangteppich, auf dem wir ausruhen, vielleicht sogar fliegen können, hier aber die wilde und schrille Improvisation, die ausbricht in Gegentöne und Konkurrenzen und darauf verzichtet, dem Missklang entkommen zu wollen.

Vom Prediger, dem dieser Band gewidmet ist, wie vom Musiker, der in beiden Bands spielt, kann man lernen, dass beides zusammengehört: das Werk leuchtender Tage, das als Freude an der Schöpfung zugleich Freude am Schöpferischen ist, und das Nachtwerk, in dem sich die Freudigkeit nur auf Umwegen artikuliert, als habe sich das Lob in der Klage verlaufen.

Darum darf man sich nicht mit der frommen Auskunft zufriedengeben, die Nacht künde dasselbe wie der Tag. Vielmehr kann sie nur in das Lob einstimmen, indem sie auch von dem berichtet, was in ihr allein sichtbar wird. Es ist die theologische Leistung der Psalmensammlung, dass sie genau solche Vielstimmigkeit bewahrt und eindringlich repräsentiert. Der Psalter als Ganzer manifestiert ein Gotteslob in unterschiedlichen Besetzungen, Tonarten und Klanglagen. (In der redaktionellen Komposition wirkt die List theologischer Vernunft.) Folglich ist es keine Übertreibung des Systematikers, sondern Sache von Text und Kontext, im Mitsprechen dieser Verse die Fragmentarität und Ambivalenz menschlichen Lebens nicht aus den Augen zu verlieren.

Findet sich davon in Psalm 19 wenigstens eine Spur oder stellt sich der fromme Beter in seinem irdischen Vergnügen an Gott die Ausbreitung des Schöpfungswortes wirklich so ungehindert und herrlich vor wie den Lauf der Sonne (Vers 6)? Dürfte man seine Behauptung, dass die Verkündigung von Sonne, Mond und Sternen »ohne Worte und ohne Rede – mit nicht vernehmbarer Stimme« (Vers 3) geschieht, als eine sich ankündigende Einsicht in eine Grenze verstehen, die der Liturgie der Himmel gesetzt ist? Dass die Verkündigung von Tag und Nacht sprachlos bleibt, wäre dann ein Wink, der an das erinnert, was fehlt, wenn von den Himmeln die Rede ist, aber der Bodensatz menschlichen Lebens ausgeblendet bleibt. Doch lässt, was Kant einmal das Bathos der Erfahrung genannt hat, das Gotteslob gerade nicht verstummen. Es wird in unseren Stimmen *laut*.

Hans-Jürgen Abromeit (Greifswald)

Zweiter Sonntag nach Epiphanias: In der Angst der Nacht ...

Man schreibt, dass viel Gewalt geschieht, und ruft um Hilfe vor dem Arm der Großen; aber man fragt nicht: »Wo ist Gott, mein Schöpfer, der Lobgesänge gibt in der Nacht, der uns klüger macht als die Tiere auf Erden und weiser als die Vögel unter dem Himmel?« (Hi 35,9–11)

Nacht ist nicht gleich Nacht. Keine ist wie die andere, nicht bei uns und schon gar nicht weltweit. Wie anders werden die Nächte zurzeit des Alten Testaments gewesen sein. Mir steht die afrikanische Nacht vor Augen, zum Beispiel in Singida (Zentraltansania). Nach Einbruch der Dunkelheit greift nicht etwa Stille um sich. Unser Gästehaus lag an einem Feld und einem kleinen Wald. Nach Einbruch der Dunkelheit wurde der Lärm der Natur erst richtig hörbar. Andauernd passierte irgendetwas. Vögel stießen Schreie aus, etwas fiel laut herunter. Äste zerbrachen. Ein Quieken wurde vernehmbar. Nichts von Ruhe in der Nacht. Und: Absolute Dunkelheit. Wegen der Armut der Bevölkerung und des Landes insgesamt gibt es fast keine nächtliche Beleuchtung. Wer an der Straße entlanggeht, muss in völliger Dunkelheit – wenn er Glück hat, geleitet durch den Mond – seinen Weg finden.

Wieder ganz anders die Nächte in den großen Metropolen dieser Welt: New York, London, Berlin, Kapstadt. Die Straßen sind beleuchtet. Trotzdem empfiehlt die Polizei vielerorts, nach Einbruch der Dunkelheit nicht mehr zu Fuß unterwegs zu sein, sondern z. B. mit Taxen zu Restaurants oder vor die Tür von Theatern oder Lichtspielhäusern zu fahren. Zu hoch ist die Kriminalitätsrate, als dass man sich ohne besondere Vorsicht in der Nacht bewegen sollte. Die Nacht war immer die Tageszeit, in der man sich nähernde Feinde nicht rechtzeitig erkennen konnte. In der Nacht geschah Gewalt. Da wird Eigentum geraubt, werden Frauen vergewaltigt, werden Menschen gemordet. Die Nacht ist eine beunruhigende Tageszeit. Sie macht Angst.

Solche Erfahrungen nimmt das Hiobbuch auf. Der weise Elihu fasst sie in Worte: »Man schreit, dass viel Gewalt geschieht ...« (V. 9). Gewalt geschieht natürlich von Seiten derer, die die Macht dazu haben, von Seiten der Starken, der Mächtigen, der Großen. Sofort ruft das Opfer um Hilfe. Schon der, der sich ängstigt, sucht nach um Beistand.

In der Neuzeit stellt man gern die Frage: »Wo ist Gott? Ist es gerecht, dass er die Welt allein lässt?« Das Hiob-Buch zeigt uns, dass diese Frage nach der Gerechtigkeit Gottes, die eine Lebensfrage des Menschen ist, sehr unterschiedlich gestellt werden kann. Heute ist es häufig die Frage eines Fragestellers, der mit Gott fertig ist. Im Anschluss an den letzten Heiligabend-Gottesdienst spricht mich ein Mann an: »Sie reden davon, dass Gott in diese Welt hineingekommen und nun bei uns ist. Wir seien nicht mehr allein. Aber wo ist Gott im Bürgerkrieg in Syrien oder auf der Kinderkrebsstation?« Ich biete ihm ein Gespräch an, aber er schlägt es aus. Deswegen kann ich ihm nicht mehr sagen, dass der Gott, der in der Krippe in die Welt gekommen ist, am Kreuz endete. Gott ist nicht einfach der Allmächtige, der seiner Schöpfung und seinen Menschen teilnahmslos gegenüber steht, sondern der, der die Tiefe des Leids, der Angst und der Gottesferne kennt. Im Hiob-Buch schlägt deswegen Elihu vor, dass man die Frage anders stellen sollte: »Wo ist Gott, mein Schöpfer, der Lobgesänge gibt in der Nacht ...?« Wer so nach Gott fragt, weiß und setzt voraus, dass er schon immer eine positive Beziehung zu mir hat. Ich habe so viel Gutes von Gott erfahren. Er hat mir mein Leben geschenkt und mich bisher erhalten. Ja, er ist es, der sogar in der Nacht angesichts der Angst Lieder singen lässt.

Der Gott, der Lobgesänge in der Nacht schenkt, ist auch der Gott, der Menschen ihre besondere Würde gibt. Er macht sie – so lesen wir bei Hiob – »klüger als die Tiere auf Erden und weiser als die Vögel unter dem Himmel«. Auch wenn wir heute aus guten Gründen unsere Mitgeschöpflichkeit und Verbundenheit mit der Tierwelt betonen, liegt das Besondere des Menschseins gerade in dem, was uns von den Tieren unterscheidet. Nirgends ist mir dies so deutlich geworden wie in dem Buch von Abdel Sellou, »Einfach Freunde«[1]. Sellou ist der Kleinkriminelle, der zum Intensivpfleger des querschnittgelähmten, reichen Grafen di Borgo wurde und dessen Geschichte durch den Film »Ziemlich beste Freunde« weltbekannt geworden ist. Sellou hat durch di Borgo eine völlige Neuausrichtung seines Lebens erfahren. Er, den sonst nichts bewegte als sein persönlicher Vorteil und an den niemand heran kam, begründet seine Sorge um den kranken Grafen mehrfach mit dem Satz: »Wir sind schließlich keine Tiere …«[2]. Sellou hat keine Ethik und nur eine Minimalmoral. Aber er hat ein natürliches Empfinden für Würde, auch des Schwerstbehinderten. Er hilft dem Grafen, weil er in der Menschenwürde eine Verpflichtung sieht, die ihn zu den nicht einfachen Hilfsdiensten an dem Schwerstbehinderten motiviert.

In der Angst der Nacht ist es gut zu wissen, dass ich trotz allem Gott vertrauen kann. Auch wenn ich unter seiner jetzt gefühlten Abwesenheit leide, so ist er ja doch da. Schon häufig bin ich den Weg gegangen von dem Gefühl, völlig auf mich gestellt und von Gott verlassen zu sein, hin zu der Erquickung durch Gott, zu der Erfahrung, trotz allem gehalten zu sein. Dabei kommt es darauf an, die Frage nach Gott in der rechten Weise zu stellen. Es ist die gleiche Frage, wie sie in Psalm 22,1 aufleuchtet: »Mein Gott, mein Gott, warum hast du mich verlassen?« Auch der Mensch, der Gott als seinen »Gott« bezeichnet, hadert mit ihm. Aber er flüchtet sich hin zu dem Gott, den er kennt und der es bisher gut mit ihm meinte. Es

---

1 Abdel Sellou, Einfach Freunde. Die wahre Geschichte des Pflegers Driss aus »Ziemlich beste Freunde«. Mit einem Nachwort von Philippe Pozzo di Borgo. Unter Mitarbeit von Caroline Andrieu, Berlin 2012.
2 A. a. O. 214.217 u. ö.

ist der Gott, der zugleich fraglich ist, der aber doch als der bekannt ist, der Lobgesänge in der Nacht schenkt. Eine Ahnung davon hat der Mensch, denn er ist ja klüger als die Tiere und weiser als die Vögel unter dem Himmel. Darum können die verschiedensten Nächte nicht schrecken. Gegen alle Ängste hilft der Lobgesang.

Gerhard Ulrich (Kiel)

Dritter Sonntag nach Epiphanias: »Man hu«

Und am Abend kamen Wachteln herauf und bedeckten das Lager. Und am Morgen lag Tau rings um das Lager. (Ex 16,13)

»Man hu – was ist das?«, so sprechen die Israeliten untereinander, als sie sehen, mit Schlaf in den Augen, was das aufsteigende Licht, das den Tau trocknet, hervortreten lässt: Manna, Himmelsbrot! Nach Wachteln am Abend nun der Brotregen des Nachts.

Über Nacht gibt Gott den Seinen, was sie brauchen zum Leben, für ihre Wanderschaft zum Land, dem verheißenen; durch die Wüste. Über Nacht antwortet Gott auf das nervtötende Murren der Gesellschaft, die da unterwegs ist. Hat es nicht Zeiten gegeben, da saßen wir an den Fleischtöpfen Ägyptens? Und nun: herausgeführt, um an Hunger zu sterben? War es nicht früher eh alles besser, satter, schöner? Und wären wir nicht ohne Gott jetzt wenigstens satt – und zufrieden?

Wie oft ist Mose verzweifelt an diesem Volk; wie oft hat er Gott gebeten, die Verantwortung für dieses Volk, für die Befreiten, die dennoch Nörgelnden, von seinen Schultern zu nehmen. Die nie Zufriedenen, immer Zweifelnden, den Schnabel Aufsperrenden sich selbst zu überlassen. Hier aber, in der Geschichte von der Speisung mit Wachteln und Manna, gibt Mose den Seelsorger: »Am Abend sollt ihr innewerden, dass euch der Herr aus Ägyptenland geführt hat, und am Morgen werdet ihr des Herrn Herrlichkeit sehen, denn er hat euer Murren wider den Herrn gehört …

der Herr wird euch am Abend Fleisch zu essen geben und am Morgen Brot die Fülle, weil der Herr euer Murren gehört hat …«

Wieso ist Gott nicht da, wenn wir ihn brauchen? Will er uns in die Irre gehen lassen? Wieso stillt er nicht die Sehnsucht nach Frieden und den Hunger nach Gerechtigkeit; warum sind die Tage so bedrängend?

Das Wunder geschieht über Nacht: Gott hört das Murren. Und wendet sich dennoch nicht ab. Er gibt ihnen gewiss, was sie brauchen – mengenmäßig und zeitlich genau zugemessen. Am sechsten Tag des Abends und am siebten Tag des Morgens. Für den Sabbat liegt alles bereit, frisch, taufrisch. So, dass wir immer wieder innehalten und uns vergewissern können, dass wir haben, was wir brauchen, dass genug da ist – für alle. Das ist doch das, was wir sehen und erfahren am Morgen des Heiligen Tages und jeden Tag, den Gott werden lässt, wieder: dass Gott hört, dass er sich zeigt; dass er spricht. Dass er bereit hält immer neu die Speise, die uns stärkt – nicht nur Brot allein, sondern ein jegliches Wort, das aus seinem Munde geht. Damals schon für das Exodus-Volk genug für jede und jeden. So, dass es gesammelt werden kann. Wegzehrung für die Vielen. Für den Weg durch die Wüstenstrecken, durch ebenes und hügeliges Land.

So war das an Pfingsten 2012 in Ratzeburg, als wir die Gründung der neuen Evangelisch-Lutherischen Kirche in Norddeutschland feierten, nach langen Jahren des Verhandelns, Fragens und auch Zweifelns: Da standen Tische und Bänke vor dem Dom zu Ratzeburg. Und als wir herauskamen nach dem Gottesdienst, da waren die Tische festlich gedeckt. Und mehr als 5000 Menschen setzten sich, feierten ein Mahl, teilten miteinander die Gaben. Eine Gemeinschaft unterwegs. Miteinander teilend das, was Gott gibt. Und nicht nur waren alle satt. Sondern fröhlich und gestärkt und gewiss, dass Gott selbst uns den Mund füllt und das Herz weit macht. Und alle Sorge, ob das denn auch reichen würde, was wir geplant, auf den Weg gebracht und vorbereitet hatten, war sozusagen über Nacht verflogen.

»Steh auf und iss«, sagt der Engel zu Elia, der sich hingelegt hatte, zu sterben – gottverlassen scheinbar und aufgezehrt die Kräfte. Brot und Wasser stellt Gott bereit. Und Elia isst und trinkt – und schläft erst einmal wieder ein. Und noch einmal rührt der Engel ihn an: »Iss und trink – denn du hast noch einen weiten Weg vor dir.«

Auch da gilt: Gott stellt bereit, was nötig ist. Nicht den Überfluss! Aber genug für den Weg. Er überfordert mich nicht. Genug ist mir gegeben im Schlaf. Gott ist der, der mich nicht lässt. Darum kann ich gehen.

Wachteln und Manna: Gottes Gegenwart. Er ist der, der führt. Er ist es, der das tägliche Brot sichert – nicht die organisierte Wirtschaft des Kulturlandes. Er gibt uns, was wir zum Leben brauchen. Er weiß, was wir brauchen – und wann. Und jeder und jede das gleiche Maß. So ist es gedacht: dass alle Menschen satt werden und haben, was sie brauchen, Zugang und Anteil haben an dem, was Gott gibt, austeilt – Himmelsspeise. So, dass wir, die wir sammeln vom Himmelsbrot, abgeben denen, die sitzen in der Finsternis, die nicht haben, was sie zum Leben brauchen. So, dass wir aufstehen gegen Ungerechtigkeit und Hass; dass wir den Mund auftun und das Wort weitersagen, das alle Gewalt unterbricht, und dem Frieden das Wort reden. Dass wir anfangen, aufzuhören, andere festzulegen auf ihre Schuld. Und austeilen die Hoffnung, aus der wir leben.

»Herr, ich werfe meine Freude wie Vögel an den Himmel: die Nacht ist verflattert!« So heißt es in einem afrikanischen Psalm. Nein, nicht dass wir Hungers sterben, will Gott, sondern dass alle Leben haben die Fülle. Die Nacht ist die produktive Zeit für Gottes Wunder. Den Seinen gibt es der Herr im Schlaf! Gott lässt sich sehen – mitten in der Nacht. Wie später, viel später in Bethlehem, Haus des Brotes, mitten in der Nacht taufrisch Gott Mensch wird, Brot des Lebens. Mitten in der Nacht, wenn wir ruhen – dann sorgt Gott. Stellt er bereit. Damit wir Grund haben zur Freude am Tag, den Gott herauf führt.

Noch ein afrikanisches Wort: »Der Glaube ist ein Vogel, der singt, wenn die Nacht noch dunkel ist.« Ein komischer Vogel, der den Schnabel zur Unzeit auftut. Der nicht erst nörgelnd wartet, sondern der sich ausstreckt hin zu dem, was verheißen ist. Der sich rührt und der aufsteht, weil er gewiss ist: Gottes Lebensfülle zeigt sich – wunderbar.

Man hu – was ist das? Ein neuer Tag aus Deiner Liebe, Herr – wir danken dir!

Christian Gründer (Hamburg)

Vierter Sonntag nach Epiphanias: Die beste Zeit zum Beten

Ich lobe den Herrn, der mich beraten hat; auch mahnt mich
mein Herz des Nachts. (Ps 16,7)

»So ist die Nacht die beste Zeit zum Beten«, schreibt Luther in einer Nebenbemerkung seiner Auslegung zu Psalm 16, denn, so erläutert er, auch von Christus sei häufig zu lesen, dass dieser des Nachts gebetet habe.[1]

Wir tun gut daran, zu beten, also in der Ansprache Gottes einen personalen Zugang zu unserem Lebensgrund zu finden und von Gott ernst genommen zu werden: eine Resonanz bei Gott zu erzeugen und diese wiederum anzunehmen. Gebet ist Ausdruck des Gottvertrauens; ein Vertrauen zu spüren, für Gott von inniger Bedeutung zu sein und zu wissen, dass auch er es ebenso für uns ist. Und zwar in alledem, was uns im Gebet bewegt, sei es, dass uns etwas oder jemand zu Boden zieht, in Bewegung versetzt oder himmelhoch beflügelt. Gott ist im Gebet für all das ansprechbar und offen.

Das Anliegen des Beters in Psalm 16 steht eindringlich im ersten Vers: »Bewahre mich, Gott.« Es geht hier um Leben und Tod; oder, in der Land- und Wegmetaphorik des Psalms gesprochen, um einen sicheren Grund zum Leben, um dessen bodenlose Gefährdung durch Grab und Toten-

---

1   Martin Luthers Psalmen-Auslegung, Bd. 1, hg. v. Erwin Mülhaupt, Göttingen 1959, S. 218.

reich-Vorstellungen sowie um den Weg zum Leben. Spannender Stoff also, der von Lebenslähmung und Todesangst, dann aber auch von Freude und Fülle in der Beratung und Begleitung Gottes zu berichten weiß.

Die Gottesbeziehung schenkt dem Psalmbeter das Vertrauen, von Gott nicht fallengelassen zu werden. Selbst dann nicht, wenn er sich – von Todesangst berührt – vor einem schwindelerregenden Abgrund sieht. Der Psalmbeter vergewissert sich der intimen Gottesbeziehung jedoch nicht allein positiv, sondern auch, indem er sie nach außen hin schützt. Da ist kein Platz für weitere Götter und falsche Verheißungen, die stets mehr versprechen, als sie halten können, jedoch letztlich mehr nehmen, als sie zu geben vermögen. Von all diesen Irrwegen und Irreleitenden soll einfach keinerlei Rede sein: er will ihre Namen nicht in seinem Mund führen. Dadurch macht er sich willentlich frei und besinnt sich auf die Gottesbeziehung, gerade indem er nicht gegen fremde Götter angeht oder sich von ihnen in einen Bann ziehen lässt. Er konzentriert sich zuversichtlich auf Gott: »Der HERR ist mein Gut und mein Teil; du erhältst mir mein Erbteil.« (Ps 16,5)

Das Erbteil des Beters soll, wie im Stamm Levi üblich, Gott und seine Sache selbst sein (Dtn 10,8 f.). Während andere Land und Gut zum Leben erben, erhält unser Beter Gott als seinen Erbteil und findet somit in Gott tatsächlich seinen Lebensraum – den der Beter in hohem Maße würdigt: »Das Los ist mir gefallen auf liebliches Land; mir ist ein schönes Erbteil geworden.« (Ps 16,6)

Luther identifiziert den Erbteil übrigens mit der Kirche als Gemeinschaft der Heiligen im Glauben.[2] Die würdigende Perspektive schenkt einen erfrischenden Blick auf Kirche und ihren Gemeingeist, den wir in uns tragen und treiben: Wir sind in sie einbezogen und haben Anteil an ihrer schönen Lebenswirklichkeit.

In Vers 7 kommt schließlich das Bewusstsein des Beters zum Ausdruck, Gott als Berater an seiner Seite zu haben. Das zentriert und schützt ihn sicher davor, in Zeiten der Krise aus der Kurve zu fliegen. Gott selbst wird sein Lebensraum. Die bewusste Gottesbeziehung erwirkt eigene Le-

---

2 Vgl. ebd.

bensräume und schafft sich ihre eigenen Milieus. Der Beter tritt im persönlichen Gebet vor Gott und kann für sich annehmen, dass er eine unbedingte Bedeutung bei Gott innehat, aus welcher heraus er mit Freude Gott loben kann: »Du tust mir kund den Weg zum Leben: Vor dir ist Freude die Fülle.« (Ps 16,11)

Von frischem Geist durchdrungen, betet er und zieht uns in sein Wort und seine Lebenswirklichkeit hinein und ermutigt uns, aus der Fülle des Lebens zu schöpfen. Selbst da, wo des Nachts in seinem Inneren Panik tobt, wo Tod und Leid in seine inneren Gedankenräume eindringen, hat der Psalmbeter allein Gott vor Augen und weiß sich auf sicherem Lebensgrund, wodurch er vorm Straucheln bewahrt ist (Ps 16,8).

Die intime Beziehung zwischen dem Beter und Gott bringt eine wechselseitige Verantwortung – wie unter Liebenden – mit sich, die Klarheit darüber schafft, nicht fallengelassen zu werden.

Wir sind eingeladen, in dieses belebende Vertrauen und die Freude darüber einzutauchen. Der Psalmbeter spricht mehrfach in der Ich-Form und er lässt uns verbal mit ihm in Körperkontakt kommen; mit seinem Mund, seinen Nieren, seiner rechten Seite und mit seinem Herz, welches allen Grund zur Freude hat.

Und den haben wir auch. »Denn du wirst mich nicht dem Tode überlassen und nicht zugeben, dass dein Heiliger die Grube sehe.« (Ps 16,10) So kann der Tod im Leben Trauer, aber zugleich auch Freude auslösen. Denn der Weg des Lebens steht hier dem Todesabgrund voll Lebensglück und Fülle entgegen.

Zum Schluss: Der Psalm wird David zugeschrieben (Ps 16,1). Petrus (Apg 2,14 ff.) und Paulus (Apg 3,35 ff.) haben diesen Psalm Jahrhunderte später jedoch vor einem ganz neuen Bedeutungshorizont aufgehen lassen. Es liegt für sie nahe, dass mit den Worten des Beters nicht etwas von der Freude Davids, sondern Jesu Christi zu uns durchscheint. David, so wird argumentiert, ist gestorben und begraben. Nicht aber Jesus Christus, von dem David prophezeite, dass er dem Tode nicht überlassen werde.

Erscheint uns in Psalm 16 tatsächlich etwas von Jesus Christus, dann gewinnen wir einen Zugang zu einem leiblichen und intimen Gebet, in das auch wir hineingezogen werden; das Freude aus der Fülle schafft, weil es einen sicheren Lebensgrund verheißt, und zwar aus einer wechselseitigen Verantwortung in Treue und Vertrauen, auf dem Weg des Lebens bewahrt zu sein.

Und »so ist die Nacht die beste Zeit zum Beten«, um sich an einem Vertrauen wie unter Liebenden zu erquicken, von Gott nicht fallengelassen zu werden, und nicht allein am Morgen, an einem neuen Tag wieder aufzustehen, sondern – am Ende der Zeiten – schließlich immerdar.[3]

---

3 Vgl. ebd.

Joachim von Soosten (Bochum)

Fünfter Sonntag nach Epiphanias: Löcher im Licht

Darum richtet nicht vor der Zeit, bis der Herr kommt, der auch ans Licht bringen wird, was im Finstern verborgen ist, und wird das Trachten der Herzen offenbar machen. Dann wird einem jeden von Gott sein Lob zuteil werden. (1 Kor 4,5)

Unser Horror ist nicht der Tod. Jedenfalls nicht die Tatsache, dass der Tod uns irgendwann ereilt. Unser Problem ist nicht die Sterblichkeit an sich. Das ist mehr als trivial. Macht uns das Wissen um die eigene Endlichkeit wirklich Sorgen? Wenn wir uns Epikur zum Freund gewählt haben, dann kennen wir noch den Gruß an uns, der da lautet, der Tod als das schauerlichste Übel müsse uns nicht schrecken. »Denn solange wir existieren, ist der Tod nicht da, und wenn der Tod da ist, existieren wir nicht mehr.« Nach dieser Auskunft müssen wir das Nichtleben nicht wirklich fürchten. Vielleicht können wir von hier aus eine Einstellung gewinnen, die sich freundlich zum Leben verhält. Beispielsweise in der Stimmung der Freude, der Freude am Leben. Wenn wir eines doch nicht rückgängig machen wollten, so wäre es die Freude am Leben. Sie ist das Zentrum von Freundschaft, von Ethik.

Der Horror kommt von einer ganz anderen Seite. Er besteht in der Reise in ein Land, in das wir als Freunde nur schwer folgen können. Die Reise in ein Land, aus dem die Nachrichten immer spärlicher werden und welches für uns irgendwann unerreichbar wird. Wenn die Könige in ein Exil auswandern, von dem wir keine genaue Kenntnis haben. Unser Alltag wird beherrscht durch die Forderung der Erreichbarkeit. Wofür wir im Umgang mit der Zeit noch keinen rechten Katechismus besitzen. Darum wird für uns Abwesenheit zum Problem. Ständige Erreichbarkeit ist die Tugend von Sklaven. Um uns aus diesem Zustand zu lösen, experimentieren wir damit. So oder so. Auch das können wir noch relativ gelassen hinnehmen. Wovon heute ein Schrecken ausgeht, ist das, was die Gesellschaft das unendliche Wegdämmern nennt, die Fälle von Demenz. Hier sitzt das Angstpotenzial der Gesellschaft. Schrecken sitzt in einer möglichen Unendlichkeit des Endlichen, wenn uns Erinnerungen abhanden kommen könnten und sich Gegenwarten in uns so pluralisieren, dass nur noch schwer einschätzbar wird, worin ihre Aufforderung für unsere jeweiligen Orientierungen besteht. Die Zeit kennt keine gültige Adresse mehr. Die Löcher im Licht nehmen zu.

»Löcher im Licht« ist eine glückliche Fügung aus dem Repertoire der expressionistischen Lyrik (Else Lasker-Schüler) und ihrer Kritik am Universalismus der Aufklärung. *Nox est perpetua.* Wo doch inzwischen fast alles im Leben durch mehrfache Adressen und mündliche Erreichbarkeiten geregelt ist, inklusive der Mitteilungsmedien an die Freunde.

Ich meine, dass der Schrecken, der von der Demenz ausgeht, daran zu beobachten ist, dass wir in das ausweichen, was ein Kulturwissenschaftler die »vorauseilende Berauschung« genannt hat. Totensonntag war noch gar nicht, aber schon werden wir in der Weihnachtsfreude befunden. Neulich wurde ich Zeuge einer Szene, in der ein großer Kaufladen direkt nach Weihnachten seine Dekoration komplett und hektisch auswechselte. Vor der Zeit. Wir kennen solche Szenen. Vorauseilende Berauschung heißt, dass wir Geschichte schreiben, bevor wir sie wirklich erlebt haben. Inzwischen sprechen wir über unser Leben und seine Gelegenheiten in der Metapher der Zeitfenster, die sich öffnen und wieder schließen. Dem korrespondiert das, was ich die »zurückholende Unduldsamkeit« nenne. Wir neigen dazu, anderen unsere jeweiligen Orte unabhängig von der Frage aufzudrücken, wo die andere sich gerade befindet. Spätestens im unduldsamen Verhalten gegenüber Demenzkranken kommt das Problem dann heraus.

Theologisch besehen sind diese Phänomene Kennzeichen einer überrealisierten Eschatologie, die in einem krassen Missverhältnis zum Warten und zum Gedächtnis der Leerstellen in unserem Leben stehen. Löcher im Licht, Kreuz und Passion, können und dürfen hier nicht wirklich vorkommen. Hier werden wir in das Knappheitsparadox verwickelt. Wer sich auf der ständigen Jagd nach dem rechten Augenblick und dem glücklichen Moment (Kairos) befindet, vermindert nicht, sondern steigert Knappheit, potenziert womöglich Leere. Unter diesen Umständen schließen sich die Löcher im Licht nicht, sie dehnen sich eher aus. Paulus ist ein Autor, dem solche Übereilungsphänomene, vorauseilende Berauschung und zurückholende Unduldsamkeit vor Augen stehen. »Darum fällt euer Urteil nicht vor der rechten Zeit.« Mit dieser Weisung gibt er einem Zwischenraum eine Bedeutung, die durch Warten strukturiert wird.

Warten besitzt unserer Erfahrung nach mehrere Seiten. Im Warten teilen sich die Himmel. Zum einen kann sich im Warten die Zeit so dehnen, dass sie quält. Warten im allgemeinen Zustand der Eile, inmitten der Sehnsuchtsströme der vorauseilenden Erfüllung, gilt gemeinhin als verschwendete Zeit, gerade dann, wenn sich das Eintreffen eines Erwarteten allzu lange herauszögert. Wenn aber zum anderen der rechte Augenblick uns erwartet – »bis der Ewige kommt, der auch das in Finsternis Verborgene ans Licht bringen und die Pläne der Herzen offenbar machen wird« –, dann bekommt der Zwischenraum des Wartens eine andere Farbe. Warten kann dann heißen, dass wir uns der Zeit gegenüber öffnen, frei von subjektiver oder aufgeredeter Willkür.

Wenn er nicht aufstehen wolle, so sagt eine Betreuerin eines Demenzkranken, »habe sie Zeit, dann warte sie halt ein wenig. Und wenn er sich nicht rasieren wolle, macht nichts, eine halbe Stunde später habe er meistens vergessen, dass er sich eben noch geweigert hat. Sie habe vierundzwanzig Stunden Zeit zum Warten.« (Arno Geiger, Der alte König in seinem Exil). Glücklich und selten, wenn es gelingt.

Die positive Seite des Wartens beschrieb der Kultursoziologe Siegfried Kracauer als eine zögernde Öffnung, wobei er hinzufügte, dass dies nur schwer zu erläutern sei. Weil wir in unserer Sehnsucht, so ergänze ich, auf vertrackte Weise an lauter Enttäuschungssüchte gebunden sind, die wir dauernd überholen müssen. Wenn allerdings der rechte Moment, der berühmte Kairos, auf uns, *für uns* wartet, wie der selbst unruhige Paulus an die Korinther schreibt, dann dürfen wir die angeblich so wichtige Zeit auch mal vertrödeln, dann erfahren wir das Warten unter Umständen als eine geschenkte Zeit. Der Kairos, der auf uns wartet, ist mitten im Warten vielleicht schon da. Zumindest in seiner Latenz. Dann finden wir im Zwischenraum des Wartens einen Halt in der Zeit, den wir früher als Saumseligkeit lobten.

Bernd Beuscher (Duisburg)

Letzter Sonntag nach Epiphanias: Bei Nacht und Nebel

Und er sah, dass sie sich abplagten beim Rudern, denn der Wind stand ihnen entgegen. Um die vierte Nachtwache kam er zu ihnen und ging auf dem See und wollte an ihnen vorübergehen. (Mk 6,48)

»Wenn du denkst, es geht nicht mehr, kommt von irgendwo ein Lichtlein her« – und geht vorüber?! Was soll das denn? Die verschiedenen Bibelkommentare können sich auch keinen Reim darauf machen. Einige sind sich sicher: dass Jesus nicht nur aus der Ferne spricht (»Er aber redete sogleich mit ihnen«, V.50), sondern ins Boot steigt. Das aber ist Sinn stiftende redaktionelle Hinzufügung und »sekundäre Erweiterung«, weil man sonst keinen Sinn sähe.

»In mir drinnen und um mich herum ist alles dunkel«, »Es geht in meinem Leben drunter und drüber«, »Die Wogen schlagen hoch«, »Ich habe Angst, weggefegt zu werden, zu scheitern und unterzugehen«, »Alles und alle sind gegen mich«, »alleingelassen«, frustriert«, »nicht weiterkommen«: Das ist das Szenario von Mk 6,48. Da kann es taghell sein – es herrscht finstere Nacht. Fritz Perls, der Begründer der Gestalttherapie, sprach vom »toten Punkt«. Alles in uns will flüchten, regredieren, will getragen werden, enthoben aller Verantwortung. *Enter Sandman*: So bringt der Teufel Religion an den Mann. Das Schlimmste, was jetzt passieren kann, ist nämlich, dass eine nette Lichtgestalt kommt und uns auf den Arm nimmt.

Das Lehrangebot an der Evangelischen Fachhochschule in Bochum, wo ich u. a. tätig bin, umfasst das ganze Spektrum helfender Berufe im Sozial-, Bildungs-, Pflege- und Gesundheitswesen. Konfrontiert mit der Frage, warum sie eigentlich immer so schrecklich nett seien (»Sie werden dafür doch gar nicht bezahlt«), zeigt sich bei den Studierenden oft Unverständnis: »Ja, was denn sonst?«

Fritz Perls benannte zwei Hauptgründe: Erstens stopfen wir so unsere emotionalen Löcher. Wir wollen be- und geliebt sein. Und auf diese Weise holen wir uns entsprechende Portionen. Und zweitens ist Nettsein eine politisch korrekt getarnte Form von Machtausübung.

Diese Nettigkeit wird spätestens dann zur Falle, wenn wir Unangenehmes sagen müssen. Und das gehört zum täglichen Geschäft professioneller diakonischer Beziehungsarbeit: »Sie müssen einen Entzug machen«, »Sie sind faul«, »Sie kommen nicht mehr allein klar, Sie brauchen eine Pflegekraft«. Außerdem bewegen sich Gemeindepädagogen und Diakone ja chronisch in einem Feld der Unübersichtlichkeit: »Was ist mit mir?«, »Was wird aus mir?«, »Wird alles gut?«, »Was soll nur werden?«, lauten die ständig mitschwingenden Fragen. Zu viel Nettigkeit als Grundhaltung verspricht da leicht mehr, als vom Leben womöglich gehalten werden kann. Viele retten sich bei dem Bemühen, dieses schwierige Metier zu managen, in Arroganz oder Barschheit. Das ist jedoch nicht so schlimm wie der Terror der Nettigkeit. Denn dass Grobheit unangebracht und unhöflich ist, ist offensichtlich, und die, die sich so verhalten, müssen dafür auch den Preis eines schlechten Images bezahlen (und vielen scheint es diesen Preis wert). Nettsein jedoch ist so gefährlich, weil der Preis hier ganz allein von den Klienten bezahlt werden muss.

Der verborgene Klartext des unerträglich netten, betulichen, verständnisvollen Tonfalls sagt mir als Klient, der ich am liebsten verzweifelt schreien würde und Gott und die Welt nicht mehr verstehe: Sei bloß brav still und lass mich mit deinem Schicksal in Ruhe …

Es ist ein Missverständnis, dass technikmediale Kommunikationen (Funken, Skypen, Chatten, Mailen, Postbriefe, Telegramme und Telefonieren) »nur« virtuell sind und das Beisammensitzen am Lagerfeuer, im Therapiezimmer, in der Kneipe oder in der guten Stube »echt«. Nur die Virtualität der Realität gibt dem Sinn ein Leben. Menschlicher Weltumgang und Begegnungen zwischen Menschen sind immer auch mehr oder weniger stark virtuell. Es ist so, wie Bill Gates es einmal formuliert hat: »Etwas ist real, weil es intensiv ist, und nicht umgekehrt.«

Meine These: Im Zeitalter der technischen Realisierbarkeit des kommunikativen Dauernuckelns ist Telefonseelsorge nicht etwa eine Art Schmalspurseelsorge oder »Seelsorge light«, sondern im Gegenteil »social media excellence« und als solches ein Modell gelingender Diakonie.

Sehen Sie sich um: Es herrscht ein riesiges Bedürfnis, angerufen zu werden, erwählt zu werden, mit der kommunikativen Wolke zu verschmelzen. Alle quatschen überall dauernd mit jemandem. Ist das nicht wunderbar? So verbreitet heute die Erkenntnis ist, dass es dabei in den wenigsten Fällen um wichtige Inhalte geht, so wenig versteht man den sprachlichen Weltumgang zu loben, der mit all diesen Schwätzchen gepflegt wird. Es sind die überlieferten Worte des kleinen Neffen Sigmund Freuds, die hier Offenbarung geben. Dieser bat seinen Onkel beim Versteckspiel in der Wohnung laut zu sprechen, während er in Richtung eines dunklen Zimmers unterwegs war. Auf die Frage Freuds, warum er das tun solle, antwortete der Knabe: »Wenn jemand spricht, wird es heller.« Davon gilt es zu lernen.

Es ist dunkel, die Wellen schlagen hoch – und wir wollen am liebsten gleich Jesus mit ins Boot holen. Tim Lohse warnt jedoch vor dem »Konfliktkarussell«, auf das aufzuspringen und somit weiter zu beschleunigen die Klienten ihre Helfer herzlich einladen (Das Kurzgespräch in Seelsorge und Beratung, 2003, 38). Dagegen leistet die systemische Inszenierung von Distanz im Szenario von Mk 6,48 eine gebrochene Empathie, die die Qualität und Smartheit professioneller Beziehungsarbeit gerade auszeichnet und die ungeahnte Möglichkeiten eröffnet. Im Sinne einer systemischen Mindestabstandsregel wird dabei so verfahren: Die Helfer zeigen sich auf dem stürmischen See, verkörpern einen Bezugspunkt für »Tunnelblick« und »Betriebsblindheit« der Klagenden, steigen aber nicht mit ins Boot oder übernehmen gar das Ruder. So lernen ihre Klienten das Kreuzen im Gegenwind.

Nur wenn man nicht »zu schnell am Retten ist« (F. Perls, Gestalt-Therapie in Aktion, 1993, 78) und – supernett – für die Klienten die Nacht zum Tage macht, wird diesen auch wieder Morgenröte dämmern können.

Wilhelm Gräb (Berlin)

Septuagesimae: Hoffen trotz allem

Sie weint des Nachts, dass ihr die Tränen über die Backen laufen. Es ist niemand unter allen ihren Liebhabern, der sie tröstet. Alle ihre Freunde sind ihr untreu und ihre Feinde geworden. (Klgl 1,2)

Dunkler kann eine Nacht kaum sein als diese. Was ist nur geschehen? Wie hat es nur so weit kommen können? Dass die einstigen Freunde zu Feinden geworden sind? Dass alle ihre Liebhaber sie verlassen haben?

Sie muss glückliche Zeiten erlebt haben, Zeiten einer großen Liebe. Viele zählte sie zu ihren Freunden. Und auf diese meinte sie sich verlassen zu können. Jetzt aber, wo sie so dringend jemanden bräuchte, mit dem sie reden kann, ist keiner mehr da. Wie oft mag sie zur Tür geschaut haben, ob sie nicht doch noch einmal aufgeht. Aber keine Schritte sind zu vernehmen, so oft sie auch hinaus hört in die Nacht. Alles bleibt still. Was habe ich nur getan? Warum nur will keiner mehr etwas mit mir zu tun haben?

Wer erinnert sich nicht an solche Nächte? Immer wieder die gleichen Fragen: Was habe ich falsch gemacht? Aber es liegt doch gar nicht an mir. Das konnte ich mir doch nicht gefallen lassen. Nein, mit dem will ich nichts mehr zu tun haben! Doch ich habe solche Angst, was wird nur werden? Warum kümmert sich keiner mehr um mich? Warum besucht mich keiner? Ich halte das Alleinsein nicht mehr aus. Tagsüber gelingt es mir noch, irgendwie zurecht zu kommen. Aber diese langen Nächte! Da steigen sie auf, die Selbstvorwürfe, die Beschuldigungen, hin und her, wie nur soll ich aus dieser Situation wieder herauskommen?

Der Vers aus den Klageliedern Jeremias weckt in uns die tiefsten Empfindungen. Es ist, als würden wir unmittelbar hineingezogen in die Verzweiflung, die diese Frau in der Einsamkeit ihrer Nächte ergreift. Doch dann lesen wir den Vers in seinem Zusammenhang und werden darauf aufmerksam, dass von der Stadt Jerusalem die Rede ist. »Ach, wie verlassen liegt die Stadt, die voller Menschen war. Sie ist geworden wie eine Witwe, die mächtig war unter den Völkern.« (Klgl 1, 1a) So beginnen die Klagelieder Jeremias, dieses aufrüttelnde Gedicht, das ein unbekannter Verfasser nach der Zerstörung der Stadt und der Deportation der Juden ins babylonische Exil verfasst hat.

Jerusalem ist gemeint. Doch eben dieser Stadt geht es wie einer zur Witwe gewordenen Frau, die – so war es oft im alten Orient – mit dem Tod ihre Mannes auch alle sonstigen Sozialkontakte verloren hat, keine finanzielle Unterstützung mehr bekam und buchstäblich vor dem Nichts stand.

So erging es Jerusalem. Sie ist die Stadt, der – im Bilde gesprochen – die Tränen über die Backen laufen, angesichts all des Elends hinter ihren eingerissenen Mauern. Eine Stadt, die in Trümmern liegt, zerbombt und verwüstet. Verlassen von denen, die ein noch schlimmeres Los in den Lagern der Deportierten erwarten sollte. Die wenigen, die noch da sind, hungern und frieren.

Auch wer die Zerstörung einst blühender Städte, wer Flucht und Vertreibung noch nie selbst erleben musste, dem geben die Klagelieder Jeremias eine Vorstellung von ihrem Schrecken. Sie haben die sprachliche Kraft, dass sie die unmittelbare Empfindung in uns wecken. Sie rühren ein Mitleiden in uns auf, mit der Not des Einzelnen, mit dieser einsamen, von allen ihren Liebhabern und Freunden verlassenen Frau, und dann weit darüber hinaus mit den unzähligen Menschen, die solches durchmachen mussten und durchmachen müssen: in von Krieg und Bürgerkrieg zerstörten Städten, in Flüchtlingsunterkünften und Konzentrationslagern.

In der jüdischen Liturgie haben die Klagelieder Jeremias ihren festen Platz an dem der Zerstörung Jerusalems gewidmeten Gedenktag. Leonard Bernstein griff in seiner 1942 komponierten Jeremia-Symphonie auf

Verse aus den Klageliedern zurück und 1958 schuf Igor Strawinsky mit den »Threni« ein großes Werk, in dem er dem trostlosen Elend, das aus ihnen spricht, mit der Zwölf-Ton-Musik musikalischen Ausdruck gab. Die Klagelieder sind immer wieder vertont worden. Das hat seinen Grund auch darin, dass sie in der römisch-katholischen Kirche fest in der Liturgie der Karwoche verankert sind. In der evangelischen Kirche ist der heutige Sonntag Septuagesimae der erste Sonntag vor der Passionszeit.

In den Bombennächten des Zweiten Weltkriegs, als die Städte in Deutschland in Schutt und Asche fielen und die Überlebenden in den Trümmern nach Wasser und Brot suchten, gewann die Klage über das zerstörte Jerusalem neue Aktualität. Hier fanden die Menschen Worte, mit denen sie ihrem traumatischen Erleben eine Sprache geben konnten. Vorgestern in Hamburg und Berlin, gestern in Bagdad und Kabul, heute in Damaskus und Aleppo.

Ein unaufhörlicher Strom der Tränen zieht sich durch die Menschheitsgeschichte, bis direkt in unsere Gegenwart. In den Nächten zieht das unheimliche Dunkel, draußen auf den Straßen und zwischen den zerschossenen Häusern, nach innen. Bedrohliche Geräusche, unheimliche Schatten steigern die Angst. Und da ist keiner, dem man noch vertrauen könnte. Keiner, der zu trösten vermag.

Unser Vers gibt keinen Grund zur Hoffnung. Es ist niemand da, der hilft. Auch Gott nicht, der größte Liebhaber des Lebens. Auch er, mit dem einst zu reden war wie mit einem Freund, scheint zum Feind geworden, verschwunden im Dunkel der Nacht, unsichtbar und fern. Warum nur? Warum gerade wir? Warum gerade ich? Diese Frage quält, auch die, die völlig unschuldig ins Elend geraten sind. Bin ich, sind wir selbst schuld? Was habe ich falsch gemacht, dass ich so leiden muss? Womit haben wir das verdient?

Auch Jesus musste den Weg ans Kreuz, in die äußerste Verlassenheit gehen, von den Menschen geschmäht, gefoltert und getötet. Und auch er musste dabei erleben, dass nicht einmal der Gott da bleibt, der noch hätte trösten können.

Aber der Tod Jesu am Kreuz war dennoch nicht das Ende. So wie es für die Klagelieder Jeremias nicht das Ende war. Sie beginnen in der Nacht der Tränen, setzen zuletzt aber doch auf die Treue Gottes. Noch ist die Rettung fern. »Noch manche Nacht wird fallen, auf Menschenleid und Schuld ...« Aber erstaunlich ist, was der Glaube vermag und eine Hoffnung, die – gegen alle Erfahrung – auf Gottes Liebe und Güte setzt:

»Die Güte des HERRN ist's, dass wir nicht gar aus sind; seine Barmherzigkeit hat noch kein Ende, sondern sie ist alle Morgen neu, und deine Treue ist groß. Der HERR ist mein Teil, spricht meine Seele; darum will ich auf ihn hoffen. Denn der HERR ist freundlich dem, der auf ihn harrt, und der Seele, die nach ihm fragt. Es ist ein köstlich Ding, geduldig sein und auf die Hilfe des HERRN hoffen.« (Klgl 3, 22–24)

Christoph Seibert (Hamburg)

Sexagesimae:
Schlafend sehen

Und Paulus sah eine Erscheinung bei Nacht: Ein Mann aus Mazedonien stand da und bat ihn: Komm herüber nach Mazedonien und hilf uns! (Apg 16,9)

»Sechzig Tage vor Ostern« pendeln wir im Kirchenjahr zwischen Tag und Nacht. Vom Glanz des Weihnachtsfestes herkommend, blicken wir bereits auf die Nacht der Passion und den darauffolgenden Morgen. Doch noch längst sind wir nicht da. Weder ganz im Licht noch ganz im Dunkeln bewegen wir uns in der Vorfastenzeit auf beides zu.

Aber wir pendeln nicht nur im Kirchenjahr, sondern auch sonst zwischen Tag und Nacht. Darin besteht der Rhythmus des Lebens. Dabei ist es für die meisten von uns der Tag, der sowohl unseren Tatendrang fordert als auch unsere Lebensentwürfe und Projekte auf die Probe stellt. Er wird daher auch gerne zum Symbol des wachen Bewusstseins erhoben. Der direkte Sinn des Tages, der im Rhythmus des Wechsels von Licht und Dunkelheit erscheint, verweist deshalb auf einen zweiten, indirekten Sinn. Darin besteht seine symbolische Funktion.

Zu einem solchen Symbol erklärt, steht der Tag dann für das wache Bewusstsein, in dem sich unsere Aktivität unentwegt reflektiert. Es ist nicht blind, es ist vielmehr sehend. Denn es ist das Bewusstsein unserer selbst als Wesen, die ihre Realität nicht nur passiv erleiden, sondern verantwortlich im Tun gestalten. Von diesem sehenden Umgang mit den Dingen aus betrachtet, kann das Nächtliche aber ebenfalls eine symbolische Bedeutung erlangen. Sein symbolischer Sinn verweist darauf, dass es im Verlauf des wachen Bewusstseins Momente gibt, in denen wir orientierungslos, ja, nahezu blind sind. Im täglichen Sehen zugleich für manches blind zu sein, das ist es, worauf es diesem zweiten Sinn ankommt. Gehen wir von ihm aus daher zur Betrachtung der Nacht als solcher über.

In umgekehrter Blickrichtung dürfte die Nacht für die meisten von uns damit einhergehen, dass wir in ihr vorübergehend von den Taten des Tages lassen und die Entwürfe und Projekte unseres Lebens nicht mehr der täglichen Probe aussetzen müssen. Ein bekanntes Schlaflied bringt diese Erfahrung zum Ausdruck, wenn es dort heißt: »»Abend ward, bald kommt die Nacht, schlafend geht die Welt«. Doch auch dieser direkte Sinn weist symbolisch auf einen zweiten hin. In diesem steht die Nacht für die Wirklichkeit des schlafenden Bewusstseins. Nicht mehr die Welt im Zuge eines selbstbewussten Tuns gestaltend, erleidet hier das schlafende Bewusstsein seine eigene Welt. Das Licht des Tages wird in ihr nicht mehr gesehen. Ist es deshalb – so wie es vom Standpunkt des wachen Bewusstseins zu urteilen nahe liegen könnte – blind zu nennen? Das zu sagen wäre voreilig. Denn in der Welt des schlafenden Bewusstseins ist es für uns nicht dunkel, sondern in ihr scheint ein eigenes Licht. Deshalb verhalten wir uns in ihr auch nicht nur passiv. Im Erleiden unserer nächtlichen Welt übernehmen wir vielmehr selbst eine aktive Rolle, tun dies allerdings unter anderen Bedingungen, als es sonst der Fall ist. In besonderer Weise entlastet von den Verpflichtungen des Tages, durchlebt unser schlafendes Bewusstsein hier also eine eigentümliche Phase des Wachens. So gesehen bildet der symbolische Sinn des Täglichen ebenfalls einen festen Bestandteil des nächtlich ruhenden Bewusstseins. Denn dieses ist nicht nur blind für die Verantwortlichkeiten des Tages, sondern in einer eigenartigen Weise sehend.

Folglich pendeln wir nicht nur zwischen Tag und Nacht, sondern wir durchleben in diesem stetigen Rhythmus gleichsam das dialektische Ineinander des symbolischen Sinns beider: Im wachen Bewusstseins sind wir zugleich nicht sehend und im schlafenden Bewusstseins sind wir zugleich sehend. Von diesem Ineinander erzählt auch Lukas in seiner Schilderung der zweiten Missionsreise des Paulus. Denn auch der Apostel und seine

Weggefährten tragen Pläne mit sich herum, deren Erprobung sich täglich ereignet. Es geht ihnen um nichts Geringeres als um die Bezeugung des Heilswirkens Gottes im Christus. Das ist es, was sie antreibt. Das ist es, was sie mit dem sehenden Blick des wachen Bewusstseins zu realisieren trachten. Allerdings ist auch dieser sehende Blick hier und da mit Blindheit geschlagen. Deshalb irren sie in Kleinasien umher, zwar nicht ganz orientierungslos, aber doch so, dass sie ihre wohlgemeinten Pläne und guten Absichten nicht verwirklichen können. Sie werden offenbar daran gehindert. Denn der Heilige Geist verwehrt es ihnen immer wieder. Bei Tage sind sie also nicht sehend. Sie wissen nicht so recht, wo ihr Weg hinführen soll. Doch eines Nachts wird zumindest einer von ihnen, der Apostel, sehend: In der Nacht des schlafenden Bewusstseins, erscheint (griechisch: wurde gesehen) ihm ein Traumbild, eine Vision (griechisch: »etwas zu sehen«). Mit einem Mal sieht er etwas, das allen bislang verborgen war. Er sieht das Bild eines Mannes aus Mazedonien, der um Hilfe bittet. Und in diesem verborgenen Sehen ereignet sich schließlich die Erfüllung des Wunsches, nicht mehr orientierungslos umherzutappen, sondern auch bei Tage sehend zu sein. Gott hat zu ihm des Nachts gesprochen. Sogleich am nächsten Tag suchen die Männer daher nach einer Gelegenheit, um nach Europa überzusetzen. Dort sollen sie von nun an Gottes Heilswirken bezeugen.

Dem nächtlichen Sehen kommt somit ein mehrfacher Sinn zu. Im engeren Sinn genommen, befindet sich das schlafende Bewusstsein in einer besonderen Weise des Wachseins. Nicht unter den direkten Zumutungen der Praxis stehend, stellt es die Erfahrungen des Tages in einen Horizont von gleichermaßen komplexen und subtilen Bedeutungen. In ihm sehen wir die Welt träumerisch in einem anderen Licht. Im weiteren Sinn genommen ereignet sich ein solches Sehen gerade in der Nacht unserer Orientierungslosigkeit. Zwar lässt es sich nicht strategisch planen oder magisch heraufbeschwören, allerdings birgt diese Nacht ungeahnte Möglichkeiten in sich, um eine neue Sicht zu erlangen. Das ist für uns, die wir in ihr stecken, jedoch kaum sagbar. Es ist vielmehr eine Verheißung, die uns stets gesagt werden muss. Und deshalb pendeln wir nicht nur im Leben, sondern auch im Kirchenjahr stets zwischen Tag und Nacht.

Detlev Prößdorf (Leverkusen)

Estomihi: Karneval

Mit dem Reich Gottes ist es so, wie wenn ein Mensch Samen
aufs Land wirft und schläft und aufsteht, Nacht und Tag; und
der Same geht auf und wächst – er weiß nicht wie. (Mk 4,26 f.)

Was für eine entspannende Vorstellung: Man schläft und schlummert,
döst und träumt – und gleichzeitig wächst das Reich Gottes! Man steht auf
und geht seinen Dingen nach – und guck mal, das Reich Gottes ist schon
wieder ein Stückchen gewachsen. Und das Nacht und Tag, tagaus, nacht-
ein. Ohne eigenes Zutun. Wie wunderbar!

Der Haken bei der Sache scheint zu sein, dass zuvor Samen ausgewor-
fen sein muss. Das klingt nach Arbeit. Ganz nach dem Motto: »Erst die
Arbeit, dann das Vergnügen!« Es muss offenbar vorher investiert werden.
Sonst startet das Wachstum nicht. Und auch nicht das Reich Gottes. Aber
wenn es dann mal gestartet ist, dann geht es auf und wächst, ohne dass
man genau weiß, wie.

Dazu fällt mir einer der mich besonders beeindruckenden Hollywood-
Blockbuster der letzten Jahre ein, der Film »Inception« (USA 2010). Bat-
man-Regisseur Christopher Nolan entwirft darin ein komplexes Modell der Beeinflussung des (Unter-)Bewusstseins im Traum. Dominick
Cobb, gespielt von Leonardo Di Caprio, ist der tragische Held, der es zusammen mit seinem Team vermag, einerseits wertvolle Gedanken aus
Träumen zu stehlen und andererseits Gedanken in das Unterbewusst-

sein seiner Opfer einzusetzen. Damit diese haften bleiben, muss er möglichst tief in die verschiedenen Traumebenen eindringen. Dabei verlangsamt sich in den Traum-im-Traum-Szenarien mit jeder tieferen Ebene die Zeit. Die bildgewaltigen Parallel-Traumwelten führen die Handelnden an erlebte und imaginierte Orte genauso wie an phantasierte Sehnsüchte und unbewältigte innere Abgründe. Am Ende der raffinierten Story und eines visuellen Rausches wird der Zuschauer entlassen mit der Frage: Was ist Wirklichkeit und was ist Traum? Und noch eine ganz andere Frage löst der Film aus, nämlich: Welche Gedanken sind eigentlich tief in meinem eigenen Bewusstsein eingepflanzt, die mich so und nicht anders handeln lassen? Was wächst, blüht und gedeiht eigentlich in mir Nacht und Tag – und das, ohne dass ich genau weiß, wie und warum?

Wenn nun das Reich Gottes unter uns wachsen soll, dann träume ich mir das so: Es wäre doch großartig, wenn Gott höchstpersönlich seine Liebe und Lebensfreude in mich einpflanzt! Und dass diese in mir verankerte Liebe und Lebensfreude dann einfach sprießt, so dass ich mir selbst und meinen Mitmenschen gegenüber ein gelassenes und heiteres Wesen bin.

Ferner wäre es großartig, wenn ich mit diesem meinem gelassenen und heiteren Wachsen die Menschen in meiner unmittelbaren Umgebung im Rahmen meiner Möglichkeiten derart inspiriere, dass diese wiederum andere und andere wiederum mich inspirieren. So könnte trotz mancher Widrigkeit in und um uns herum das Gottes Reich doch prächtig gedeihen und sprießen. Und das Nacht und Tag.

Dazu scheint mir eine doppelt ausgerichtete Geisteshaltung vonnöten. Zunächst ein immer wieder neues Wahrnehmen, welcher himmlische Kern eigentlich in mir eingepflanzt ist. Hier hilft es, von Zeit zu Zeit – und vielleicht ja auch mal abends im Bett kurz vor dem Einschlafen – bei sich selbst eine kleine spirituelle Kernbohrung zu tätigen, was man in sich und seinem Leben dort alles findet.

Nicht weniger braucht es aber eine Haltung mit einer rechten Balance zwischen einem Aufgaben-Anpacken vorher und einem Auf-Sich-Zukommen-Lassen hinterher, zwischen notwendiger Vorbereitung einerseits und lebensfreundlicher Spontaneität andererseits. »Spontaneität darf man nicht von sich fordern, spontan muss man einfach sein«, schrieb mir jüngst eine Freundin. Recht hat sie. Aber sich Spontaneität und Offenheit zu bewahren für das, was einfach so passiert, scheint weitaus schwerer zu sein als das Sich-Vorbereiten. Und leider verpassen einige dadurch so manche erheiternde Stunde im Leben, was wiederum gerade mit Blick auf den Sonntag Estomihi ein Jammer ist.

Denn je nachdem, in welcher Gegend man wohnt und welches Naturell einem der liebe Gott geschenkt hat, sprießt die Spontaneität gerade im Umfeld dieses Sonntags wie jeck. Für Nordlichter mag dieser Tag lediglich ein tendenziell unspektakulärer letzter Sonntag vor der Passionszeit sein. Für Rheinländer (und auch andernorts!) ist dieser Sonntag hingegen als Karnevalssonntag einer der schönsten Sonntage überhaupt, liegt er doch umgeben von so wundervollen Festtagen wie Weiberfastnacht und Rosenmontag inmitten der »Fünften Jahreszeit«. Und wem »Schunkelgene« eingepflanzt sind, der wird bei Stichwörtern wie »Samen auf das Land werfen« natürlich direkt von unter das Volk geworfenen Kamelle und Sträußchen träumen. Und für Infizierte mit dem »Virus des rheinischen Frohsinns« ist das »Reich Gottes« schon Wirklichkeit, wo man auf Straßen und in den Kneipen gemeinsam das Leben ausgiebig feiert!

Aber bevor es so weit ist, jetzt erst einmal flugs und fröhlich (vor-)geschlafen. Und was gibt es da Schöneres als mit einem kleinen Liedchen im Gehörgang und den entsprechenden Bildern im Kopf dazu sanft und selig einzuschlummern?! Rheinländern und entsprechenden Sympathianten kann ich zur speziellen »Inception« des inneren und äußeren Wachstum des Reiches Gottes hier nur den Klassiker der »Höhner« wärmstens ans Ohr legen: *Kumm loss mer fiere, nit lamentiere! / Jet Spass un Freud dat hät noch keine Minsch geschaat. / Denn die Trone die de laachst muss do nit kriesche / Kumm loss mer fiere op kölsche Art!*

Nordlichtern und anderen, die mit Karneval nichts am Hut haben, sei alternativ als Gute-Nacht-Gebet die vorletzte Strophe aus Paul Gerhards Klassiker »Geh aus mein Herz« an und in das Herz gelegt: *Mach in mir deinem Geiste Raum, / dass ich dir werd ein guter Baum, / und lass mich Wurzel treiben. / Verleihe, dass zu deinem Ruhm / ich deines Gartens schöne Blum / und Pflanze möge bleiben.*

Und wenn man das eine oder andere fast schon selig schlafend summt – ich bin sicher: Das Reich Gottes ist hier schon wieder ein Stückchen gewachsen!

Anne Gidion (Hamburg)

Aschermittwoch: Impressionen aus dem zweiten Sopran

Du prüfst mein Herz und suchst es heim bei Nacht; du läuterst mich und findest nichts. (Ps 17,3a)

Draußen dunkler Spätfebruar. Im kleinen Michel in Hamburg Kerzen in den Fenstern. Im Chor sind wir zu sechst, wir stehen vorne auf der Orgelseite. Loge zum Altarraum. Die Kirche ist gut besucht, Aschermittwoch mit Erzbischof lockt.

Wir stehen, die anderen auch. Die Priester sind eingezogen, ihnen voran die Messdienerinnen und Messdiener, kleine Togolesinnen mit krass abstehenden Zöpfchen und portugiesische Jungs, deren Jeans unter den Gewändern hervorlugen. Es ist still. Mitten oben auf den Stufen zum Altarraum steht eine Schale auf einem kleinen Ständer. Ein Domkapitular hat dort ein Bündel Zweige angezündet. Es sind keine Palmzweige und auch noch nie welche gewesen, aber es sind Zweige von Palmsonntag im Jahr davor. Jedenfalls die, die übrig sind und nicht in den Haushalten der Gemeindeglieder hinterm Spiegel stecken oder an der Garderobe. Manche sind auch zu trocken und mittlerweile abgefallen.

Die Buchsbaumzweige in der Schale also fangen gut Feuer, sie sind sehr trocken, die Flammen lodern einmal richtig auf. Die Gemeinde ist vollkommen still, auch die kleinsten Kinder, man hört das Knistern der

Zweige. Eine Art vorgezogenes Osterfeuer mitten in der Kirche. Dabei fängt die Fastenzeit doch gerade erst an.

Das Feuer ist Glut geworden. Die Kirche riecht seltsam nach Lagerfeuer. Sonst gibt es immer diesen Weihrauchrestgeruch, auch wenn der kleine Michel gar nicht so oft in Weihrauch gehüllt wird, nur an den hohen Festtagen und manchmal, weil besonders die Togolesen es so mögen.

Auch das Orange der Glut wird nun schnell schwarzgrau. Der Rauch steigt auf und verzieht sich langsam. Erst jetzt begrüßt der Erzbischof die Gemeinde. Betet, wie es messüblich ist. Reißt die versunkene Evangelische aus dem zweiten Sopran heraus aus der Konzentration auf den Geruchssinn. Ja, stimmt, Aschermittwoch. Eigentlich ein Bußtag. Auch bei uns. Die Sonne ist untergegangen, alle Sieben-Wochen-Ohne-Broschüren der letzten Zeit könnten nun zum Einsatz kommen. Kein Alkohol. Keine Schokolade. Nicht zu schnell fahren. Oder so.

> Du erbarmst dich aller, o Herr,
> und hast Nachsicht mit den Sünden der Menschen,
> damit sie sich bekehren;
> denn du bist der Herr, unser Gott.

Der Geruch verbrannten Holzes ist noch da. Auch wenn es nur zarte Zweiglein waren. Holz auf Jesu Schulter, denke ich plötzlich – aber bis Karfreitag ist es noch lang.

> Getreuer Gott, im Vertrauen auf dich
> beginnen wir die vierzig Tage der Umkehr und Buße.

Katholiken meines Vertrauens preisen die Weisheit ihrer Kirche: Sonntage werden nicht mitgezählt, sonst käme man ja nicht auf 40 Tage Fastenzeit – und die sollen es doch sein analog zur symbolischen 40-Zahl der Wüstenzeit von Jesus. Auf Reisen gilt es übrigens auch nicht. Da muss man nehmen, was man kriegt, ein guter Gast sein ist wichtiger als ein aufrecht-selbstgerecht Fastender, und wenn nun Wein im Glas ist – wo soll es schon hin, wenn nicht getrunken werden.

Gib uns die Kraft zu christlicher Zucht,
damit wir dem Bösen absagen
und mit Entschiedenheit das Gute tun.
Darum bitten wir durch Jesus Christus.

Zucht. Ein Freund von uns hat Pferde. Er ist der einzige Mensch meines Alltags, der das Wort benutzt. Christliche Zucht klingt in dem Kontext wie ein ganz besonderes Gestüt Ich bündele meine Gedanken wieder. Wir singen: *In manus tuas domine commendo spiritum meum* – leise und nach Taizé. Im Psalm höre ich:

Du prüfst mein Herz und suchst es heim bei Nacht;
du läuterst mich und findest nichts.

Läuterung: Noch so ein Wort. Wie das wohl geht: geläutert werden. Ich stelle mir vor: Jemand schüttet – nachts, heimlich – meine Handtasche aus, meinen gehüteten Mikrokosmos, und findet Zigaretten (was überraschend wäre, weil ich nie welche habe) oder Lakritze (die ich mir weitgehend verbiete) oder Ingwerbonbons (meine neue Entdeckung). Mindestens Streichhölzer (für Andachten), Lippenstift und Kirchentagskugelschreiber würden herausfallen. Ich käme mir entblößt vor. Was dürfte drin sein und was nicht?

Es bleibt eine gebannte, gespannte Atmosphäre. Die zweite Lesung hakt sich bei mir ein:

Denn es heißt: Zur Zeit der Gnade erhöre ich dich,
am Tag der Rettung helfe ich dir. Jetzt ist sie da, die Zeit der Gnade;
jetzt ist er da, der Tag der Rettung.

Vielleicht ist auch deshalb nichts in der Tasche, was mich anschwärzt am jüngsten Tag. Weil er mir hilft. Gott, meine ich. Fastenzeit gilt doch als Vorbereitungszeit. Als Einstimmung auf Ostern, als Mitfühlen der Passion. Dass ausgerechnet Aschermittwoch ein Jetzt-Tag sein kann, fällt mir auf. Nichts aufschieben.

Ich sinne mich durch die Homilie und die nächsten Lieder. Der Erzbischof bittet Gott, die Asche zu segnen. Wieder ist es sehr, sehr still. Der Geruch ist nun ein sattes Holz-Weihrauch-Gemisch. Die Kerzen flackern, draußen heult Februarwind.

Neige dein Ohr unseren Bitten
und segne alle, die gekommen sind,
um das Aschenkreuz zu empfangen.

Der Erzbischof besprengt die Asche mit Weihwasser. Dann können alle kommen. Wir singen dabei:

Attende Domine et miserere, quia peccavimus tibi.

Ich nehme Noten und Dirigierbewegungen nur aus dem Augenwinkel wahr. Im Profil sehe ich stattdessen eine junge Frau, die ihre Wollmütze hochschiebt, damit das Aschekreuz genug Platz hat. *Bedenke, Mensch, dass du Staub bist und wieder zum Staub zurückkehren wirst.* Auf dem Rückweg zum Platz hält sie den Kopf, als balanciere sie etwas auf der Schädeldecke. Eine Mutter-Theresa-Schwester mit blau-weißer Ordenstracht. Sie sieht dem Erzbischof direkt ins Gesicht, er malt das Kreuz gut sichtbar auf ihre ledrige Stirn. Ein dunkelhäutiger hochgeschossener Mann mit grünem Cordjacket – das Kreuz auf seiner Stirn bleibt unsichtbar.

Fürbitten. Dann Eucharistiefeier. Die Kreuze auf der Stirn teils klar gezeichnet, teils verschmiert schon jetzt.

Wir singen von Rudolf Mauersberger nach den Klageliedern: *Wie liegt die Stadt so wüst, die voll Volks war.* Aschermittwoch. Bußtag. Vergänglichkeitstag. Ein Hauch von Karfreitag liegt in diesem Abend, dieser Nacht. Erst die Osternacht wird ihn wieder aufheben.

Richard Janus (Paderborn)

Invokavit:
Was ist Glück?

Im Traum, im Nachtgesicht, wenn der Schlaf auf die Menschen fällt, wenn sie schlafen im Bett, da öffnet Gott das Ohr der Menschen und schreckt sie auf und warnt sie. (Hi 33,15 f.)

Was ist Glück? Eine Frage, die den Pechvogel Hiob begleitet, der von einem Unglücksfall in den nächsten fällt, der die bohrenden Fragen seiner Freunde aushalten muss und der sich trotzdem nicht aus der Ruhe bringen lässt. Aber auch er richtet seine Fragen und Anklagen an Gott. Hiob – das ist starker Tobak. Das ist nichts für sanfte Gemüter. Zu denen gehörte freilich der Autor, der dem Buch seine Rahmenhandlung gegeben hat. Das Leid, die Fragen, die Anklagen: Für ihn nur schwer auszuhalten. Ihm fehlte das Happy-End und so wird das Unglück zum Testfall. Der ist schließlich bestanden und so kann der Reset-Knopf gedrückt werden und alles ist wieder gut. Da haben wir aber nochmals Glück gehabt!

Was ist Glück? Woody Allen beschreibt das Leben als Tennismatch, indem der Ball mal im Netz hängen bleibt oder noch darüber geht. Wenn er darüber geht, dann hat man wohl Glück gehabt, aber letztlich ist alles doch nur Zufall. Entsprechend trägt sein 2005 in die Kinos gekommener 39. Film auch den bezeichnenden Titel »Match Point« (UK, USA, L 2005). Der Matchpoint ist der eine Punkt, den man noch braucht, um das Spiel zu gewinnen. Immer wieder kommt der Film auf das Thema des Tennis zurück. Eine Ausnahme gibt es: Nola Rica, die von Scarlett Johansson gespielt wird, bevorzugt Tischtennis. Tennis oder Tischtennis – so einfach kann Allen den Unterschied zwischen Engländern und Amerikanern darstellen.

Was ist Glück? Aus der Perspektive der erfolglosen Schauspielerin, die über den großen Teich nach London gegangen ist und sich bei jedem Vorsprechen eine Absage holt, ist es sicherlich ihre Beziehung zu Tom Hewett (gespielt von Matthew Goode), welcher der Oberklasse entstammt und Nola – gegen den Wunsch seiner Mutter – als Verlobte in die Familie eingeführt hat. Sie spielt eben nicht in der gleichen Liga. Wenn auch der Unterschied zwischen Tennis und Tischtennis bei Weitem nicht so prekär ist wie der zwischen Golf und Minigolf. Ein Glück, das nicht beständig ist, denn im Laufe des Film wird Tom die Verlobung lösen und eine Partnerin wählen, die den Ansprüchen seiner Mutter entgegenkommt. Sein Weg ist von keinen großen Widerständen belastet; er lebt das leichte Leben eines Upperclass-Boy.

Was ist Glück? Für Chris Wilton (gespielt von Jonathan Rhys Meyers), der aus armen Verhältnissen stammt und sich über seine Tennis-Profikarriere hoch gearbeitet hat, ist es der Einstieg in die Familie Hewett. Toms Schwester Chloe (gespielt von Emily Mortimer) verliebt sich in ihn und so werden beide ein Paar und heiraten. Chris ist einer, der weiß, dass man hart arbeiten (und trainieren) muss, um im Leben etwas zu werden. Da Chris in der neuen Familie willkommen ist, wird er mit einer Stelle mit Aufstiegsmöglichkeiten in der schwiegerväterlichen Firma versorgt. Jetzt fehlt nur noch Nachwuchs, um das Glück perfekt zu machen. Aber dieser stellt sich nicht ein.

Was ist Glück? Es ist eher schwer vorstellbar, dass Detective Banner sich diese Frage in Bezug auf seinen beruflichen Alltag stellt. Aber er ist ein Polizist, der seinen Beruf ernst nimmt und über die vielen Jahre seiner Tätigkeit auch ein gutes Gespür dafür entwickelt hat, ob er einem Zeugen glauben kann oder nicht. Und bei Chris Wilton hat er ein ganz schlechtes Gefühl. Da steckt mehr dahinter. Aber er kommt eben nicht darauf. Der ganze Fall wimmelt von Widersprüchen. Bis er eines Nachts aufschreckt. Im Schlaf im Traum ist ihm die Erkenntnis gekommen. Ja, genau so muss es gewesen sein. Warum ist er nicht gleich darauf gekommen! Manchmal scheint es gar nicht so falsch zu sein, Dinge, die einen belasten, auch mit ins Bett zu nehmen.

Was ist Glück? Für Nola ist es ein Glück, dass sie nach der Trennung von Tom einen neuen Partner gefunden hat, auch wenn dieser verheiratet ist. Das Ein-Zimmer-Apartment wird zum Liebesnest und eine Schwangerschaft rundet das kleine Glück ab. Jedoch nicht für Chris, der eigentlich seine Karriere nicht gefährden will. Er hat sich im Hewett-Konzern hoch gearbeitet und diese Stellung kann er nur behalten, wenn er mit Chloe zusammenbleibt. Es muss also etwas geschehen und auch Nola stellt ihn vor die Entscheidung. Langsam wird auch den Zuschauenden klar, warum Woody Allen als Musik für seinen Film Ausschnitte aus Opern gewählt. Besonders Guiseppe Verdi ist prominent vertreten mit »La Traviata« und »Rigoletto«.

Was ist Glück? Der bayerische Politiker Erwin Huber hat das in einem Interview so beantwortet: »Luck is, when preparation meets opportunity« (SZ vom 17.05.2010). Entsprechend handelt auch Chris und bei ihm passt alles zusammen. So kann Detective Banner mit seiner nächtlichen Offenbarung auch nichts anfangen, sie lässt sich einfach nicht beweisen. Nicht nur dies, sondern die Indizien weisen auch in eine ganz andere Richtung. Es bleibt ihm nichts anderes übrig, als den Fall abzuschließen und zu den Akten zu legen. Für die Zuschauenden eine unbefriedigende Situation, da Woody Allen uns zu Zeugen des Verbrechens gemacht hat. Wir haben gesehen, wie es geschehen ist, und sind machtlos einzugreifen.

Was ist Glück? Ist alles nur Zufall? Mal geht der Ball übers Netz, und wir haben Glück gehabt. Dann bleibt er im Netz hängen, und das war halt Pech. So einfach sind die Antworten, die das Leben uns gibt? Was ist mit der Gerechtigkeit? Auch das ist ein wichtiges Thema bei Hiob. Bei Woody Allen bleibt die ausgleichende Gerechtigkeit aus. Das hat verstört und lässt ratlos zurück. Man merkt das in der Schlussszene Chris Wilton auch an, dass er sich nicht recht wohl in seiner Haut fühlt angesichts des fröhlichen Familientreibens um ihn. Seine Frau ist glücklich, seine Schwiegereltern sind glücklich, da sich der so ersehnte Nachwuchs eingestellt hat. Tom und seine Frau sind glücklich. Eine rundum glückliche Familie. Wie die Hiobs am Ende des Buches?

Vivian Wendt (Hamburg)

Reminiszere:
Klage in der Nacht

Ausgelöscht sei der Tag, an dem ich geboren bin, und die
Nacht, da man sprach: Ein Knabe kam zur Welt! (Hi 3,3)

Spätabends, wenn die Angst sich im Dunkel ausbreitet, passiert es. Das
Telefon klingelt. Eine Studentin nimmt den Hörer ab und meldet sich
mit ihrer empathischen Stimme: »Studentische Telefonseelsorge, Guten
Abend.« Dann trifft ein, was sie am meisten fürchtet, wofür sie lange aus-
gebildet wurde – jetzt ist es unausweichlich da. Die Stimme, die ihr entgegenkommt, klingt entschieden, keinen Widerspruch duldend: »Können
Sie mir sagen, was der Sinn des Lebens sein soll? Ich sehe keinen. Alles ist
mir genommen worden. Mein Leben ist unerträglich. Wofür soll ich weiter leiden? Ich habe nicht darum gebeten, auf die Welt zu kommen. Ich
wünschte, ich wäre nie geboren worden!«

Massiv und erschlagend ist diese Aussage. Sie kommt mit so einer
Wucht, dass die Studentin Mühe hat, den Telefonhörer nicht fallen zu
lassen, nicht vom Stuhl zu kippen. Sie ringt nach Fassung, will etwas sagen, doch der Kloß im Hals ist zu groß. Ein tiefer Seufzer entweicht ihrer
Kehle. Total hilflos und ängstlich fühlt sie sich. Was soll sie dazu sagen?
Es ist eine absolute Überforderung. Kurzes Schweigen. Dann fasst sich
die Studentin ein Herz und sagt: »Das ist ja ganz furchtbar! Das macht
mich erst mal sprachlos.« »Ja, das ist es«, sagt der Mann am anderen Ende
des Telefons. Die Studentin ist dankbar für seine Reaktion, sie hat große

Angst den Anrufer zu verlieren; sie darf ihn nicht verlieren! Sie lädt ihn ein, mehr zu erzählen von dem Unerträglichen, von dem Schmerz und der Resignation, seiner ungebremsten Wut, die das Leben für ihn zur Hölle auf Erden macht. Stockend beginnt der Mann zu sprechen über schreckliche Verluste. Die einzige Frau, die er lieben konnte, starb an Krebs. Ihr gemeinsamer Sohn kam wenig später bei einem Fahrradunfall ums Leben. Der Mann vernachlässigte seine Arbeit und wurde depressiv. Das Leben hat ihn geschafft. Allmählich wird der Studentin klar, woher ihre große Angst kommt, den Anrufer zu verlieren. Die Schicksalsschläge dieses Mannes sind so hart, dass ihr mehrmals die Luft wegbleibt. Sie denkt an Geschichten von Holocaust-Überlebenden und weiß, dass sich das nicht vergleichen lässt, aber das Gefühl von unerträglicher Ungerechtigkeit, sinnloser Verluste und unvorstellbarem Grauen macht sich in ihr breit. Sie empfindet: Für diesen Mann ist das Leben das pure Grauen geworden, total sinnlos. Sie versteht seinen Wunsch, nicht geboren zu sein. Das hätte ihm diese aussichtslosen Qualen erspart. Der Anrufer erzählt ihr, wenn er morgens aufwacht, ist das Tageslicht so unerträglich hell, dass er gleich wieder die Augen schließen muss. Das Dunkel der Nacht, die Finsternis, entspricht seiner Stimmung. Auch erträgt er nicht, dass der Lauf der Welt einfach so weitergeht, dass sich nichts ändert unter den Menschen. Es gibt keine sichtbaren Zeichen, die auf die sinnlosen Verluste hinweisen. Diese Ignoranz hält er nicht aus. Und dann kommt die Wut, der Zorn gegen diese himmelschreiende Ungerechtigkeit! Es muss jemanden geben, der dafür verantwortlich ist. Aber wer? Gott? Tja, wenn es den denn gäbe? Er hat keinen Adressaten, keinen Ort für seine Klage. Niemand will das hören.

Die Studentin hört zu. Sie erinnert sich an eine Predigtreihe, veranstaltet vom Universitätsprediger: »Die Liebe ist stärker als der Tod.« Dabei heißt es doch: »Die Liebe ist stark wie der Tod.« Was kann das bedeuten? Bei Hiob trifft das zu. Und so erzählt sie dem Mann von Hiobs Klage und sagt: »Ich höre Ihre Klage. Es muss Sie viel Kraft gekostet haben, hier anzurufen. Wie viel Mut braucht es, um das Schlimmste zu benennen? Trotz des Risikos, in Ihrem Schmerz vertröstet, ignoriert und unerhört zu bleiben, sprechen Sie aus, was ist. Ich verstehe Ihren Anruf als *Schrei in der Nacht*. Ich vermute, Sie suchen nach einem Ort, wo Ihre Klage sein darf.«

Der Mann ist erschöpft. »Auszusprechen, wofür es eigentlich keine Worte gibt, ist sehr anstrengend. Und ich merke: Reden hilft, wenn es jemand wirklich anhört. Danke, dass Sie für mich da waren.« Die Studentin ist auch sehr erschöpft und erleichtert. Sie hat die Verzweiflung des Mannes ausgehalten und mitgefühlt. Sie weiß, solange sich noch jemand mitteilen will, ist nicht aller Tage Abend.

Das Telefongespräch ist zu Ende. Das Sinn-Problem des Mannes ist nicht gelöst. Doch ist das jetzt nicht vorrangig. Die Dunkelheit der Nacht und eine unvoreingenommene Gesprächspartnerin am Telefon haben den Anrufer ein Stück weit seine Lebens-Energie spüren lassen. Wer schreit, ist lebendig! Dieser Ausbruch trotzt dem tödlichen Inhalt der Aussage. Im Tageslicht und aktiven Geschehen ist alles gelähmt, weil es vor der Welt scheinbar nicht bestehen kann.

Wer den Tag seiner Geburt und die Nacht, in der er geboren wurde, auslöschen will, ist heimatlos in dieser Welt. Eine Herberge ist nötig, wo die Härte der Klage, die Wut und der Schrecken Aufnahme findet. Einen Schutz-Raum braucht es, wo der Lebensschmerz und die Angst geborgen sind, wie einst vor der Geburt im vertrauten Dunkel der Gebärmutter.

Im Psalm 25,6 zum Sonntag Reminiszere erinnert der Beter Gott an seine Barmherzigkeit, wo wir sein dürfen, so wie wir sind: »Gedenke, Gott, an deine Barmherzigkeit und deine Güte, die von Ewigkeit her gewesen ist.« Das hebräische Wort für »Barmherzigkeit« oder »Erbarmen« heißt auch: Gebärmutter. Die Erinnerung an den Ursprungsort allen menschlichen Lebens mag nicht ohne Risiko sein. So wie jede Geburt immer ein Ereignis auf Leben und Tod ist. Doch hier ist der Zuflucht-Ort für alle Klage. Hier wächst »gute Hoffnung«.

Symbolisch findet sich dieser gebärmütterliche Schutz-Raum in der wahrhaftigen Begegnung, im Gespräch, das sich allen Ängsten zum Trotz den Sorgen der Seele öffnet. In diesem gedachten Raum können die Klage und das, was ist, Anerkennung finden. Dort wird die Hoffnung neu empfangen und die Liebe zum Leben neu geboren werden.

Ingo Reuter (Mönchengladbach)

Okuli:
Geh aus, mein Herz

Und Jesus sprach zu ihm: Die Füchse haben Gruben und die
Vögel unter dem Himmel haben Nester; aber der Menschensohn hat nichts, wo er sein Haupt hinlege. (Lk 9,58)

Um die Nachfolge geht es hier. Das Reich Gottes und seine Verkündigung
dulden keinen Aufschub und der Blick nach hinten verhindert die gerade
Furche, die gebraucht wird, um aufs Ziel hin zu pflügen.

Wer dem Menschensohn folgen will, der muss nicht nur sofort aufbrechen, sondern er wird auch keine Ruhe mehr finden. Selbst die Vögel
haben Nester, der Menschensohn aber nichts, um das Haupt auszuruhen.
Wenig attraktiv erscheint das in Zeiten des Nestbaus, wo Lebensträume
zu Reihenhäusern schrumpfen. Wer mag's verdenken; der Traum ist aus –
und keiner gibt mehr was darauf, dass er noch Wirklichkeit wird. Der
Rückzug auf das Kissen des Familiären, dessen Werte hoch im Kurs stehen, führt zur Abwendung von der Vision. Wer Visionen hat, der soll zum
Arzt gehen, so sagte es einst einer, auf den heute vielleicht mehr hören
als ihm lieb sein dürfte. Jo, sacht der Weltgeist von nebenan. Kannze nix
machen. Et is wie et is.

So weit die Oberfläche. Gärt es darunter noch? Gebiert der Schlaf des
Engagements vielleicht doch noch etwas jenseits der persönlichen Ent-
rüstung des Wutbürgers?

Füchse, Vögel, Menschenkinder – das Beispiel Jesu lässt sich auch über dessen Selbstbeschreibung hinaus lesen als Gleichnis für das Menschsein des Menschen. Wir sehen die Welt nicht aus den Augen der Füchse und Vögel, die ihre eigenen Sorgen haben. Und so können wir es zwar nicht mit letzter Sicherheit sagen, doch scheint das Streben der Tiere mehr ihren Instinkten zu folgen als das des Menschen. Es scheint, die Tiere denken weniger über das Jetzt hinaus als der Mensch, bleiben gefangen in Instinkt und Sorge um Nestbau und Brutpflege. Qualitativ ist das alles kein Unterschied, so lehrt uns die Biologie zu Recht. Und doch geht das Sehnen und Trachten des menschlichen Herzen so viel weiter über das Alltägliche hinaus als das Treiben der Vögel am Himmel. Freilich bleibt auch der Mensch nur zu oft in der Alltäglichkeit des Besorgens verhaftet, in einer seltsamen Ambivalenz von Gefangenschaft und Freiheit. Gefangen im alltäglichen Getriebe und doch frei von den großen Sorgen. Wo diese in den Alltag eintreten, da kommt leicht die Sehnsucht auf nach der dann vergangenen Zeit der alltäglichen Besorgungen und Ablenkungen.

Da, wo die interesselose Ruhe eintritt, eingeschneit im Winter oder versandet am Urlaubsstrand – sind sie dann manchmal auch einfach so da, die Fragen nach dem Sein, dem Sinn, dem Pro-jekt, dem Entwurf des eigenen Lebens. Es muss doch mehr als alles geben. Der Geist des Menschen ruht gerade dann nicht, wenn er zur Ruhe kommt. Wo die Menschenkinder endlich ihr Haupt hinlegen können, da fragen sie sich schon bald: Und nun?

Der Mensch denkt hinaus über sein Hier. Er denkt sich hinaus an die Grenzen des Alls, die er nicht findet. Er findet nur das Ende seines Verstandes. Denn wer könnte Unendlichkeit schon fassen? Und doch können wir Unendlichkeit denken und sprechen, können das Undenkbare denken, ohne dass es sinnlos wäre, wie man in Wiener Kreisen ernsthaft meinte. Was man nicht begreifen kann, davon muss man sprechen, wenn es auch die Grenzen der theoretischen Vernunft weit überschreitet. Aber die ist ja Gottseidank nicht die einzige. Und wenn Theorie zuerst einmal Anschauung heißt, dann ist es nur vernünftig, Theorie des Unendlichen zu betreiben. Der bestirnte Himmel über mir hält mich nachts wach und erlaubt mir nicht, mein Haupt so einfach hinzulegen. Anschauung und Gefühl für das Unendliche: Das Gegenteil der Religion ist nicht der

Unglaube, sondern der Stumpfsinn. Schauen Füchse in den Himmel und fragen sich, ob sie die einzigen Füchse im Universum sind? Falls ja, sind solche Füchse Menschen. Oder die Menschen Füchse – eine Frage des Standpunkts. Sind es dann auch religiöse Füchse?

Der Mensch denkt hinaus über sein Jetzt. Einmal werde ich nicht mehr sein, wie ich einmal nicht gewesen bin. Hinter dem Jetzt liegt das Nicht-Mehr und vor dem Jetzt das Noch-Nicht. Aber wir verschmieren die Zeit (so sagt der Naturwissenschaftler ganz unwissenschaftlich), und so wird unser Jetzt etwas dehnbarer. Wir wissen aber, dass das Jetzt schon bald einmal das Nicht-mehr sein wird. Eins, zwei, drei im Sauseschritt, läuft die Zeit, wir laufen mit. Bis wir irgendwann den Anschluss verlieren. Das einzige, was bleibt: dass nichts bleibt, wie es war.

Dass unsere Zeit endlich ist, kann im schlechteren Falle paralysieren und zu dem Trugschluss verführen, dass dann ja ohnehin alles sinnlos ist. Sinnlosigkeit tritt ein, wo man ihr die Türe öffnet. Sinn entsteht, wenn man die Schwelle der Selbstbezogenheit überschreitet. Hinaus.

Sterben, schlafen … die Depression als Krankheit unserer Tage ist die Sucht nach dem Kissen, das alles Herzweh endet, weil man darin erstickt. Der grenzenlose Selbstrückzug zerstört Zeit, Sinn und Leben. Gefährlicherweise kommt er schleichend.

Dass die Menschenkinder keinen Platz finden, an dem das Haupt zur Ruhe kommt, könnte also auch eine Verheißung sein. Dass uns etwas wach hält, uns den erstickenden Kissen entreißt, der Dumpfheit des privatistischen Rückzugs, der trügerischen Sehnsucht nach der Ruhe der Grabesstille. Des Menschen Kind hat nichts, wo es sein Haupt hinlege – schlafen kann man, wenn man tot ist. Bis dahin gilt: Geh aus, mein Herz …

Fulbert Steffensky (Hamburg/Luzern)

Lätare:
Eine Meditation

Mein Gott, des Tages rufe ich, doch du antwortest nicht, und des Nachts, doch finde ich keine Ruhe. (Ps 22,3)

Man kann Gott nicht rechtfertigen auf Kosten des Menschen. Darum werden wir ihn fragen: Warum antwortest du nicht? Eine Antwort hat jeder verdient: Der Kranke mit seinem Schrei in der Nacht; die am hellen Tag Vergewaltigte mit ihrem verzweifelten Hilferuf; der von seiner Schuld Gequälte, dem die Nächte lang werden; die Verlassene, die Tag und Nacht von den Bestien der Einsamkeit umlauert ist. Eine Antwort hat jede verdient. Weil der Mensch ein Mensch ist, geben ihm seine Schreie das Recht, gehört zu werden. Wer will denn gleich von Erhörung sprechen! Aber, mein Gott, hören könnte doch einer! Oder ist das schon zu viel verlangt?

Wer gibt ihm das Recht auf seine Stummheit? Wieso nimmt er sich dieses Recht? Er soll sich nicht wundern, wenn die Schreie leiser werden; wenn die Getretenen den Mund nicht mehr aufbringen für die Hoffnung eines Schreies, weder am Tag noch in den grausamen Nächten. Er soll sich nicht wundern, wenn sie es machen wie er: Sich ins Verstummen flüchten! Ich habe keine Achtung vor einem, der sich die Ohren verstopft, dass kein Hilferuf sein Herz erreicht. Ich bewundere aber sie, die ihre echolose Rufe nicht aufgeben und von ihren gellenden Schreien nicht lassen, nicht des Tags und nicht in der Nacht; die sich ihre Hoffnung nicht begraben lassen unter den Felsen seines Schweigens. Mein Gott, welche Würde dieser

Gottverlassenen, die nicht klein beigeben, auch wenn ihre Stimme nur noch ein Hauch ist. Vielleicht glauben sie schon nicht mehr in ihrem Herzen, dass es eine Antwort gibt. Aber sie glauben noch mit ihrer Stimme und mit ihren heiseren Schreien. Rechtfertige ihre Hoffnung, Gott! Wenn du nicht hörst, wird es beim großen Gericht eine Anhörung geben, und es wird dir schwer fallen, dich zu rechtfertigen. Du drohst uns mit diesem großen Letzten Tag. Wir drohen dir! Der Gefolterte wird dir seine Striemen zeigen, die Vergewaltigte ihren geschändeten Schoß. Sie werden dir sagen: Was du einem dieser Geringen nicht getan hast, das hast du ihm nicht getan.

Ein anderer Schrei aus der Nacht der Folter: Mein Gott, mein Gott, warum hast du mich verlassen? Ein anderer Bettler, der nicht erhört wurde. Ein anderer, dessen Leben ausgeschüttet wird wie Wasser und dessen Herz vom Schmerz zerschmolzen wird. Ein anderer, der mehr Wurm war als Mensch. Ein anderer umzingelt von den Stieren der Gewalt. Mein Gott, warum hast du ihn verlassen in jener Stunde, die schwarz wurde von seiner Todesangst? Seine Erhabenheit ist dahin. Er ist zum Spott der Leute geworden.

Die unglaublichste und die unentbehrlichste aller Nachrichten: Du habest dich in seinem Schmerz versteckt; du habest mit ihm gezittert vor den brüllenden Stieren; deine Knochen seien zermalmt worden wie seine. Man sagt, du seiest dabei gewesen, nicht als Zuschauer, nicht als Schläger, sondern als Geschlagener. Du habest das Machtspielchen aufgegeben; du seiest niedrig und gering geworden. Die unglaublichste und die unentbehrlichste aller Nachrichten! Einem, der dabei ist, kann man nichts mehr vorwerfen. Des gottverlassenen Gottes braucht man sich nicht zu schämen. Er ist der Einzige aus der großen Götterschar, den man achten und ehren kann.

Dissolve! Die Bilder verschwimmen, sie fließen ineinander wie im Traum und wie im Film. Das Bild der geschändeten Frau, es wird zum Bild Christi. Das Bild Christi, es wird zum Bild jenes Kranken in seinen Nächten ohne Ruhe. Das Bild des Mannes, von seiner Schuld erdrückt – das Bild Christi. Die unglaublichste und die unentbehrlichste aller Nachrichten, nicht frei von Widersprüchen, nicht belegt und darum nicht zitierbar. Aber die Hoffnung hält am schwer zu behauptenden Zitat fest: Christus in der Nacht seiner Folter – er ist das Zitat Gottes. Die Vergewaltigte, der Todkranke und die Einsamen – sie sind das Zitat Christi. Dissolve! Die Gesichter verschwimmen.

Wenn es wahr ist, dass er dabei ist; dass er Emmanuel ist, dann muss man ihn loben; dann muss man sagen, wie es jener alte Rufer gesagt hat: Du bist heilig. Du thronst über den Lobgesängen Israels. Wenn es wahr ist, dann muss man seinen Namen kundtun allen Geschwistern. Wenn es wahr ist, dann gibt es mehr als die eine Stimme, die klagt und um Gehör bettelt; dann finden wir die Stimme, die ihn rühmt und ihn anbetet. Wenn es wahr ist, dann wird die Hoffnung noch dreister. Sie behauptet: »Vor ihm werden die Knie beugen, die in der Erde schlafen; die zum Staub hinabfuhren und ihr Leben nicht konnten erhalten.« Wir wetten darauf: Es ist wahr, und die Schreie werden zu Hymnen.

Manfred Josuttis (Göttingen)

Judika:
Draußen vor der Tür

Und sie sollen vom Blut des Lammes nehmen und beide Pfosten an der Tür und die obere Schwelle damit bestreichen an den Häusern, in denen sie's essen, und sollen das Fleisch essen in derselben Nacht, am Feuer gebraten, und ungesäuertes Brot dazu und sollen es mit bitteren Kräutern essen. (Ex 12,7 f.)

Gute Nacht! Man braucht viel Vertrauen, um abends zur Ruhe zu kommen und einzuschlafen. Die meisten Menschen haben dafür ihr persönliches Ritual entwickelt. Ein bekömmliches Essen. Eine verschlossene Tür. Und für die Seele jenen »Spruch von alters her«, den einer empfiehlt, der lange im Pfarrhaus gewohnt hat: »Wer Sorgen hat, hat auch Likör« (W. Busch).

Es gibt Nächte, in denen das alles nicht hilft. Wenn Frau und Stieftochter, weil sie Juden sind, von der Gestapo abgeholt werden sollen. Wenn im Hotel Lux Kommunisten, die nach Moskau geflohen sind, nebenan von der NKPD zur Hinrichtung abgeschleppt werden. Wenn in Palästina das Haus, in dem die Familie seit unvordenklichen Zeiten gelebt hat, von der Besatzungsmacht aufgebrochen und beschlagnahmt wird. Wenn im ach so humanen, christlichen Deutschland Asylfamilien, die teilweise schon zwanzig Jahre lang hier gelebt haben, auseinandergerissen werden, verfrachtet in ein Land, dessen Sprache die Kinder nicht kennen. Und wer zum Christentum konvertiert ist, soll vor dem Ausschuss, der über sein Schicksal entscheidet, von Luther erzählen und die zehn Gebote aufsagen; sonst wird er zurückgeschickt, auch wenn ihn in der islamischen Heimat die Todesstrafe erwartet.

»Horch, was kommt von draußen rein«, freut sich einer im Volkslied, aber sein Feinsliebchen »geht vorbei und kommt nicht rein«. »Die Nacht ist nicht zum Schlafen da!« und: »In der Nacht ist der Mensch nicht gern alleine!«, haben alte Schlager gesungen. Aber es gibt auch die aufregende, die unvergessliche Nacht, die nie zu Ende gehen soll, die Zeit der äußersten Nähe und tiefsten Selbstvergessenheit. Die Nacht, in der man ungezählte Stunden mit einem fremden Menschen zusammen ist und weiß, die Geschichte geht weiter. Es gibt dann auch die ruhige Abendstunde, in der die zwei sich das eine wünschen: »Gute Nacht!«, mit dem Mund gesprochen und mit dem Mund zärtlich verstärkt.

Manchmal steht freilich jemand »Draußen vor der Tür« (W. Borchert), der nicht aus dem Krieg nach Hause kommt, der nur voller Angst erwartet wird. Jugendliche kommen grölend und torkelnd nach Haus und reagieren aggressiv auf jeden auch nur angedeuteten Vorwurf. Und der Mann, der voller Ungeduld anklopft und seine Wut und seine Verzweiflung dadurch loszuwerden versucht, dass er besinnungslos um sich schlägt.

Wer kann helfen, wer kann retten? Wenn Todesengel die Nachtwelt durchstöbern, dann steht für das Volk Gottes ein Schutzritual bereit. Ein einjähriges Tier muss geschlachtet werden. Mit dem Blut soll man den Hauseingang bestreichen. Und das Fleisch soll man vollständig verzehren. »Ich werde das Blut sehen und an euch vorübergehen, und der Schlag des Verderbens wird euch nicht treffen. Und dieser Tag soll für euch ein Gedenktag werden, und ihr sollt ihn feiern als ein Fest für den Herrn. Von Generation zu Generation sollt ihr ihn feiern, als ewige Ordnung« (Ex 12,13–14, Zürcher Bibel). Passah. Ein unheimliches Fest. Blut muss fließen, um vor dem Blutvergießen zu schützen. Aber auch ein realistisches Fest. Kein Traum vom ewigen Frieden, keine Erziehung oder Züchtung wird einen neuen Menschen schaffen. Und weil die Macht der Todesengel nicht geringer, sondern größer geworden ist, musste nicht nur ein Tier für das Gottesvolk, ja für die verlorenen Gottesgeschöpfe sterben. Der Gottessohn hat sein Leben für alle gelassen, für die, die heute Abend elend zugrunde gehen, wie für die, die einigermaßen heil eine gute Nacht vor sich haben. Jetzt gilt: »Siehe, ich stehe vor der Tür und klopfe an. Wer immer auf meine Stimme hört und die Tür öffnet, bei dem werde ich einkehren und das Mahl halten ich mit ihm und er mit mir« (Offb 3,20). Und selbst in der Lust, im kleinen Tod, können wir Augenblicke jener Selbstvergessenheit und Entgrenzung erfahren, die uns im Reich Gottes erwartet.

»Gute Nacht!«, heißt deshalb immer schon: »Ruhe sanft!« Im kleinen Schlaf hat der große Tod seine Macht über uns verloren. Als »Schweyk im zweiten Weltkrieg« ist, singt Frau Kopecka im Wirtshaus »Zum Kelch« voller Hoffnung: »Am Grunde der Moldau wandern die Steine. / Es liegen drei Kaiser begraben in Prag. / Das Große bleibt groß nicht und klein nicht das Kleine. / Die Nacht hat zwölf Stunden, dann kommt schon der Tag« (B. Brecht). Und nach einem letzten vergeblichen Gespräch mit Adolf Eichmann geht Jochen Klepper mit den Seinen freiwillig in den Gastod. »Die Nacht ist vorgedrungen. / Der Tag ist nicht mehr fern. / So sei nun Lob gesungen / dem hellen Morgenstern. / Auch wer zur Nacht geweinet, / der stimme froh mit ein. / Der Morgenstern bescheinet / auch deine Angst und Pein« (EG 16, 1).

In der Nacht vom 8. zum 9. Oktober 1946 hatten die deutschen Soldaten im russischen Gefangenenlager ihre 12-Stunden-Schicht absolviert. Die Kameraden wussten, dass einer, der spätere Vater von Hans-Martin Gutmann, an diesem Tag seinen 25. Geburtstag zu feiern hatte. Auf seiner Pritsche spürt er unter der Decke einen halben Kohlkopf, damals eine Delikatesse. Und dann schenkt ihm ein Freund ein selbstgefertigtes Liederheft mit allen Chorälen, die er noch auswendig kannte. »Es war meine erste Begegnung mit dem evangelischen Kirchenlied. Ich weiß nicht, ob ich ohne dieses Geburtstagsgeschenk Organist geworden wäre«, heißt es in Gutmanns späteren Aufzeichnungen. Zwei Choräle sind seine Lieblingslieder geblieben, »Auf meinen lieben Gott trau ich in Angst und Not« (EG 345) und »Der Mond ist aufgegangen« (EG 482). Der letzte Vers aus diesem Lied soll uns heute eine gute Nacht bescheren: »So legt euch denn, ihr Brüder, / in Gottes Namen nieder; / kalt ist der Abendhauch. / Verschon uns, Gott, mit Strafen / und lass uns ruhig schlafen. / Und unsern kranken Nachbarn auch.«

Wolfgang Grünberg (Hamburg)

Palmsonntag:
Jerusalem bei Nacht

Er lehrte aber tagsüber im Tempel, die Nächte verbrachte er draußen auf dem Berg, der Ölberg hieß. (Lk 21,37)

Wer am Nachmittag von der Klagemauer des Tempels in Jerusalem über die *via dolorosa* – also entgegen dem Usus der Pilger – bergab ins tiefer liegende *Kidrontal* kommt und von dort empor steigt zum Ölberg, dem bietet sich ein unvergesslicher Ausblick auf Jerusalem. Ich konnte mich – anlässlich eines Besuchs auf dem Jüdischen Friedhof – nicht lösen von dieser Aussicht und blieb bis zur Abenddämmerung. Diese tauchte den Tempelbezirk, die Altstadt, ja, ganz Jerusalem in ein magisches Licht. Es changierte von Hellgelb über Orange-Rot zu Dunkellila, bis es langsam in blau-schwarze Töne überging. Der Ölberg liegt 809 Meter hoch, gute 120 Meter oberhalb des Kidrontals, und gut 65 Meter oberhalb des Tempelbezirks, in dem Juden und Muslime ihre unterschiedlichen religiösen Heiligtümer haben. Das Kidrontal zwischen Ölberg und der Altstadt ist dagegen für Juden *und* Muslime der Ort des göttlichen Endgerichts.

Der ausdauernde Ausblick vom Ölberg auf die Stadt im Dämmer- und Abendlicht evoziert Stadtvisionen. Jerusalem leuchtet. Eine Kette aus Edelsteinen. Alle Grenzen im Stadtgefüge schwinden dahin: Keine Aufteilung in armenische, jüdische, muslimische, christliche Stadtviertel. Die illuminierte Klagemauer, der Felsendom mit seiner goldenen Kuppel und die El-Aqsa Moschee, sie erscheinen als einander ergänzende, leuchtende Juwelen und Wahrzeichen der *einen* Stadt. Keine Grenzposten. Jerusalem als versöhnte Stadt ohne Grenzen.

Die Menschen tanzen und singen auf den Mauern. Unwillkürlich überblendet diese berühmte Szene vom 9. November 1989 in Berlin den Ausblick auf Yerushalayhim, den *Ort des Friedens* bzw. auf Al-Quds, die *Heilige Stadt.* Erliegt man hier einer selbst produzierten *Fata morgana*? Lügt die Abenddämmerung?

Gerade der Ölberg als Ort, an dem Jesus oft weilte, könnte auch *neue* Perspektiven eröffnen.

Wo sich heute ein riesiger jüdischer Friedhof ausbreitet, hier in der Nähe standen vielleicht jene Olivenbäume, unter denen Jesus für die Nacht Schutz und Ruhe zum Gebet fand. Jeder Olivenbaum wird je älter desto bizarrer und grandioser: Er wird Zeuge von Jahrhunderten.

Er zeugt von Geschichten, die Fachleute im Aufbau seines Geästs lesbar machen können: Dürre und Regen, Blitze und Frost, Hitze und Stürme. Der Überlebenskampf mit Katastrophen formt ihn. In der Symbolik aller drei monotheistischen Religionen kommt dem Olivenbaum eine besondere Bedeutung zu: Die Taube brachte einen Olivenzweig zur Arche Noahs. Mit Olivenöl werden die heiligen Salbungen vollzogen. Aber auch das Kreuz soll aus Olivenholz gewesen sein.

Der jüdische Tag beginnt bekanntlich am Abend, wenn die ersten drei Sterne am Himmel zu sehen sind. Der Tagesrhythmus zeichnet den Weg vom Dunkel des Abends und der Nacht zum Licht. Das Dunkel der Nacht verweist auch auf den Tod und die Toten.

Der Weg vom Dunkel zum Licht bestimmt schon die Schöpfungsgeschichte aus Genesis1: »Am Anfang schuf Gott Himmel und Erde. Und die Erde war wüst und leer, und es war finster auf der Tiefe … Und Gott sprach: Es werde Licht. Da schied Gott das Licht von der Finsternis … Da ward aus Abend und morgen der erste Tag.« Wir alle leben – bewusst oder unbewusst – in den Welten des Dunkels und des Lichts.

Das Gleichnis vom Feigenbaum (Lk 21,29–31), das Jesus als Lehrender im Tempel erzählte, hat zur Pointe, »dass jetzt der Sommer nahe ist«, also die Zeit des Lichts und der Ernte. »Wenn ihr seht, dass dies alles geschieht, so wisst, dass das Reich Gottes nahe ist« …

Der Untergang Jerusalems und des Tempels steht bevor: Auf Erden wird den Völkern bange sein (Lk 21,25b) … und alsdann werden sie den Menschensohn kommen sehen in einer Wolke mit großer Kraft und Herrlichkeit (Lk 21,27).

Das Reich Gottes ist nahe. Darum gilt (21,36): »Seid allezeit wach und betet, dass ihr stark werdet … zu stehen vor dem Menschensohn« – »und der vor euch steht«, möchte man ergänzen. Was folgt daraus?

»Wachet und betet!«: Dies ist der Vorblick auf Gethsemane. Die Nächte auf dem Ölberg sind Jesu Ort und Zeiten des Gebets, nicht der Tempel. Nachts im Olivenhain. Hier ringt er mit seinem Vater über die ihm zugedachte Aufgabe, die zum Kreuz, aber auch zur Auferstehung führen wird.

Jesus lehrt im Tempel vom Untergang einer alten und von der Verheißung einer neuen Zeit. *Keimen hier in der Einsamkeit des Ölbergs zwischen Oliven und vielleicht auch unter Feigenbäumen die Themen der Lehre, die er im Tempel vorträgt?* Erahnt hier, in der Einsamkeit und im Gespräch mit seinem Vater, der Sohn den Weg, der ihm bevor steht?

Ein Weg, der in das tiefste Dunkel der Nacht, in den Tod führt, der aber gerade so ins Morgenlicht der neuen Schöpfung, ins Licht der Auferstehung, führt?

Das Abendrot über Jerusalem *kann* als Ankündigung von Blut und Tränen, als Gericht über die Welt wahrgenommen werden. Aber zugleich *kann* es auch als Vision der neuen Welt Gottes unter den Menschen verstanden werden. Lassen wir beide Versionen gelten!

Es ist nicht egal, wo wir öffentlich predigen oder lehren. Es ist nicht egal, ob und wo wir ein Refugium haben, in dem wir allein vor Gott stehen. Welche Orte suchen wir auf? Welche Rollen werden uns in dieser Geschichte zugespielt?

Die Nacht ist in Israel nie ganz finster: Die Nacht bleibt die Zauberin der Verwandlung. Sie ist erlösend kühl, aber auch kalt und stürmisch. In der Nacht werden die Ängste, aber auch die Visionen der Hoffnung geboren. – Ich wünsche: Nächstes Jahr in Jerusalem! Einen Weg zum Ölberg.

Michael Meyer-Blanck (Bonn)

Gründonnerstag: Nacht des Verrats

Der Herr Jesus, in der Nacht, da er verraten ward, nahm er das Brot, dankte und brach's und sprach: Das ist mein Leib, der für euch gegeben wird; das tut zu meinem Gedächtnis.
Desgleichen nahm er auch den Kelch nach dem Mahl und sprach: Dieser Kelch ist der neue Bund in meinem Blut; das tut, sooft ihr daraus trinkt, zu meinem Gedächtnis. (1 Kor 11,23–25)

Bei diesem Abschnitt handelt es sich um einen der ältesten Texte im Neuen Testament. Stellt man ihn in den Kontext des Erlebens der Nacht, dann erschließt er sich auf andere Weise, als wir das gewöhnt sind, wenn wir ihn vom Abendmahl her hören (und fast immer geschieht dies ja *beim* Abendmahl, beim Hören der »Einsetzungsworte« in der Abendmahlsliturgie).

Als Nacht-Text gewinnt dieser Abschnitt etwas Unheimliches. Wie die Complet, das Nachtgebet der Kirche, das Ende des Tages und das Ende des eigenen Lebens nebeneinander stellt, so überlagern sich in dieser Lesart der Verrat am Herrn und eigene Erfahrungen mit Verrat (oder mit dem Verratensein). Im Abendmahl gedenken wir nicht nur des Verrats an Jesus. Wir erinnern uns auch des Verrats als einer Gegebenheit allen menschlichen Daseins.

Verraten und verkauft

»Nacht des Verrats«: Ständen diese Worte auf dem Cover eines Buches, dann würde man wohl nichts Religiöses erwarten, sondern eher eine Mafiageschichte oder noch wahrscheinlicher ein Liebesdrama. Am grausamsten verraten wird man vom Geliebten, und der Zeitpunkt des Liebesverrats ist die Nacht. Oder mindestens ist es die Nacht, in der einen der Schmerz heimsucht. Warum ist das so? Die Nacht ist die Zeit der Intimität, des Rückzugs von den Geschäften zugunsten des elementar Menschlichen. Wenn der Tag hart war, dann soll die Nacht entschädigen durch den Genuss der Vertrautheit und durch den erquickenden Rückfall in Kindheitsmuster – geliebt sein, sich fallen lassen, Ruhe finden für die Seele und Kraft für den Leib. Dafür ist die Nacht da.

Wenn schon Verrat, dann möge dieser doch bitte ehrlich daherkommen, am Tage, mit offenem Visier, so dass man den Kampf annehmen kann – und nicht in der Nacht, wenn man auf Ruhe aus ist, wenn die Seele auf Entspannung gestimmt und damit bereits geschwächt ist. In seinem Roman »Faustinas Küsse« schildert Hanns Josef Ortheil, wie der stolze Römer Beri entdeckt, dass seine Geliebte in dieser Nacht nicht zu ihm kommt, weil sie mit einem anderen in erotischer und menschlicher Vertrautheit die Nacht zum Tage macht. Beri streift durch die dunkle Stadt Rom und droht, wahnsinnig zu werden. Allein der Gedanke an sein Stilett und die Rache hält ihn bei Sinnen. Doch erholen kann er sich von dieser Nacht nicht wieder. Liebesverrat und Tod sind unheimliche Brüder. Das ist nicht nur in der Literatur so.

Erinnern oder vergessen?

Der Zeitpunkt des Liebesverrats ist die Nacht, und der Tag danach und alle nächsten Tage sind Zeiten der nicht zu bändigenden Erinnerung. Das Schlimmste ist der misslingende Versuch des Vergessens. Wenn wenigstens die Gedanken aufhören würden und der Gedanke daran, dass die Gedanken aufhören müssten! Verrat ist von Dauer. Man verschmerzt ihn nicht so leicht. »Vergeben ja, vergessen nein«, weiß der Volksmund über den Schmerz der Erinnerung zu sagen. Die Zeit heilt alle Wunden, doch die Narben schmerzen noch lange. Die Erinnerung wird man nicht so leicht los. Und wenn es schlecht läuft, dann macht die Erinnerung den Verrat aus dem zeitlichen Abstand sogar noch beschämender.

Die Nacht des Verrats behauptet sich und bestimmt lange Zeit die Gedanken. Wenn es ganz schlimm kommt, dann verfestigt sich das Verratensein zum »negativen Skript«, wie die Psychologen sagen. Dann bestätigt es sich immer wieder: Ich bin ein Verratener. Alle sehen es mir an und machen es darum nach. Ich bin erkennbar beschädigt und bekomme das immer wieder bestätigt. Wer hat noch nicht, wer will noch mal? Auf Angeschlagene tritt es sich besonders gut, und eigentlich haben sie es auch verdient. Warum wehren sie sich denn nicht? Eigentlich sind sie selbst schuld, und sie waren das eigentlich immer schon.

Gedächtnis

Das alles und noch andere abgründige Gedanken muss man auch mit dem Liebesverrat in der Nacht vor dem Karfreitag in Verbindung bringen. Stellt man sich Jesus als einen Menschen mit Gefühlen von Freundschaft vor, als glaubenden und verletzbaren, als ängstlichen und hoffenden Menschen, dann wird er ähnliche Tiefen durchlebt haben, wie ich diese eben geschildert habe. Wir vermögen es uns ja nicht vorzustellen, ob und was er genau von seinem bevorstehenden Tod geahnt hat. Aber die Nacht des Verrats kann keine Nacht des Heldenmuts gewesen sein. Das wissen die Evangelisten nahezu einmütig zu berichten. Wir nehmen ja mit der Tradition an, dass Jesus sich in seinem Leiden nicht von Gott losgesagt hat, sondern er blieb mit Gott tief verbunden. So lesen wir es in Hebräer 4,15, wo es heißt, dass Jesus versucht war wie wir, doch ohne Sünde. Doch gerade diese Formulierung bedeutet, dass Jesus in existenzieller Nacht gewesen ist, in Angst, in Enttäuschung und Liebesverrat. Er hat gelitten wie andere von ihren Liebsten verratene Menschen. Er ist in Zweifel verfallen, wenn auch nicht in Verzweiflung. Er war im Gottesschrecken, wenn auch nicht in der Gottesferne. Das berichten die Evangelisten Matthäus und Markus, wenn sie Jesu Kreuzesschrei mit dem Psalmzitat »Mein Gott, mein Gott, warum hast du mich verlassen?« (Ps 22,2) überliefern (Mt 27,46; Mk 15,34).

Doch eines, so wird man sagen können, ist tatsächlich ganz anders. Die Schrift berichtet nichts von der Erinnerung Jesu an seinen Verrat. Sie berichtet von der Kreuzigung und Auferstehung. Und damit ist unsere oben beschriebene Analogie gesprengt. An die Stelle von Jesu Erinnerung tritt unser Gedenken an seine Nacht des Liebesverrats und an seine Nacht des Todes, in die er am nächsten Tag »hinabgestiegen« ist, wie wir mit dem Glaubensbekenntnis sagen.

So ist die Nacht dieses Liebesverrats der Beginn der Liebesbeziehung zu den Verratenen. Damit ist unser Verrat zu seinem Verrat, zu seiner Geschichte geworden. Wir können nicht mehr verraten und verkauft werden, wenn wir unseren eigenen Verrat hineinschieben in diese Nacht vor dem dunklen Tag. Diese Nacht ist im Laufe der Kirchengeschichte von der Nacht des Verrats zur Nacht des Gedenkens geworden, und das ist gut und schön so. Wir freuen uns mit den Vätern und Müttern im Glauben daran; und wir staunen und wundern uns, dass das schon um das Jahr 50 der Fall war, als Paulus diese Worte selbst übernahm, als er sie überliefert bekam, wie er schreibt: *Dies tut zu meinem Gedächtnis.*

Olaf Seydel (Hamburg)

Karfreitag:
Die Finsternis, die dem Licht
vorausgeht

Und zur sechsten Stunde kam eine Finsternis über das ganze
Land bis zur neunten Stunde. (Mk 15,33)

Drei Stunden Finsternis, Trauer, Fassungslosigkeit, Schmerz, Angst, Ungewissheit … Jesus hängt am Kreuz, er wird sterben – mit ihm die Hoffnung? Was mag den Jüngern und Anhängern Jesu durch den Kopf gegangen sein? Ihr Licht war dabei zu erlöschen. Derjenige, der zuvor ihren Weg erhellt hatte, war verloren.

Was mag Jesus erlebt haben? »Mein Gott, mein Gott, warum hast du mich verlassen?« (Mk 15,34), wird er rufen. Er, der Gottes Sohn, der selbst Gott ist. Er fühlte diese Verlassenheit, die Einsamkeit, die kalte Finsternis. »Und ob ich schon wanderte im finstern Tal, fürchte ich kein Unglück; denn du bist bei mir, dein Stecken und dein Stab trösten mich« (Ps 23,4). Diese Zuversicht, die sich im berühmten Psalm 23 ausdrückt, hat Jesus in seiner finstersten Stunde allem Anschein nach nicht mehr gehabt. Als Gottes Sohn erfüllte er am Kreuz seine Aufgabe, doch als Menschensohn musste er dazu das Leid und die Einsamkeit erleben, die für diese Aufgabe vonnöten war. Um den Tod zu besiegen, musste er dem Tod begegnen. Ohne Finsternis kann es kein Licht geben.

Wie in vielen großen Heldengeschichten steht auch hier die Finsternis, das Leid vor dem Heil. Für Markus ist diese Finsternis die Schwelle, die auf dem Weg zur neuen Heilsordnung überschritten werden muss. Wir danken Jesus dafür, dass er für uns Tod und Sünde besiegt hat, aber konzentrieren uns dabei vorwiegend auf das Licht, dass der HERR uns damit gebracht hat. Um Jesu Opfer zu verstehen, zu begreifen, wie groß und selbstlos sein Opfer war, müssen wir uns jedoch auch auf die Finsternis konzentrieren. Die Finsternis, die uns Menschen schon seit jeher verängstigt. Finsternis nimmt uns die Sicht. Sie ist meist verbunden mit Kälte und auch nicht selten mit Stille – Ungewissheit, Unsicherheit, Angst.

Die Finsternis hat aber auch andere Eigenschaften. Stille muss nicht beängstigend sein, sondern kann innerlich für Ruhe sorgen. Die Nacht, der Ort der Finsternis, ist für viele ein Ort des Ausruhens und der Besinnung. Die Welt atmet durch und sammelt Kraft für den nächsten Tag. In all der Hektik bleibt die Welt einige Stunden stehen oder dreht sich zumindest in langsamerem Tempo weiter. Die Finsternis bzw. die Nacht dient so als Raum zum Durchatmen und Regenerieren.

Kann die Finsternis für Jesu Jünger und Anhänger einen ähnlichen Moment geboten haben? Jesus ist gefoltert worden, durch die Stadt getrieben und hängt nun am Kreuz. Nach diesen schrecklichen Geschehnissen ist für einen Moment Ruhe eingekehrt. Kann hier ein Moment der Hoffnung gewesen sein? Was ist mit Jesus selbst? »Mein Gott, mein Gott, warum hast du mich verlassen?«, ruft er erst nach drei Stunden Finsternis. Wird er zuvor gehofft haben, von Gott gerettet zu werden? Gab es ein Durchatmen am Kreuz und darunter?

Die Nacht präsentiert sich ambivalent. Sie steht zwischen beängstigender Ungewissheit und regenerativer Ruhe. Die Nacht des Karfreitags mag zwischen diesen Polen näher an der negativen Konnotation der Finsternis gelagert sein, aber auch in ihr spiegelt sich die geschilderte Ambivalenz wieder. Jesus hängt am Kreuz und mit ihm alle Hoffnung. Für seine Anhänger bedeutet dies große Angst und Unsicherheit – für ihn selbst noch mehr. Wir glauben an die Auferstehung. Wir glauben daran, dass Jesus den Tod besiegt hat, in dessen Reich er durch die Kreuzigung hinabstieg. Die Nacht des Karfreitags als die Nacht voll Schrecken und Unsicherheit erscheint uns dadurch wie ein Durchatmen vor der großen Tat. Wir kennen den Ausgang des Geschehens und sehen der Nacht des Leidens die Nacht der Auferstehung folgen. Aber das Leid des Menschensohnes am Kreuz dürfen wir dabei nicht vergessen. Jesu Tod ist das größte Geschenk, das die Menschheit erhalten hat. Wir danken dem HERRN, dass er selbst in Christus für uns gelitten hat. Wir sehen die Ambivalenz der Nacht und danken dem HERRN, dass er zwischen diesen Polen bei uns ist, dass er für uns ist.

Corinna Körting (Hamburg)

Karsamstag:
Die Nacht als Chance

Am Tag meiner Not suche ich den Herrn, meine Hand ist ausgestreckt des Nachts und ermattet nicht, meine Seele weigert sich, sich trösten zu lassen. (Ps 77,3)

Im Radio höre ich: »Die Suche wurde wegen einbrechender Dunkelheit eingestellt, bei Tagesanbruch wird sie fortgesetzt.« *Jetzt herrscht die Nacht.* Der Satz über die Suche klingt wie eine Formel, zwingend, logisch, es bedarf keiner weiteren Erklärung. Hören wir ihn, so wissen wir, dass ein Unglück geschehen ist. Ein Mensch wird vermisst, doch die Suche muss eingestellt werden. Die Rettungsmannschaften müssen bis zum Morgen warten. Sie sind zur Untätigkeit verdammt. Man sieht nicht genug. Die Helfenden würden sich selbst gefährden, denn Distanzen sind schwer einzuschätzen, die Stabilität des Grundes kann nicht ermessen werden. Die mangelnde Sicht gefährdet auch den Vermissten, da schweres Gerät nicht präzise gesteuert werden kann. Das Licht des Tages ist nicht zu ersetzen. – In Psalm 77,3 heißt es:

> *Am Tag meiner Not suche ich den Herrn,*
> *meine Hand ist ausgestreckt des Nachts und ermattet nicht,*
> *meine Seele weigert sich, sich trösten zu lassen.*

120

Gemeinsam ist der Rettungsszenerie und dem Psalmtext die tiefe Verzweiflung der Suchenden. Sie sind zurückgeblieben, allein, orientierungslos. Die Nacht verstärkt dieses Gefühl, diese Ohnmacht. Konturen verschwimmen, und man mag sich kaum auf die verbliebenen und teils sehr ungeübten Sinne verlassen. Wie und wo soll man suchen, was kann man tun?

Nun ist die Unterbrechung der Suche nach einem verunglückten oder verschwundenen Menschen während der Nacht nachvollziehbar, wenn auch für den Einzelnen schwer erträglich. Doch weshalb sollte das für einen Beter ebenso sein? Begibt er sich ebenfalls in Gefahr? Wie für die Rettungsmannschaften, so gilt auch für den Beter, dass die Nacht die Bedingungen der Suche diktiert. Die Nacht ist, der Bildmetaphorik der Psalmen gemäß, die Zeit der Gefahr, ja der Lebensgefahr. Ihr haftet ein lebensfeindliches Moment an. Die Tiere der Wildnis durchstreifen das Land, der Mensch hingegen zieht sich zurück. Die Nacht ist nicht die Zeit heilvoller Gottesbegegnung. Sie steht für Sterben und Tod. Gott aber ist Licht und Leben (vgl. Ps 36,10). So geht erst das Ende der Nacht mit der Hoffnung auf ein Ende der Gottesferne durch eine heilvolle Gottesbegegnung einher.[1] Das helfende Eingreifen Gottes, seine Nähe wird für den Morgen erwartet (vgl. Ps 5,4; 46,6). Dann wird das Heil im Lichte des Angesichts Gottes erscheinen (vgl. Ps 89,16). Die Gefahren der Nacht, seien es die wilden Tiere der Psalmensprache, sei es die Erfahrung von Einsamkeit und Orientierungslosigkeit, sie werden in diesem Licht weichen. Doch all das setzt zumindest die Gewissheit voraus, dass die Nacht dem Morgen weichen wird.

Der Beter von Ps 77 setzt seine bei Tage begonnene Suche nach Gott unter den Voraussetzungen der Nacht fort. Er schreit und ruft allerdings nicht (so noch V. 2), sucht auch nicht mit den Augen, die des Nachts kaum helfen dürften. Seine Hand ist ausgestreckt. Folgt man der Formulierung des Verses, hat man beinahe den Eindruck, als würde die Hand des Beters die Regie übernehmen. Sie macht weiter, sie ermattet nicht. Mit der Hand streckt sich der ganze Körper des Beters zu Gott und macht sich auf

---

1 Cf. G. Eberhardt, Jнwн und die Unterwelt (FAT II/23; Tübingen 2007) 127.

die Suche nach Gott. Nun muss auch der entscheidende Unterschied zwischen Betersituation und Rettungsszene zur Sprache kommen. Es wird Gott gesucht und kein Mensch. Doch kann Gott wie ein Mensch verloren gehen? Aus Sicht des Beters ist das möglich, denn Gott ist nicht mehr erreichbar, er hört nicht, er wendet sich dem Beter nicht zu, hat ihn allein gelassen. Müssen wir das voraussetzen, zeigt sich hierin die große Not des Beters. Was aber kann er dann durch das Ausstrecken der Hand erreichen? Das Ausstrecken der Hand wird für ihn zu einer Gebetshaltung (vgl. Ps 28,2; 146,3). Was der Beter nicht in Worte zu fassen vermag, macht die Geste deutlich. Der Beter wendet sich zu Gott und will dessen Nähe – auch und gerade in der Nacht.

Ähnlich selbstständig wie die Hand scheint auch die *næpæš*, die Seele, die individuelle Lebenskraft des Beters, zu agieren. Nun ist sie nicht unabhängig vom Beter zu sehen, als Ausdruck einer Dichotomie von Seele und Leib. Der Mensch, Geschöpf Gottes, bekam keine *næpæš*, er *wurde* durch den Schöpfungsakt zu einer *næpæš hayyāh,* zu einem lebendigen Wesen (1 Mos 2,7). Dennoch kann die Lebenskraft als Subjekt auftreten, zerfließen und leiden, bitter sein und erschöpft oder wehrlos (vgl. Ps 63,2; 119,20.25.28). In unserem Text verweigert es die Lebenskraft des Beters, sich trösten zu lassen, sie gibt sich nicht mit wenig zufrieden, sie wartet auch nicht auf den Morgen. Der einzig wahre Tröster, auch des Nachts, ist Gott selbst. So begeben sich Hand und Lebenskraft gleichsam als Ausdruck für den Beter und als treibende Kräfte neben dem Beter auf die Suche nach Gott.

Wann und wie der Beter Gott findet, wird in V. 3 nicht gesagt. Innerhalb des gesamten Psalms wechselt er mehrfach seine Perspektive auf der Suche nach Gott. Er sucht Gott in seinen großen Taten, sucht ihn in seiner Fürsorge für sein Volk. Behalten wir aber allein V. 3 im Blick, so wird deutlich, dass der Beter sich den Rahmenbedingungen der Nacht zwar stellt, sich ihr jedoch nicht unterwirft. *Die Nacht herrscht nicht.* Die Suche wird fortgesetzt, sie wird als Chance wahrgenommen, Gott mit anderen Mitteln als mit Auge und Stimme zu suchen und sich dennoch ganz der Suche hinzugeben. Mit der Hand bewegt sich der ganze Mensch zu Gott hin.

Psalm 77,3 ist am Karsamstag zu lesen. Durch den Lauf des Kirchenjahres werden wir so in eine Nacht hereingeführt, die kaum dunkler sein könnte. Jesus wurde gekreuzigt und begraben, hinabgeführt in das Reich des Todes. Von einem Ende der Nacht ist nichts in Sicht. Gott ist ferner denn je. Aber auch und gerade für diese Nacht gilt es, sich nicht in sich selbst zu verkriechen, sondern die Hand auszustrecken, nicht nachzugeben. Jesus selbst hat sich noch im Anbrechen dieser Nacht Psalmen betend, suchend Gott zugewandt. Die Suche nach Gott kann auch in tiefster Nacht fortgesetzt werden. Die Augen sind geschlossen, aber andere Sinne sind weit offen für die Suche und die erhoffte Begegnung mit Gott. *Die Nacht herrscht nicht, sie ist eine Chance.*

Friedrich Brandi-Hinnrichs (Hamburg)

Osternacht:
Heilige Nacht

Wach auf, der du schläfst, und steh auf von den Toten, so wird
dich Christus erleuchten. (Eph 5,14)

Manchmal habe ich sie einfach nur satt, die saufenden und grölenden
Partygänger, die zwischen Schanze und Reeperbahn am Brunnenhof auf
St. Pauli vor meinem Schlafzimmer Rast machen, mit Wodka- und Bier-
flaschen um sich werfen und in die Sandkiste des Spielplatzes pinkeln.
Hin und wieder wummern aus den Räumen des nahen Bunkers auch
noch Rock-Rhythmen oder Musik von wildgewordenen Free-Jazzern.
Könnt ihr denn nicht mal schlafen?!, denke ich dann, wohl wissend,
dass es immer wieder andere Menschen sind, die alles andere als tod-
müde sind. Quicklebendig sind sie. Ich wünsche mir Schlaf, ernte aber
Schlaflosigkeit.

Hinwieder gibt es jedoch Überraschungen. In der Heiligen Nacht tum-
melt sich eine kleine Gruppe restlos zugeknallter Jugendlicher und singt,
nein, brüllt die erste Strophe von »Stille Nacht, Heilige Nacht«, überraschend textsicher. Noch nie habe ich Menschen dieses Lied in so einer
Lautstärke und Hingabe singen gehört – das können auch nur Besof-
fene schaffen. Der Dichter des Liedes, der Hilfsgeistliche Joseph Mohr
aus dem beschaulichen Salzburger Land, hätte sich vermutlich im Grabe
umgedreht, wenn er das hätte hören müssen. Oder aber auch nicht.
Denn vielleicht könnte er viel besser als das um seinen Schlaf besorgte

Bürgertum begreifen, dass die Hirten der Moderne genau diese Outlaws des Asphaltdschungels sind, die des Nachts nicht mit, sondern im Laternenlicht unterwegs sind. Menschen, deren Sehnsucht nach Gerechtigkeit und Frieden sich Bahn bricht entweder in einer gepflegten Tüte voll berauschender Ingredienzien oder aber im heiseren Grölen eines Liedes, das Herzenswärme und Heimat vermittelt, Völkerverständigung und Gnadenfülle. Dabei wurde die Hemmschwelle, dieses weihnachtliche Bekenntnis singend abzulegen, entscheidend verringert durch einen Alkoholkonsum, der nun, andererseits, dem bürgerlichen Heiligabend durchaus vertraut ist. Drogen und die Heilige Nacht gehören irgendwie zusammen.

Das stolze Kirchengebäude am Platz, in dem so mancher Theologieprofessor seinen Studierenden Predigtpraxis zu vermitteln versucht, kennen jene von innen nicht, aber sie scheinen es wohl doch wahrzunehmen als ein Gebäude, das ihnen dieses alte Lied in Erinnerung ruft. Irgendwie scheinen diese Männer aufgewacht zu sein aus dem Schlaf ihrer religiösen Indifferenz und haben, wenn nicht Christus selbst, so doch den holden Knaben in lockigem Haar gefunden. Oder die Erinnerung an ihn. Wie auch immer – vom historischen Jesus aus Nazareth sind sie vermutlich nicht erleuchtet worden, aber vielleicht doch von Jesus dem Christus, dessen Licht gern schon einmal ganz woanders aufleuchtet als erwartet.

Das leere Grab am Ostermorgen und der Stall von Bethlehem haben zumindest dieses eine gemeinsam: *Sucht Ihn nicht da, wo ihr Ihn erwartet, Er ist uns immer schon vorangegangen* – nach Galiläa, in die Bronx, in die Banlieue von Paris oder auch nach Hamburg St. Pauli. Man mag so einen Gedanken als Pantheismus und Synkretismus abtun oder auch unter den Verdacht einer im Gewand der Moderne daherkommenden natürlichen Theologie stellen, die die Gottsuche im Geschehen der Gegenwart dem Offenbarungsgeschehen vorzieht. Doch in unserer Zeit lässt sich von Jesus Christus nicht mehr so sprechen wie vor 50 Jahren und früher. Christlicher Glauben ist in der Mitte der modernen Gesellschaft Europas alles andere als selbstverständlich, und so gilt es, sich aufzumachen und Christus aufzuspüren als eine Kraft, die in dem Schwachen mächtig ist. Oder in denen, die am Heiligen Abend ein Weihnachtslied grölen. Die jungen Männer ahnen nicht, was ich über sie denke und welche theologischen Gedanken mich beschäftigen, wenn ich ihnen zuhören muss.

Das ist aber auch gar nicht sonderlich entscheidend, sondern eher, dass solche Erlebnisse einen Wandel meiner Gedankengefühle bewirken. Mit diesem nervigen Nachtgeschehen bekommt mein Alltag unversehens ein anderes Gesicht, Ärger verwandelt sich in Nachsicht, Schlaflosigkeit in Phantasien über eine Welt in Frieden und Gerechtigkeit, und mein Ärger über den Zustand einer hartherzigen Gesellschaft mutiert zu Gedanken über ein Gemeinwesen, in dem auch diese Menschen erfüllt und anerkannt leben können, und zwar in der Mitte dieser Gesellschaft. So wird das unheilige Grölen unversehens zu so etwas wie einem Gesang der Hirten am Stall zu Bethlehem oder zur übermütigen Verbreitung einer Botschaft, die die Boten nicht einmal selber erfasst haben, allerhöchsten den Empfänger, als habe jemand ihm zugerufen: Wach auf, der du schläfst …

Nun, ich möchte den Satz zur Osternacht auch nicht überstrapazieren, aber hin und wieder müssen die um die Kirche Schleichenden doch den Eindruck gewinnen, dass es dort drinnen nicht sonderlich lebendig zugeht – gerade wenn nächtliches Dunkel die Kirche umhüllt und sie sich nur als unbelebtes Gemäuer präsentiert. Was würde wohl geschehen, wenn der Professor für Homiletik seine Studierenden auf die Straße schicken würde? »Predigt in den Straßen und Gassen, weckt die tote Christenheit aus dem Schlaf der Sicherheit.« Wobei in diesem Fall die »tote Christenheit« nicht das zu bepredigende Volk wäre, sondern eben der Prediger und die Predigerin selbst, die sich nicht nur der Gefahr aussetzen müssten, sich lächerlich zu machen, sondern dann auch einmal richtig etwas riskieren würden. Ob Christus sie dann erleuchtete? Meine Hand möchte ich dafür nicht ins Feuer legen, aber lebendig würde es werden. Ein Ostermorgen der ganz eigenen Art.

Martina Böhm (Hamburg)

Ostersonntag:
Vorhang auf!

Sagt, seine Jünger sind in der Nacht gekommen und haben ihn gestohlen, während wir schliefen. (Mt 28,13)

»Ostern: *ein*-mal anders. Ein geistliches Schauspiel«, ist auf dem Plakat zu lesen. Das wäre doch was, denkt sich der 60-Jährige. Das Haus ist seriös, dem Thema gewachsen. Nur die Uhrzeit lässt ihn zögern: Sonnabend, 16.00 Uhr. Wieder so ein Quatsch. Warum können die nicht wenigstens bis 19.30 Uhr warten. Aber Respekt davor, Ostern auf die Bühne zu bringen; Wertschätzung für die Darsteller, die am Stillen Samstag arbeiten.

Als er den Theatersaal betritt, erblickt er im Rampenlicht eine Puppenbühne. Die Beleuchtung wird gerade heruntergedreht. Kinder hopsen durch die Reihen und werden von Großeltern auf die Sitze gezogen. Der Vorhang geht auf – und ein Kasper namens Matthäus erscheint und begrüßt fröhlich das Publikum. Wo sind wir hier eigentlich? Das Interesse des Mannes ist geweckt.

Der Kasper hat etwas von einem Grundschullehrer: »Darum schweiget nun, ihr Kinder; setzt euch nieder, und sehet dieses Spiel mit Andacht an! Und gebet Acht, damit ihr umso besser versteht, was ich euch jetzt zeigen will!«

Der Prolog ist beendet, Matthäus tritt ab, der Vorhang hebt sich. Ein beachtlicher Briefbeschwerer aus Kristall liegt auf der Bühne: mit schrägen, kleinen und großen Flächen. Der 60-Jährige kann sich erinnern, so etwas in fernen Landen schon geschenkt bekommen zu haben. Unter dem Glaskörper klemmen einige Blatt Papier. Jetzt erscheint wieder Matthäus, mit dicker Brille auf der Nase. Vorsichtig zieht er eines der Blätter hervor, blickt kurz darauf, senkt es jedoch wieder und erzählt: »Ich will euch kundtun, ihr Kinder, wie da die wichtigen Männer kommen und das Grab beschützen wollen mit starken und großen Rittern, die ihre Gefährten sind.«

Sogleich kommen zwei Männer, etwas fast Unverständliches singend, am anderen Ende auf die Bühne: »… wä-ämunat^eka ba-leilot« (Ps 92,3). Der eine schubst den anderen an: »Du, es ist Sabbat. Heute nicht.« »Hab' dich nicht so. Wann denn sonst?«

»Schwierig, sehr schwierig, wenn man es genau nimmt.« – »Morgen kann er schon weg sein. Müsst ihr auch überall herumlaufen und den Leuten von Engeln, Äonen und Auferstehung erzählen!« – »Du sitzt nur im Tempel und ermangelst der Weisheit! Bist ein Narr, der es nicht erkennt; ein Tor, der es nicht begreift.« – »… Gepflanzt im Haus des Herrn / noch im Alter tragen sie Frucht, bleiben saftig und frisch … Komm, lass uns dieses *eine* Mal zusammenhalten, ein Auge zukneifen und zu Pilatus gehen.« *Ab.*

Matthäus mit der Brille auf der Nase, am anderen Ende der Bühne, liest jetzt doch vor, was auf seinem Blatt steht: »Da kamen die Hohepriester und Pharisäer sämtlich zu Pilato und sprachen: Kyrios, wir haben gedacht, dass dieser Verführer sprach, da er noch lebte: Ich will nach dreien Tagen auferstehen. Darum befiehl, dass man das Grab verwahre, bis an den dritten Tag, auf dass nicht seine Jünger kommen und stehlen ihn und sagen zum Volk: er ist auferstanden von den Toten.« *Ab.*

Der Vorhang senkt sich. Hinter dem Stoff hört man Fußgetrappel, Stimmengewirr, Befehle. Als er sich wieder hebt, liegt der Briefbeschwerer noch in der Mitte. Neben ihm stehen, ordentlich aufgereiht, zwölf Playmobilritter in voller Rüstung. Langsam sinkt ein orangefarbener Luftballon von oben herunter.

Matthäus, der Kasper, kommt herzu, zieht das nächste Blatt Papier hervor und flüstert: »So, ihr lieben Kinder, gleich geht die Sonne unter, und wird es hernach tief dunkel. »Spät aber am Sabbat, beim Anbrechen des ersten Wochentags …«

Wieso *spät*? Und warum wird es hier gleich dunkel, denkt der 60-Jährige. Steht in der Einheitsübersetzung nicht: »in der Morgendämmerung des ersten Tages?« (Mt 28,1)? Es wird tatsächlich dunkel. Traurig tappen von der anderen Seite die beiden Marias auf den Stein zu und singen: »Omnipotens pater altissime angelorum rector mitissime, was sollen wir Elenden tun? Oh, wie groß ist unser Schmerz!« Eine von beiden setzt fort: »Wo soll ich mich hinkehren, ich verloren habe meinen Herren?«

Die Bühne beginnt zu wackeln, Donner grollt, der Briefbeschwerer kippt in die Senkrechte und steht jetzt auf seiner kleinsten Fläche – schräg vorn, in der Mitte zwischen Rittern und Frauen. Ein Spot strahlt von oben auf den Kristallkörper. Kasper Matthäus huscht herbei und zieht – vorsichtig, ganz vorsichtig – ein drittes Blatt unter dem funkelnden Stein hervor: »Fürchtet euch nicht. Ich weiß, dass ihr Jesum, den Gekreuzigten, suchet. Er ist nicht hie, er ist auferstanden, wie er gesagt hat. Und gehet eilend hin und saget es seinen Jüngern …«

Der Theatersaal ist bis auf den erleuchteten Kristall dunkel. Die Akustik ändert sich, es wird »hallig« wie in einer Kathedrale. Von Ferne tönt es: »Christus, das Licht« und wenig später einen Ton höher noch einmal: »Christus, das Licht«. Der 60-Jährige sinniert: Matthäus … Er feiert tatsächlich als Einziger mit den Frauen am *Anfang* der Finsternis Osternacht – und krönt die Freude über das neue Leben durch eine nächtliche Begegnung mit dem Auferstandenen. Licht am Beginn, nicht am Ende der schwarzen Nacht – das ist Ostern!

Der Vorhang fällt, um sich kurze Zeit später ein letztes Mal zu heben. Auf der Bühne sitzen die beiden Männer von vorhin gemeinsam auf einer Bank. Trübes Licht umgibt sie. Seitlich stehen die Ritter, der Briefbeschwerer liegt neben ihnen. Als ob sie ihn hergeschoben haben. Einige tragen Fackeln in der Hand, das Glas leuchtet aber nicht mehr. »Was machen wir jetzt mit ihnen? Wie Unkraut werden die Frevler wuchern und alle Übeltäter blühen, wenn diese hier reden …« – »Wir können den Stein versenken, wo es am tiefsten ist …« – »Das hilft uns nicht weiter.« – »Wir können die Frauen zum Schweigen bringen …« – »Wer glaubt schon

Frauen …« – »Die *Männer* sollen schweigen wie ein Grab! Steht nicht geschrieben: *Ihre Götzen sind Silber und Gold … Sie haben einen Mund und sprechen nicht* (Ps 115,4 f.)? – »Das ist jetzt aber völlig verdreht.« – »Ich achte immer nur auf die Buchstaben.«

Matthäus taucht wieder auf und zieht mit einem Ruck das letzte Blatt unter dem Glaskörper hervor. Er liest: »Und sie gaben den Kriegsknechten Geld genug und sprachen: Saget: Seine Jünger kamen des Nachts und stohlen ihn, derweil wir schliefen …«

Das Brummen eines Handys fällt dem Kasper ins Wort. Schnell steht der 60-Jährige auf und verlässt noch vor dem Epilog den Saal. Er geht nicht wieder zurück. Draußen senkt sich die Dämmerung des Frühlingsabends. Leise summt er »Christ ist erstanden.«

Friedrich Weber (Braunschweig)

Ostermontag:
Über den Tod hinaus

Nun aber ist Christus auferstanden von den Toten … (1 Kor 15,20)

Wie ein Fanfarenstoß klingt dieses Wort des Paulus. Christus ist auferstanden, allein darum hat Glauben Sinn und hat christliches Leben Inhalt und Ziel. Er ist auferstanden, darum haben Resignation und Selbstaufgabe, Verzagen und Bitterkeit im Christenleben nicht das letzte Wort.

Am Ostermorgen feiern wir im Braunschweiger Dom – im Gegenüber mancher Epitaphien, die alles andere als eine Hoffnung über den Tod hinaus zeigen, im Gegenüber zum Grabmal Heinrichs des Löwen und seiner Frau Mathilde – die Auferstehungsfeier. Sie ist eine Demonstration des Lebens gegen den Tod. Wir feiern sie gegen das Waffengeklirr und gegen die Gewalt in vielen Ländern dieser Erde, gegen die Erfahrungen auch von Gewalt und Tod in unseren Beziehungen und Familien und gegen die die Versuche des Paradigmas des Ökonomischen, auch in unseren Kirchen die Herrschaft an sich zu reißen.

Wir feiern die Auferstehung Christi und ich frage nicht: Was fällt Ihnen zu Ostern ein? Ich versuche, die Antwort des Glaubens zu geben, der das Leben so vieler beseelt, der der Kirche Halt und Gewissheit schenkt. Es ist die alte Antwort der ersten Zeugen:

Christus ist auferstanden. Der Tod ist überwunden.

Gegen die Todesmächte dieser Welt, gegen die Bannerträger einer auf Waffen und Gewalt setzenden Politik, gegen die Propagandisten eines brutalen, nur auf zeitliches Wohl setzenden Materialismus, heißt die Botschaft des Ostermorgens:

Er ist auferstanden.

Für mich gibt es kein stärkeres Zeugnis österlichen Glaubens, als gerade inmitten der äußersten Todeskonzentration das Wort vom Leben aus dem Tod zu singen, zu hören, zu beten und in allem Gott zu loben, miteinzustimmen in den Osterjubel der alten Gemeinde von Korinth. Den Menschen dort schrieb Paulus:

Tod, wo ist dein Sieg? Tod, wo ist dein Stachel? Gott aber sei Dank, der uns den Sieg gegeben hat durch unseren Herrn Jesus Christus!

Vor einiger Zeit besuchte ich Korinth. Und natürlich war ich auch auf einem Friedhof. Schmerzlich berührt hat es mich, als ich dort neben dem Gedenkstein an den Toten in einem Glaskasten die Gegenstände ausgestellt sah, die dem Beigesetzten besonders wichtig waren: ein Autoschlüssel, eine Flasche Whisky, seine letzte Zigarettenpackung. Daneben am Grabstein für ein Kind eine Puppe und andere Spielsachen. Die Gegenstände wurden verehrt, gewissermaßen als letzte Möglichkeit des Kontaktes mit dem Verstorbenen über den Tod hinaus gesehen.

Menschlich liebevoll und doch ein hilfloser Versuch, ein hoffnungsloser noch dazu, Verbindung mit den Verstorbenen über den Tod hinaus zu halten, denn nur zwei Grabreihen weiter wurde ein Grab geräumt. Die Kammer war geöffnet, die Gebeine des Toten wurden in eine Metallkiste gelegt und in einen gesonderten Raum auf dem Friedhof verwahrt, in einem Beinhaus.

Pietätvoll ist der Umgang mit den sterblichen Überresten allemal – aber Hoffnung für die Toten, die über das sterbliche Gebäude aus Stein und Marmor hinausgeht, ich habe sie dort nicht gefunden; genauso selten, wie ich sie auf unseren Friedhöfen finde.

Warum können Christen auf den Grabstein nicht etwas anderes schreiben als »Scheiden tut weh« oder »Müh und Arbeit war sein Leben!« Ich frage dies, obwohl ich weiß, wie sehr der Tod eines Menschen schmerzt, wie völlig ein Leben Gehalt, Glanz und Licht durch den Tod eines geliebten Menschen verlieren kann. Ich weiß, dass die Zeit nicht alle Wunden heilt, dass viele Wunden nur vernarben und immer wieder aufbrechen können, Wunden erlittenen Todes. Ich habe gerade einen alten Mann aus meiner ersten Gemeinde vor Augen, der täglich zum Friedhof ging, um seine verstorbene Frau dort zu besuchen, ihr Grab zu pflegen: Zeichen seiner Liebe über den Tod hinaus. Sein Leben sei ohne Sinn, sagt er, keine Perspektive. Ich kann seinen Schmerz begreifen; und doch errichtet auch er ein Gebäude der Vergänglichkeit.

Paulus dagegen wird nicht müde zu bezeugen, dass nur im Blick auf Christi Auferstehung unser Glaube Grund zur Hoffnung hat, dass nur im Blick auf die Auferstehung Christi die Hoffnung für unsere Toten keine Phantasterei ist, denn »ist aber Christus nicht auferstanden, so ist euer Glaube nichtig.«(1 Kor 15,17)

Solange wir unserer Toten ohne diese Dimension gedenken, solange werden wir ihnen zwar schöne Grabstätten, landschaftlich herrliche Friedhöfe, uns selbst Denkmäler der Liebe oder des schlechten Gewissens setzen, nur von Hoffnung und Zuversicht zeugt das alles kaum.

Der Auferstehung Christi gibt mir Grund unter die Füße, für jetzt und dann. Unglaublich ist diese Hoffnung und doch so voller Sinn und Zuversicht, auch für mein Heute und mein Morgen. Darum will ich mich von Paulus mitnehmen lassen, um des Lebens willen: So klar wie wir seit Anbeginn der Menschheit eines Tages sterben werden, so klar ist es, dass wir seit der Auferstehung leben, auch über das Ende unserer Tage.

Manchmal fällt schon ein Schein dieser neuen Welt in unsere alte Welt hinein. Manchmal kann ich es sehen, dieses Leben aus der anderen Dimension, aus der Tiefe: im Leben einer Frau, die über dem Tod einer anderen neu zu Christus gefunden hat; im Leben eines Mannes, der lebensbedrohende Krankheit erfahren hat und – zwar geschlagen aber doch zuversichtlich – seinen Weg an der Seite Christi geht. Im Leben derer, die nicht mehr von Geld und Gut leben wollen, sondern die begriffen haben, dass die neue Welt Gottes, die todesüberwindende Kraft Gottes nicht nur den Menschen gilt, sondern aller Kreatur und die sich nun – weil sie an die Auferstehung glauben – für die vom Tode bedrohte Schöpfung einsetzen.

Ich bin froh, dass es diese Lichter gibt. Ich bin dankbar für die Menschen, die trotz aller Todesangst und Not ihren Glauben hoffend und die Welt verändernd leben. Für mich ist das Grund zur Freude, Grund zum Einstimmen in den Osterjubel:

Er ist auferstanden, der Herr ist wahrhaftig auferstanden.

Fernando Enns (Amsterdam)

Quasimodogeniti:
»I don't like Mondays«? –
Kommt frühstücken!

Und in dieser Nacht fingen sie nichts. Als es aber Morgen war, stand Jesus am Ufer, aber die Jünger wussten nicht, dass es Jesus war. (Joh 21,3c–4)

Es gibt Nächte, die dauern länger als andere. Es gibt Nächte, die sind dunkler als andere. Es gibt Nächte, die nicht enden wollen. Und wenn der Morgen graut, ist man wie benebelt von den eigenen Zweifeln, vom Versagen, vom Misserfolg, von Trauer über eine verpasste Chance, eine unversöhnte Beziehung, vielleicht auch über den Verlust eines geliebten Menschen.

»I don't like Mondays« – so zitiert Bob Geldof 1979 in einem Song die 16-jährige Brenda Ann Spencer, die an einem Januar-Montagmorgen den Schulleiter und den Hausmeister einer Grundschule in San Diego mit einem halbautomatischen Gewehr tötete, einen Polizisten und acht Schüler verletzte. Einfach so. »I don't like Mondays«, gab sie einem Reporter zur Antwort auf die zu große Warum-Frage. »I want to shoot the whole day down«, ergänzt Geldof in seinem Lied. – Extrem, aber es passierte gerade wieder.[1]

---

1 Am 14. Dezember 2012 erschießt Adam Lanza 20 Grundschüler und sechs Lehrerinnen in Newtown/Connecticut, nachdem er zuvor seine Mutter getötet hatte. Am Ende tötete er sich selbst.

Und Politiker halten die gleichen, verhallenden Reden. Die Waffenlobby bringt ihre Verteidigungslinien in Stellung. Die Presse berichtet zuerst stündlich, täglich, dann vielleicht noch vom Trauergottesdienst und dann ist es vorbei – bis zum nächsten Mal. Eltern verzweifeln am Verlust ihrer Kinder. – Dunkelste Nächte, wenn der Frust steigt über das ganz normale, unbedeutende, ungelebte Leben, und einem vor dem Morgen graut. Weil sich nichts ändert.

Zurück in den Alltag! Das ist auch dann schwer, wenn man gerade Phantastisches erlebt hat: ein rauschendes Fest feierte, auf das man sich so lange freute. Herrliche Ferien verbrachte. Ein wunderbares Wochenende mit Freunden und Familie, mit schönen Gottesdiensten und Konzerten zubrachte. Alles war so außergewöhnlich schön und großartig, das Leben spürbarer als sonst. Und dann wird es Montag, als wenn nichts gewesen wäre. Katerstimmung. Nichts scheint sich wirklich geändert zu haben. Die Erinnerung an das wohlige Hochgefühl lässt den Morgen danach noch viel grauer erscheinen.

Die Jünger Jesu haben Großartiges erlebt. Gott hat sich mit ihren Lebensgeschichten in Jesus verbunden. Für ihn hatten sie ihre Fischerboote einst stehen und liegen gelassen. Waren ihm gefolgt, von Galiläa, der unbedeutenden Peripherie, bis ins Zentrum nach Jerusalem. Unvergessen die Heilungen, die Menschenmassen, alles schien möglich. Und dann Jesu Tod, ganz unten. Verletzung, Verrat, Enttäuschung auf allen Seiten. Und doch: All das war nicht das Ende, denn der Ostermorgen sollte wieder alles neu auferstehen lassen.

Jedes Jahr geht es mir so: Das liturgische Durchleben der Karwoche und die Freude am Ostermorgen geben eine Ahnung davon. Welche Kreuzes-Tiefen und Auferstehungs-Höhen! – Doch dann kommt der Alltag. Was ist denn nun anders als vorher? Alles scheint weiterzugehen, als sei nichts passiert.

Sieben Jünger gehen einfach wieder fischen. Das Leben muss ja weitergehen, sie müssen etwas essen. Vom Zentrum zurück an den Rand. Vom Tag in die Nacht. Vom sicheren Ufer wieder aufs wankende Schiff. Lustlos stelle ich sie mir vor. Fischen im Trüben, ohne große Hingabe, keinen rechten Sinn erkennend in diesem Alltagskram. Das hatten wir schon. Im Morgengrauen geben sie auf. Der Nebel gibt nur schemenhaft einen Menschen am Ufer zu erkennen. »Kinder«, hören sie ihn rufen, »habt ihr nichts zu essen?« Und auf sein Wort versuchen sie es eben noch ein letztes Mal. Ist ja eigentlich auch egal.

Aber da geschieht's! Das Netzt ist voll. Alle Erinnerungen sind plötzlich wieder wach und der Morgennebel hebt sich. Hier hatten sie ihren gemeinsamen Weg begonnen, hier hatten sie doch schon einmal einen wunderbaren Fischzug erlebt, hier waren schon einmal 5000 Menschen auf wundersame Weise satt geworden. Es ist geschehen und es geschieht. Jesus ist einfach da, in der unsichersten, sorgenvollsten Stunde zwischen Nacht und neuem Tag! Jesus ist da, im Alltäglichen und nicht im Außergewöhnlichen, um die Fülle zu bringen, nicht den Mangel zu verwalten. Unaufdringlich, unaufgeregt, sorgend, einladend. Die Geschichte geht weiter, die Gott mit seinen Menschen schreibt, und alle haben darin ihren Platz, jede und jeder Einzelne.

Johannes, der mit einer ungeheuren Sehkraft ausgestattet ist, erkennt zuerst: »Es ist der Herr!« Simon Petrus, der Eifrige, der Bekenner und Verleugner, schmeißt sich ins Wasser. Thomas, der Fragende und Zweifler, der anderen und seinen eigenen Augen nicht traut, sondern selbst begreifen will, Nathanael aus Kana, der Spötter, der Zögerliche, und schließlich die Söhne des Zebedäus, Jakobus und Johannes, die sich so gern die Plätze in der ersten Reihe sichern, die aber in der größten Bedrängnis Jesu eingeschlafen waren, folgen mit dem Boot ans Ufer. Sieben an der Zahl! Sie stehen stellvertretend für die gesamte, vielfältige, nach-österliche Kirche: Gemeinschaft der Heiligen, »Heilige« wie du und ich. Das sollen *wir* hier sehen.

Nach Ostern ist und bleibt eben doch alles ganz anders! Nichts ist mehr so wie vorher, weder in den dunkelsten Nachtsituationen noch im grauen Alltag. Jesus ist da – auch bei jedem Amoklauf. Bei denen, die getötet werden, bei den Schockierten und Verzweifelten, bei denen, die Verantwortung tragen, und denen, die Verantwortung verweigern. Und bei denen, die getötet haben, wirklich. Alle redet er an mit »Kinder« und setzt sich so in eine intime, besondere Beziehung. Allen stellt er sich ans Ufer und wartet, ob sie ihn erkennen – gerade in diesen seltsam verschleierten Stunden zwischen Tag und Nacht. Allen will er ein Leben in Fülle bereiten. Allen schenkt er seine Aufmerksamkeit, mitten im Alltäglichen. Denn sein Reich verwirklicht sich in *dieser* Welt. Damit auch die dunkelste Nacht nicht endlos bleibt.

Die nachösterliche Kirche ist »Gegenwart Christi auf Erden, denn sie hat sein Wort«.[2] Wie Jesus will sie sich ereignen, an den Rändern, im Nebel jeder Verzweiflung, um den hellen Morgen zu verkünden. Nicht nur mit Worten, sondern im nachfolgenden Teilen: »Kommt frühstücken!«

---

2 Dietrich Bonhoeffer, Sanctorum Communio. Eine dogmatische Untersuchung zur Soziologie der Kirche. DBW Bd. 1, München 1986, 141.

Nils Petersen (Hamburg)

Miserikordias Domini:
Bis morgen

Und der HERR sprach: Dich jammert die Staude, um die du
dich nicht gemüht hast, hast sie auch nicht aufgezogen, die
in einer Nacht ward und in einer Nacht verdarb, und mich
sollte nicht jammern Ninive, eine so große Stadt, in der mehr
als 120000 Menschen sind, die nicht wissen, was rechts oder
links ist, dazu auch viele Tiere? (Jona 4,10f.)

Jona, kurz vor dem Einschlafen: Mich jammert die Staude! Ja. Sie war gut
zu mir. Sie spendete Schatten in der Sonne, als ich zu verbrennen drohte.
Vielleicht jammern mich auch die Menschen aus Ninive, aber nicht heute.
Heute beklage ich meine Staude und auch mich. Du bist GOTT, da ist es
einfach, gnädig und großzügig zu sein. Ich wollte ja gar nicht nach Ninive,
in diese riesige Stadt, voll mit Menschen, die nicht links und rechts unterscheiden können. Du hast mich gezwungen, dahin zugehen. Hattest du
Mitleid mit mir? Ok, du hast mich gerettet, als die Seeleute mich ins Wasser geworfen hatten. Aber eigentlich habe ich doch die Seeleute gerettet,
indem ich zu erkennen gab, dass du gerade das Unwetter über alle fahren
lässt. Drei Tage und Nächte im Bauch eines Walfisches zu stecken, ist eine
Erfahrung, auf die ich echt gern verzichtet hätte. Es ist ja nicht so, dass
Wale so einen Spezialmagen für widerwillige Propheten hätten. Mit all
dem Zeug, was der Fisch bereits gefressen hatte und was er noch fressen
sollte, steckte ich in den Gedärmen eines riesigen Tieres. Die Erinnerun-

gen stimmen mich nicht froh. Froh stimmte mich meine Staude. Vom Wal an den Strand gespuckt, war ich ganz froh, überlebt zu haben, das gebe ich zu. So richtig guter Laune war ich aber nicht. Ich stank, als ob ich vierzig Tage in einem Wal verbracht hätte. Ich fühlte mich auch irgendwie schon halb verdaut. Verzeih mir, wenn ich etwas herumbrülle in der Gegenwart deiner göttlichen Selbstgerechtigkeit, ABER DAS WAR ECHT TOTAL BE-SCHISSEN DA DRIN! In diesem Zustand musste ich dann noch zu Fuß in diese Stadt, nicht gewaschen, meiner Freiheit als Mensch beraubt, von dir übrigens, und soll den ganzen Sündern erzählen, dass du ihre Stadt platt machen wirst. Ob ich da Angst vor hatte? Na klar! Aber nach gefühlten vierzig Tagen im Wal, da schreckt einen nichts mehr. Stinkend, zerlumpt und so dermaßen schlecht gelaunt, stellte ich mich dann auf den Markt-platz und brüllte sie alle an. Ich brüllte, was das Zeug hielt, denn letztlich waren sie es ja, die Sozial-Legastheniker, die nichts von links und rechts wissen, die mich in diese Lage gebracht hatten. Und so wie ich brüllte, so wie ich stank, so wie ich aussah; da glaubten die mir. »Boah«, dachten die wohl, »so wollen wir nicht enden!« »Lasst uns Buße tun, lasst und Buße tun!« »Rennt herum, tragt Säcke, streut Asche auf den Kopf, beklagt euer Verhalten!« Tolle Wurst. Dann lässt du mich den ganzen Kram machen, und obwohl ich es sogar geschafft habe, dich gnädig zu stimmen, nimmst du mir die Staude. Und ich darf immer noch nicht klagen. Wann darf ich denn mal klagen und worüber? Hättest du der Stadt nicht auch gnädig gegenüber sein können, ohne mir diesen ganzen Mist aufzuhalsen. Jetzt spielst du den Großherzigen, den Gott, den Menschen und Tiere jam-mern. Warum erst jetzt? Warum nicht vorher? Warum musstest du mich demütigen, um gnädig sein zu können?

Das ist kein Selbstmitleid vor dem Einschlafen und keine Selbst-gerechtigkeit vor dem Aufwachen, es ist das, was ich am Ende dieses Ta-ges denke. Es ist das, was ich am Ende dieses Tages fühle. Es ist die Zu-mutung absoluter Verlassenheit in deiner Gegenwart. Ich habe dich doch nie in Frage gestellt! Ich habe nie an dir gezweifelt! Am Sinn dieses Auf-trags schon! Wem galt er denn eigentlich nun, mir oder Ninive? Du bist der HERR des Lebens. Alle Menschen dieser riesigen Stadt wolltest du vernichten und auch die Tiere. Alles Lebendige hast du zur Disposition gestellt und dann an mich gehängt. Ich war doch weder schuld an deren Unfähigkeit, links und rechts zu unterscheiden, noch an ihrer Unmündigkeit, das Rechte zu tun oder zu sagen! Aber ihr Leben, so sehe ich es plötzlich vor dem Einschlafen, hing daran, ob ich mich deinem Willen beuge. Das Leben tausender Menschen und Tieren musste ich verantworten. Das ist echt nicht gerecht. Und das einzige Lebewesen, das mir in dieser widerwärtigen Geschichte etwas bedeutet hat, tötest du: meine Staude. Du bist auch der HERR über das Leben meiner Staude. Du hast es genommen, um mich zu strafen. Worin bestand meine Schuld, dass ich dieses alles durchwandern und ertragen musste?

Ich habe viele Fragen vor dem Einschlafen und ich bin mit dir noch lange nicht durch, das kannst du mir glauben. Warum jemand auf den Gedanken gekommen ist, meine Geschichte würde sich besonders gut für Kindergottesdienste eignen, demütigt mich für alle Zeit. Ständig werde ich mit irgendwelchen komplett weichgespülten pädagogischen Konzepten in Bildern, Lieder und Gedichten dargestellt, als könne irgendjemand nachempfinden, was ich durchgemacht habe. DAS KANN ABER KEINER! Ja, ja, ich brülle schon wieder! Man soll nicht vor dem Einschlafen brüllen – aber wenn mir danach zumute ist?! Mich jammert die Staude, mich jammert die Zeit, mich jammert, was ich durchgemacht habe. Jammere ich eigentlich auch dich? Oder werden Propheten nicht bejammert? Propheten dürfen anklagen und klagen, aber nicht beklagt werden. Was macht es schon, dass ich es heute Nacht trotzdem tue? Ich beklage meine Staude, ich hatte sie gern. Ich beklage meine Zeit auf dem Weg nach Ninive, es hätte eine gute Zeit sein können. Lass mich mal klagen, denn im Klagen bin ich dir nahe! Dir nahe zu sein ist gut, Gott! Trotzdem bin ich dir böse, wegen der Staude, wegen des Walfisches, … Darum sage ich dir heute nicht »gute Nacht«. – Aber schlaf gut, bis morgen.

Jan Hermelink (Göttingen)

Jubilate:
In den Nächten – das Neue

Ein Psalmlied für den Sabbattag. / Das ist ein köstlich Ding,
dem Herren danken und lobsingen deinem Namen, du Höchster, / des Morgens deine Gnade und des Nachts deine Wahrheit verkündigen / auf dem Psalter mit zehn Saiten, / zur Begleitung auf der Harfe. (Ps 92,1–4)

»Ein Harfenlied, Gesang für den Tag der Wochenfeier. / Gut ist es, JHWH
zu danken, deinem Namen, Höchster, zu spielen, / deine Güte zu verbrei-
ten am Morgen, / und deine Treue in den Nächten / zum Zehnsait und
zur Laute, / zur Musik auf der Leier.« (in Anlehnung an *Martin Buber*,
Das Buch der Preisungen, 1958)

»Am Morgen – und in den Nächten«, so übersetzt Martin Buber
nach dem hebräischen Wortlaut. Warum nicht nur eine, warum mehrere Nächte? Ist an ihre verschiedenen Zeiten, an die Nachtwachen gedacht, wie der Psalmenkommentator Erich Zenger vermutet (HThKAT,
2009, S. 628), oder sind es Nächte aus mehreren Äonen, die hier in den
Blick kommen? Beide Deutungen lassen sich unschwer verbinden: In den
unterschiedlichen Stadien der Nacht werden fundamentale Erfahrungen
wach, die das nächtliche Gotteslob je neu akzentuieren.

Für jüdische Leserinnen und Beter führt der Psalm in die Liturgie des
Sabbatabends (vgl. Zenger, S. 642). Bevor die Sonne ganz untergegangen
ist, werden die sechs vergangenen Wochentage mit den Psalmen 95 bis

99 und 29 resümiert; dann folgt das Liebeslied *Leka Dodi*: »Lasst uns die Braut, lasst uns den Shabbat empfangen«; und mit Ps 92 f., »für den Sabbattag«, wird der festliche Übergang vom Alltag in den Sabbat vollzogen.

An diesem Abend des Sabbat, *am Beginn der Nacht*, wird gesungen und musiziert, auf einer Vielzahl von Instrumenten, mit vielerlei Stimmen. Auch Rolf Schweizers Vertonung des Psalms scheint mir hierhin zu passen, an den Abend, nach getaner Arbeit: »Das ist ein köstlich Ding« – man denkt an Wein und wohlschmeckende Gerichte. Wer Schweizers Lied im Evangelischen Gesangbuch (Nr. 285) aufschlägt, kann verfolgen, wie die Musik »des Nachts« – zum wiederholten Mal – aus dem Dur abrutscht in die Parallelwelt des Moll, hier der Dominante: schräg, düster, eine ganze Zeile lang.

Die *Gnade* des Höchsten wird besungen, der/die uns durch die Werktage begleitet hat, und die Wahrheit, die *Verlässlichkeit*, die auch in den Nächten gilt (V. 3). *Chässäd* und *amunah* – das sind Leitmotive, die die Komposition der Psalmen 93 bis 100 durchziehen, eine weit aufgespannte »Kantate« (Zenger, S. 640) von JHWHs Weltenherrschaft: Er wird die ganze Erde mit Gerechtigkeit und *Wahrheit* richten (Ps 96,13), für Israel an seine *Gnade* und *Treue* denken (Ps 98,3); und der große Einzugschor in den Tempel endet mit dem Hymnus (Ps 100,5): »JHWH ist gut (*tob* – so auch Ps 92,2), in Ewigkeit seine *Gnade*, von Geschlecht zu Geschlecht ihre *Wahrheit*.« Das sind Motive, Stimmen, Assoziationsräume genug, um einen ganzen Abend zu musizieren.

Eine andere Nacht wird auf diese Weise vielfach erinnert: die Nacht, an deren Ende es zuerst hieß: *tob*. Die Ur-Nacht, *die Nacht vor der Schöpfung* endet, als Gott das Licht schafft – »und Gott sah das Licht: gut!« (Gen 1,4) – und als sie das Licht »Tag« nennt und die (verbleibende) Finsternis »Nacht« (V. 5). Die Nacht als Wiederkehr der Gestaltlosigkeit – das ist *die tiefste Nacht*, nach Mitternacht, noch undenkbar entfernt vom Morgenlicht.

In den beiden Psalmen, die Ps 92 vorangehen (und mit ihm nach Zenger, S. 638f, einen inhaltlichen Zusammenhang bilden: Klage – Zusage – Dank), wird der Tag vor Gott zum Millennium, zum Weltentag, und die

Nacht zur Äonenwende: ewig lang und doch rasch vergehend (Ps 90,4). Tag und Nacht, in ihren unterschiedlichen Zeiten, sind bedrohlich, von innen wie von außen (Ps 91,5 f.). Nun aber, in Psalm 92, stehen der Morgen wie die Nächte als Zeiten von Gebet und Gesang unter dem Vorzeichen des göttlichen Urteils: *tob*.

Auch die wiederholte, gestaltlose Leere in der Mitte der Nacht – sie gehört zur guten Schöpfung; sie ist die Zeit, Gottes Verlässlichkeit zu besingen. Tastende Tonfolgen, schwebende Akkorde, ein probeweises Zusammenfinden der Instrumente auf der Suche nach ersten Formen – so stelle ich mir die Musik in der tiefen Nacht vor.

Die liturgische Weisheit der Herausgeber/innen hat Psalm 92 dem *Sonntag Jubilate* zugeordnet. Drei Wochen nach Ostern wird an diesem Sonntag – mit der Lesung aus Gen 1 – ebenfalls an die Schöpfungsnacht erinnert und an den Morgen, der diese Nacht beendet. Für die Christen ist dies der *Ostermorgen*: das erste Licht zum Ende der Nacht, wie es Paulus alsbald hymnisch begrüßt: »Ist jemand in Christus, so ist er eine neue Schöpfung. Das Alte ist vergangen, siehe, Neues ist geworden« (2 Kor 5,17 – Wochenspruch).

Ein nächtliches Konzert zu Jubilate könnte beginnen mit der anderen Vertonung von Psalm 92 (EG 284): ungarisch-schwermütig, Schöpfungsgüte (V. 3) und Schöpfungslob verbindend. Und in ein solches Osterkonzert gehört gewiss das Lied EG 106: »Erschienen ist der herrlich Tag«, mit einer weiträumigen, schwungvollen Melodie, die gleichwohl im – mollnahen – dorischen Modus verbleibt, damit anschlussfähig für viele Jazzkompositionen, und mit einem Text, der ebenfalls die Re-Kreation des gesamten Lebens besingt (V. 3 f.).

Vielleicht lässt sich am Sonntag Jubilate, angeregt von Psalm 92, auch eine zweite *Osternacht* feiern? In ihrer Liturgie verbinden sich die Motive des Sabbatabends, an dem Jesus bestattet wird, mit dem Schöpfungsgedächtnis, das mit den Lesungen aus Gen 1 und 2, auch aus Ez 37 und aus Röm 6,3 ff. vollzogen wird, dazu mit der Taufe, die die österliche Äonenwende jeder und jedem Einzelnen zueignet – und schließlich mit dem Evangelium von der Auferstehung, noch vor Sonnenaufgang, zum Ende der Nacht.

Also: Lässt man sich von den ersten Versen des Psalm 92 in die Nacht leiten, dann wird das Vergangene, das an jedem Tag der Woche Erlebte, das Erarbeitete wie das Erlittene in Tönen aufgehoben – und ebenso die Hoffnung, auch in der Leere, am Abgrund, in der Finsternis möge die göttliche Verlässlichkeit zu spüren sein, und sei es nur als vorsichtige, tastende »Begleitung auf der Harfe«. In dieser abendlichen, nächtlichen Musik wird sich ein Morgen ankündigen, der die Zeiten der Nacht nicht vergisst.

Ulrike Suhr (Hamburg)

Kantate:
Midnight in Philippi

Um Mitternacht aber beteten Paulus und Silas und lobten Gott.
Und die Gefangenen hörten sie. (Apg 16,25)

»Paris am Morgen ist bezaubernd. Paris um Mitternacht ist magisch«
(Woody Allen, Midnight in Paris)

Der mitternächtliche Kantatentext und die Geschichte, von der er erzählt,
sind – auf den ersten Blick zumindest – weder bezaubernd noch magisch.

Was ist passiert? Paulus und Silas befinden sich in der römischen
Kolonie Philippi. Nach einem Zwischenfall werden sie als Unruhestifter
bezichtigt. Sie führen fremde Sitten ein, sie heilen eine Frau und werden
dafür angegriffen, sie schaden dem Geschäft. Deshalb reagiert die staat-
liche Macht machtvoll:

Paulus und Silas werden ihrer Kleidung beraubt, sie werden geschlagen, sie kommen ins Gefängnis. Und da das noch nicht ausreicht, ergeht
der Befehl an den Wärter, sie besonders gut zu bewachen. Der Ort, der
ihnen zugewiesen wird, ist die hinterste Zelle. Die Füße gesichert im
Holzblock.

Bisher hören wir kein Wort von Paulus oder Silas. Es sind die anderen,
die über sie verfügen, über sie sprechen, an ihnen handeln: die Volks-
menge, die obersten Beamten, der Gefängniswärter. Paulus und Silas erleiden das, was Gefangene erleiden: Entrechtung, Entwürdigung, phy-

sische Gewalt. Der Text erzählt auch nicht, wie es ihnen ergeht. Keine Andeutung eines Gefühls, nur die harten, nüchternen Fakten. Zwei Männer, die gerade noch einen Geist beschworen haben: »Gib diese Frau frei«, die die Botschaft der Freiheit verkünden, sind jetzt selbst Gefangene. Weggeschlossen. Im hintersten Loch. – Midnight in Philippi: weder bezaubernd noch magisch, sondern furchtbar und hoffnungslos. Eigentlich. – Aber dann passiert etwas. Um Mitternacht:

»'s ist Mitternacht! Der eine schläft, der andre wacht.« (Friedrich Hebbel, 's ist Mitternacht) – Hier wachen beide. »Um Mitternacht beten Paulus und Silas und sangen Gott Loblieder. Die anderen Gefangenen hörten ihnen zu.« (Apg 16,25)

Mitternacht, die Zeit der Ruhe und der Wendepunkt. Die Zeit der Erwartung, auch die Zeit der Offenbarung. Die Zeit ruht »in gleichen Schalen« (Eduard Mörike, Um Mitternacht). Ein neuer Tag beginnt.

Hier jedenfalls beginnt etwas Neues. Die beiden Männer, bisher Objekte des Handelns anderer, handeln nun selbst. Äußerlich hat sich nichts verändert, die Füße stecken weiter im Holzblock, die Zelle ist weiter ganz innen, ganz hinten.

Und doch ändert sich auf einmal alles. Paulus und Silas beten und singen. Sie fluchen nicht, sie beklagen auch nicht ihre Situation, vielmehr preisen sie Gott, sie singen ihm Lieder. Die äußerlich Gefangenen sind innerlich frei – und sie sind dankbar. Das zumindest klingt an in diesem nüchternen Vers.

Und noch etwas geschieht. »Die anderen Gefangenen hörten ihnen zu.« Das Singen und Beten bleibt nicht verborgen, auch wenn es in der hintersten Zelle geschieht. Andere Menschen, auch weggesperrt, vielleicht auch entwürdigt und misshandelt, hören diese Worte, diese Töne. Wir schauen nicht in ihr Herz. Wir hören aber, dass sie hören. Und das ist viel. Jetzt, nach der spröden Erzählung, wird es dramatisch. Um Mitternacht. In Philippi.

»Das Große bleibt groß nicht und klein nicht das Kleine. Die Nacht hat zwölf Stunden, dann kommt schon der Tag.«
(Bertolt Brecht, das Lied von der Moldau)

Das Große bleibt groß nicht und klein nicht das Kleine. Genau davon, von dieser umstürzenden Erfahrung, erzählt der Text: Ein Erdbeben passiert, die Fundamente des Gefängnisses sind erschüttert, die Türen stehen offen. Und dann beginnt noch eine Geschichte von Gefangenschaft und Freiheit und diesmal geht es um den Wärter. Für ihn verändert in dieser Nacht sich sein ganzes Leben.

Was ist das für eine mitternächtliche Geschichte? Dieser eine Vers, diese beiden Sätze führen uns in das »innerste Gefängnis«, in eine Situation, in der Menschen von außen kontrolliert werden. Die Füße im Holzblock, aufs Äußerste bewacht. Und zugleich erzählt dieser mitternächtliche Vers von großer Freiheit. Diese beiden Männer singen, allen äußeren Bedingungen zum Trotz.

Es gibt diese Menschen, die sich in großer Bedrängnis eine innere Freiheit bewahrt haben. Wir kennen ihre Namen und lassen uns von ihren Geschichten berühren, von der Stärke eines Dietrich Bonhoeffer, von dem Charisma eines Nelson Mandela. Aber mindestens ebenso interessant ist es doch, auf uns selbst zu schauen. Auf unsere eigenen inneren Gefängnisse. Auf unsere Füße im Holzblock. Auf die Situationen, in denen uns etwas oder jemand bedrängt, Schmerzen zufügt, in denen wir uns fühlen, als sei uns jeder Spielraum genommen. Und dann?

Was lässt uns dann leben? Welche Lieder singen wir, vielleicht ganz vorsichtig, allen Bedrängnissen zum Trotz? Wie beten wir zu Gott, worum bitten wir, worauf vertrauen wir?

Die knappen Verse unseres Textes lassen an dieser Stelle etwas offen. Wir können diese Leerstelle füllen, mit eigenen Hoffnungen, eigenen Liedern und Gebeten. Vielleicht bitten wir darum, dass Schmerzen heilen und dass wir leben können. Darum, dass wir schwierige Lebensphasen nicht allein durchstehen müssen. Darum, dass da, wo die Nacht am tiefsten ist, schon etwas Neues beginnt, in dieser magischen Stunde, in Philippi, in Paris und anderswo. Vielleicht spüren wir sogar inmitten dieser Krise, dass Gott bei uns ist, immer. Vielleicht singen wir fromme Lieder – vielleicht aber auch mit »Creedance Clearwater Revival«: »Let the midnight special shine a light on me.«

Ulrich Dehn (Hamburg)

Rogate:
Nachtgebete

Es ereignete sich aber in jenen Tagen, dass Jesus ins Gebirge
ging, um zu beten, und er blieb die Nacht über im Gebet zu
Gott. (Lk 6,12)

In Yasar Kemals Romanen (angesiedelt im Landstrich Cukurova in der
südlichen Türkei) und in anderen Kulturen ist das Gebirge ein Ort des
Rückzugs aus der normalen Gesellschaft, eine Metapher für den Untergrund, für das Enthobensein aus den Zwängen und Tabus der Gesellschaft, für die Gefahren des freien Lebens. Die Berge sind auch, weil sie
hoch sind, näher bei Gott, und ein richtiger japanischer Tempel sollte in
ein Bergtal hinein gebaut sein, um die größere spirituelle Dichte zu nutzen, die die Berge bieten.

Jesus zieht sich zurück ins Gebirge. Zum Ganz-für-die-Menschen-da-
sein gehört, dass er auch diesen Ort hat, diesen Aus-Ort und eine Aus-
Zeit, in der Berg-Tradition von Mose, Elia und der Berge Zion, Ebal, Ga-
rizim, Gilboa, Hermon, Karmel, Tabor, Sinai und anderer. Der Rückzug in
die Aus-Zeit folgt auf einen Konflikt um die Sabbatregeln, er stellt einen
Kontrast dar zu einem streitbaren Jesus, der auch unter dem Risiko der
Brechung gesellschaftlicher Tabus das richtige und gute Leben und seine
Notwendigkeiten und Wichtigkeiten höher rangieren lässt.

Auch wenn vielleicht Lk 6,12 nicht direkt als Anschlussvers zur vor-
herigen Perikope betrachtet werden kann, zeigt es doch einen mensch-

lichen Jesus, der nach einem wichtigen Auftritt die Balance im Zurückziehen und Beten sucht. Es ist das Beten, aus dem Jesus Kraft schöpft, das auch ihm, der selbst gekommen ist, um neues Leben zu bringen, dieses allererst bringt. Die Evangelien gehen sparsam um mit Hinweisen auf Jesu Gebet. Wenige wichtige Stellen sind das Vaterunser und das Gebet in Gethsemane, das Gebet in tiefster letzter Dunkelheit, am Rande des Lebens. Wir erfahren nicht viel über den Inhalt und Wortlaut mancher Gebete Jesu, in Lk 6 gar nichts.

Im Gebet, dieser »einzige(n) Sprache ohne Sprachverbote« (J. B. Metz, Memoria passionis), ist der Mensch in einem Raum, in dem er zu Gott und zu sich kommt, den er kraftlos betreten darf und kraftvoll wieder verlässt, trostlos betreten darf und voll des Trostes wieder verlässt. Der Raum des Gebets kennt »die unglaubliche Bandbreite der Verästelungen menschlicher Existenz«, seine Sprache ist die »seltsamste und doch verbreitetste Sprache der Menschenkinder, eine Sprache, die keinen Namen hätte, wenn es das Wort *Gebet* nicht gäbe« (Metz ebd.).

Es ist zugleich ein Topos, der mit vielen Beargwöhnungen und Fremdzuweisungen verbunden ist. Beten ist Ausdruck eines nicht mehr angesagten Frömmigkeitsstils, wird nur noch in christlich-traditionellen Familien gepflegt. Die wenigsten, selbst wenn sie es zu Hause gewöhnt sind, trauen sich im öffentlichen Raum, z. B. im Restaurant, ein Tischgebet zu sprechen. Ist das Gebet Gespräch, ist es Selbstvergewisserung, ist es der Versuch des Menschen, Kommunikation zu betreiben in Anbetracht eines Defizits an Partnern – also geradezu pathologisch? Ist es mein Freiraum zur widerständigen Artikulation gegen die Verhältnisse, gegen lebenzerstörende Umstände, der Ort, an dem mich niemand in die Schranken weisen und die Grenzen der Kommunikation erörtern kann? Ist das Gebet ein Ort für Information, ein Stil, den anderen etwas zu sagen, was mal gesagt werden muss?

Die Definition des Gebets als Ansprache an Gott und zugleich die Problematisierung seines Gesprächscharakters sind ein Phänomen westlicher Gesellschaften. Asiatische Länder kennen die Horizonterweiterung der Kommunikation. Es sind die Verstorbenen der Familie, die in kleinen Schreinen in der Wohnung präsent sind, die zwar die Schwelle des Todes, nicht aber die der Sozialität überschritten haben. Die Lieben im Leben bleibt auch im Tode nahe, sind Resonanzböden, Reflexionsflächen, das Denken an sie und Verharren vor ihnen ist Ort und Zeit des besonnenen Zur-Ruhe-Kommens. Ob das Reden zu und mit ihnen Gebet ist, mag der leise oder laut Redende entscheiden.

Der japanische Kaiser betete im Angesicht der Katastrophe von Fukushima für die Opfer. Es bleibt offen, ob er dies ausdrücklich gewendet zu den von ihm rituell bedienten Shinto-Gottheiten meinte oder in einem allgemeinen Sinn: *Ich denke an euch, ich bin bei euch, ich fühle mit euch.* In diesem Duktus dichtet Rabindranath Tagore, der als Reformhindu unter dem Einflüssen westlicher Religionsformen stand: »... jeder Herzschlag ihres Schmerzes hat pulsiert in der geheimen Tiefe deiner Nacht, und jede Beleidigung wurde gesammelt in dein großes Schweigen. Und das Morgen gehört ihnen. O Sonne, gehe auf über den blutenden Herzen, aufblühend in Morgenblumen, und das Fest der Fackellichter des Stolzes wird zu Asche geworden sein«.

Das Gebet ist versprachlichte Zuwendung, das Sprechen in einen Raum hinein, in dem es gehört und gefühlt werden kann, in dem es Leben weitergeben und für mich Leben zurückbringen kann. Ich kenne meinen Anlass und die Situation und die Menschen, um derentwillen ich bete und dichte und nach Worten ringe. Das Gebet kann zugleich Selbstfindung und das Erschließen neuer Dimensionen meiner selbst in der Spiegelung am Hörenden sein, es kann Ekstase, das Herausgehen, das verzweifelt-aus-mir-Heraustreten und den-Hörenden-und-Helfenden-Suchen sein. Und es kann den Hörenden und Angeredeten vergeblich außerhalb seiner selbst suchen und in sich selbst finden, wieder mit den Worten Tagores: »Du warst im Zentrum meines Herzens, darum, als mein Herz umherschweifte, fand es dich nie, du verbargst dich vor meinen Vorlieben und Hoffnungen bis zuletzt, denn du warst immer in ihnen ... Du sangst zu mir in den Ekstasen meines Lebens, und ich vergaß dir zu singen.«

Es ist Nacht, die Zeit der Einkehr, der ungestörten Vorbereitung von Entscheidungen, der Rückkehr zum wirklichen Leben. Jesus bereitet die Wahl seiner Jünger vor, die Aufstellung für die Aufgaben, die vor ihnen liegen. Am Sonntag Rogate kann im Zentrum stehen, dass das Gebet zu einem richtigen Leben vor dem Tod gehört: Die Suche nach Gott, nach mir, nach dir hat im Beten ihre konzentrierte Dichte und führt am frühen Morgen ins Leben.

Peter Cornehl (Hamburg)

Christi Himmelfahrt:
Siehe gen Himmel und
zähle die Sterne

Und der HERR ließ Abraham hinausgehen und sprach: Siehe
gen Himmel und zähle die Sterne. Kannst du sie zählen? Und
er sprach zu ihm: So zahlreich sollen deine Nachkommen sein!
(Gen 15,5)

Nachtgedanken zu Christi Himmelfahrt über Genesis 15,5? Für einen
protestantischen Normalbürger wie mich keine leichte Aufgabe, für einen
»Freejazzer« vermutlich eine lustvolle Herausforderung, Gelegenheit, He-
terogenes zu kombinieren und mit dem Text zu spielen. Ich stelle mir vor,
wie er mit seinen Kumpanen von »TISCH 5« bei einem nächtlichen Konzert über unseren Vers improvisiert. Zum Einstieg ein paar Blockakkorde
vom Piano (»Und der HERR sprach …«). Dann fällt der Bass ein, zupft
ein paar verstreute Sterne, am meist trüben Hamburger Himmel kaum erkennbar. Das Saxophon schleicht sich dazu. Lange Bögen, Anklänge an ein
vertrautes Abendlied aus Kindertagen (»Weißt du, wie viel Sternlein stehen«). Das Schlagzeug zählt einen komplexen Rhythmus. Einer intoniert
die Verheißung, die anderen fallen ein: »So zahlreich sollen deine Nachkommen sein!« Unwahrscheinlich, verrückt, was Gott da dem hochbe-
tagten Paar verspricht – und doch haben Abraham und Sara, trotz allem,
was dagegen spricht, ihre Heimat verlassen und sind dem Ruf gefolgt.

Himmel, Sterne, Kinder, Segen, nicht zu zählen ... – Ein Teppich aus Assoziationen entsteht. Das Stück nimmt Fahrt auf. Worte, Stimmen und Klänge umkreisen sich, prallen auf einander, stoßen sich ab. Nach dem anfänglichen Durcheinander bilden sich Muster. Die wieder zerfallen und sich neu fügen. Wer einmal die Gruppe im Konzert erlebt hat, weiß: Was da entsteht, ist spannend, mal anstrengend, laut, wild, dann wieder verhalten, tastend. Neue Räume öffnen sich und führen die, die sich darauf einlassen, in ferne Welten. HimmelFahrt?!

So weit meine Vision »Freejazz«. Doch irgendwann merke ich, dass ich nicht mehr mitkomme und aussteige. Zu viel energetische Power für einen alten Mann. Und es bleibt die Verlegenheit gegenüber der Aufgabe. Eine Andacht zu Himmelfahrt über Genesis 15,5? Was könnte das Thema sein? Erstmal Ratlosigkeit. Pause.

Ein neuer Versuch. Himmelfahrt als Passageritus?! Das führt weiter. Denn Himmelfahrt, das bedeutet Abschied, Trennung und Trauer, das Eintreten in eine Zone des Zweifels – und danach Neubeginn, Übergang, Transformation. In der mythologischen Sprache, wie sie zu biblischen Zeiten weltbildhaft bereit stand, um das Unerhörte, was sich da ereignet, zu erfassen, hat Lukas daraus eine anschauliche Erzählung gemacht und die Vorstellung eines vierzigtätigen Übergangszustands zwischen Ostern und Pfingsten, Auferstehung, Geistausgießung und Sendung der Zeugen Jesu in die Welt geschaffen. Die Himmelfahrtgeschichte markiert das Ende des Evangeliums (Lk 21,15) und den Anfang der Apostelgeschichte (Apg 1,9ff.). Später findet das »aufgefahren in den Himmel« als heilsgeschichtliche Station Eingang in das kirchliche Credo und wird seitdem jeden Sonntag von der Gemeinde im Glaubensbekenntnis gesprochen.

Versucht man, das Ganze ungegenständlich zu denken, so geht es dabei um die neue Gegenwart Jesu Christi zwischen Auferstehung und Wiederkunft, um eine Form von Anwesenheit des Abwesenden, um die paradoxe Einheit von Präsenz und Entzug. Himmelfahrt, das ist die Zumutung an die Christen, zu glauben, wo nichts mehr zu sehen ist. Der erhöhte Herr wird den Blicken der Seinen entzogen und ihnen trotzdem nah. Bei

Matthäus sagt der Auferstandene: »Siehe, ich bin bei euch alle Tage bis ans Ende der Welt.« (Mt 28,20)

Diese Paradoxie von Anwesenheit und Abwesenheit preist die eucharistische Liturgie als das »Geheimnis des Glaubens«. Dieses Geheimnis gilt es zu begreifen als etwas, was unser Begreifen übersteigt. Eine heilvolle Provokation für den aufgeklärten Verstand. Ähnlich wie der Glaube Abrahams und Saras ist auch der Glaube der Christen letztlich ein Akt puren Vertrauens, ein frecher Sprung ins Ungesicherte, nicht ohne Anhalt an Erfahrung, aber oft und immer wieder auch gegen den Augenschein.

So gesehen ist Genesis 15,5 durchaus ein passender Text für Himmelfahrt. Es gibt Anlass, an diesem Tag einen Kerngedanken zu meditieren, der ins Zentrum des Glaubens führt.

Was ist mit der Nacht? Finden wir im Ausgang von 1 Mose 15,5 eine »gute Gestalt« für den Himmelfahrtsgottesdienst? Wie wäre es, den Himmelfahrtsgottesdienst einmal vom Vormittag auf den späteren Abend zu verlegen und dann im Ausgang von 1 Mose 15 zu gestalten? Als Textbasis würde sich anbieten, die beiden Szenen 1 Mose 15 und Apostelgeschichte 1 je für sich zu nehmen und dann zueinander in Beziehung zu setzen. Die Verbindung zwischen beiden könnte der 139. Psalm bilden. Dieser wunderbare rätselhafte Text lässt sich ja lesen als eine Art »Himmelfahrt« des Beters, der sich in die unendliche Weite des Kosmos hinein begibt, um sich so der Allgegenwart Gottes zu vergewissern. »Führe ich gen Himmel, so bist du da, bettete ich mich bei den Toten, siehe, so bist du auch da …«

Wie das konkret liturgisch zu gestalten wäre, in welchen Schritten, mit welchen Liedern und zusätzlichen Texten, ob von Instrumenten, Flöte, Gitarre, begleitet, das wird von den jeweiligen Gegebenheiten abhängen, von Zeit und Raum. Himmelfahrt fällt in die hellste Zeit des Jahres. Und doch könnte ein Abendgottesdienst atmosphärisch eine Brücke schlagen, die Genesis 15 und Apostelgeschichte 1 verknüpft. Manchmal kommt einem auch der Kirchenraum entgegen. In der eben wunderbar renovierten Hauptkirche St. Katharinen, wo wir die Universitätsgottesdienste feiern, abends, entdeckt der Blick in das Gewölbe des spätgotischen Gotteshauses oben ein ganzes Meer von Sternen, die zum Staunen anleiten und die Bitte der Gemeinde unterstützen: »Herr, bleibe bei uns, denn es will Abend werden und der Tag hat sich geneigt.«

Joan Kristin Bleicher (Hamburg)

Exaudi:
Das Dunkel

Wer aber bei Nacht umhergeht, der stößt sich, denn es ist kein
Licht in ihm. (Joh 11,10)

Das Dunkle ist ein Lebensraum menschlicher Urängste. Aber die Abwesenheit vom Licht im Lichtspielhaus? Es ist der Alptraum der Kino-
besucher, der Filmhelden, aber auch der Kameramänner und Kinovor-
führer. Ein schwarzes Bild auf der weißen Leinwand? Keine Formen,
keine Farben, kein Licht. Es bleiben die Geräusche, Sprache und Musik, also Information, Kommunikation und Emotion. Nichts ist zu sehen, des Lichtes und der Farbe beraubt, bleibt das Bildmedium stumm.
Das stumme Bild vermittelt auch Chancen. Nun kann der innere Erzähler sprechen. Das Schwarz wird zur Projektionsfläche des Plots, aber auch
der inneren Erzählungen des Zuschauers. Erst wenn seine Phantasie aus-
bleibt, ist das Medium wirklich endgültig bildlos und stumm.

Das Grau ist der Mittelweg zwischen Schwarz und Weiß. Schatten machen das Licht erst sicht- und differenzierbar und lassen die Grenzen zum
Dunkel verschwimmen. Helligkeit und Dunkelheit bedingen sich wech-
selseitig ebenso wie Sichtbarkeit und Nichtsichtbarkeit. Dunkelheit ver-
fremdet das Vertraute des Films, das immer Sichtbare. Damit spielte der
Hamburger Filmemacher Helmuth Costard in »Warum hast du mich
wachgeküsst?« bereits in den 1960er Jahren. Eine nackte Frau mit einer
kleinen Kamera dreht sich selbst in einem Spiegel. Bei einem Schwenk

durch das Zimmer ist ein im Sessel schlafender Mann zu sehen. Sie legt die Kamera in eine Schublade und erzählt aus dem Off zu dem schwarzen Bild. Andere Filme nutzen das schwarze Bild als Montageelement zwischen zwei Handlungssträngen oder -orten. Das Dunkel bildet eine Pause im Bilderstrom des Kinolichts.

Schwarz als Kontrast zu Farbigkeit birgt in sich die Symbolik von Sterben und Leben. Dieser Kontrast wird auch in Epochenbezeichnungen wie Film Noir oder Filmtiteln wie »Satte Farben vor Schwarz« (2011) aufgegriffen. Der Kritiker Manuel Meyer erörtert zu den Wechselwirkungen zwischen Reflexion und Emotion in diesem Film: *Satte Farben vor Schwarz* ist eine Metapher für Leben und Tod, die zum Nachdenken über wichtige Aspekte unseres Lebens anregt: Wer sind wir? Was wollen wir vom Leben? Gerade die Ambivalenz der Filmcharaktere reizt dabei zum Hinterfragen.

Deshalb wollte Heldman die Geschichte auch nicht nach einem tradierten Schema erzählen und Regungen zeigen, die nicht immer leicht nachzuvollziehen sind. »Wir haben oft zu festgefahrene Vorstellungen darüber, was eine Emotion zu sein hat und welcher Gestus mit einer Emotion verbunden ist. Es gibt große Wärme, die manchmal mit einer gewissen Kälte verbunden ist und umgekehrt, sagt Heldman.« (*Die Zeit* vom 12.1.2011) Dunkle Kleidung ist Teil der Figurencharakterisierung. Beim Showdown des Western zeigen weiße und schwarze Hüte, auf welcher Seite Gut und Böse stehen.

Viele Genres nutzen das schwarze Bild als Teil ihrer erzählspezifischen Zeichensysteme. Krimis, Thriller und Horrorfilme setzen auf die Bedrohung durch das Unsichtbare, das sich in akustischen Zeichen und der Musik zu nähern beginnt. Die unsichtbare Bedrohung ist eine unserer Urängste, die von Drehbuchautoren und Regisseuren gezielt adressiert wird. Die Nacht ist der Ort, an der wir ihr am häufigsten begegnen. Dunkelheit umgibt nicht erst die Rezipienten im Kinoraum, sondern bereits die Protagonisten auf der Leinwand. Unser Held, dessen Schicksal unsere Empathie auslöste, irrt im Dunkel der Nacht umher, was wir im dunklen Kinosaal verfolgen. Auf unsere Hilfsbereitschaft kann er sich verlassen: Mit Taschenlampen versuchen die Besucher des Kultfilms » Rocky Horror

Picture Show« ihren Helden den Weg durch das Dunkel zu weisen, obwohl sie wissen, dass sie das weitere Geschehen nicht verhindern können. Horrorfilm Titel wie »Die Fürsten der Dunkelheit« wiederum setzen auf die Distanzierung ihrer Protagonisten. In ihrer Charakterisierung bilden Dunkelheit und Finsternis eine metaphorische Einheit.

Dunkelheit wird auch häufig als Metapher für fehlende Erkenntnis verwendet. So erzählt der Film »Licht im Dunkel« (1962) die langsam erkämpfte Erkenntnis- und Identitätsfindung einer Taubblinden. Eine umgekehrte Perspektive wählt der Thriller »Warte, bis es dunkel ist«. Hier ist die blinde Protagonistin den sehenden Kriminellen überlegen, da sie sich in der Dunkelheit orientieren kann.

»Wenn die Nacht als solche später als Licht angesehen werden kann, so deshalb, weil sie in sich selbst Licht ist«, schreibt Thomas Meinecke in seinem religiösen Roman »Jungfrau« (Meinecke 2011, 255) Die in Horrorfilmen häufig verwendete Metapher der Geisterstunde signalisiert: In der Nacht werden Gespenster und Monster geboren. Aber auch andere Geschichten sind möglich. Monster und Vampire können nicht nur die fremden Anderen, sondern auch Freunde werden. »So finster die Nacht« (2008) erzählt von der Freundschaft eines zwölfjährigen Jungen zu einem Vampirmädchen. Aus dem traditionellen Filmmonster wird die beste Freundin. Das Dunkel bildet den Rahmen für Vertrautheit.

Der Grad und die Art der Beleuchtung tragen viel zur optischen Figurencharakterisierung bei. Im Halbschatten erscheint der Mensch zwielichtig, werden seine hellen und dunklen Seiten vereint. Das Dunkel markiert den Übergang in die Seele. Der Bezug des Sichtbaren tritt über in die innere Schau des Unsichtbaren. Gottesbegegnung und Erkenntnis fallen zusammen. Diesen Übergang markieren nicht nur Filme, sondern bereits viele Texte der Mystik. »Diese dunkle Nacht ist das Einströmen Gottes in den Menschen, das ihn von seinen gewohnheitsmäßigen natürlichen und geistlichen Unkenntnissen und Unvollkommenheiten läutert« (Meinecke 2011, 257). In der Anwesenheit Gottes bilden Dunkel und Licht, Bild und Unsichtbarkeit eine Einheit.

David Plüss (Bern)

Pfingstsonntag:
Sinn zeigen

Und der HERR zog vor ihnen her, am Tage in einer Wolkensäule,
um sie den rechten Weg zu führen, und bei Nacht in einer Feuersäule, um ihnen zu leuchten, damit sie Tag und Nacht wandern konnten. Niemals wich die Wolkensäule von dem Volk
bei Tage noch die Feuersäule bei Nacht. (Ex 13,21 f.)

ER zeigt sich

Gott *zeigt sich* seinem Volk. Nicht unmittelbar. Nicht von Angesicht zu
Angesicht. Auch nicht von hinten – wie auf dem Berg Sinai, als er Mose
in eine Festspalte steckte und seine Hand über ihn hielt, während er mit
seiner Herrlichkeit (Kabod) an ihm vorüberzog. »Du kannst mein Angesicht nicht sehen. Denn ein Mensch kann mich nicht sehen und am Leben
bleiben« (Ex 33,20). Er zeigt sich hier weder von vorn noch von hinten,
sondern *vermittelt*: durch eine Wolkensäule bei Tag und in eine Feuersäule bei Nacht. Gott zeigt sich und *verbirgt sich* zugleich. Er verbirgt
sich, indem er sich zeigt. Und er zeigt sich, indem er sich verbirgt. Damit der Mensch am Leben bleibe. Dazu benötigt dieser offenbar beides:
Gottes *Gegenwart* und seine *Verborgenheit*, beide in Spannung aufeinander bezogen, ohne die Möglichkeit einer dialektischen »Aufhebung«.
Weder die Wolkensäule noch die Feuersäule sind mit Gott identisch. Zu
keiner Zeit. An keiner Stelle. Und doch lässt sich Gott sehen, zeigt sich –

in der Wolke, im Feuer. Damit der Mensch am Leben bleibe, damit er sein Leben habe.

ER orientiert

Gott zeigt sich seinem Volk *in der weglosen Wüste*. Er lässt sich sehen, um dem umherirrenden Volk *seinen Weg zu zeigen* – im Weglosen, in der Nacht. In der Nacht wird jede Landschaft ohne Licht weglos, versinkt im Dunkel. Die Israeliten wandern bei Tag, sie wandern bei Nacht. Der Fingerzeit Gottes ist mal diskret, mal unübersehbar. Der Grad der Übersichtlichkeit im Leben der Israeliten – wie in jedem Leben – variiert. Gleich bleibt die *Notwendigkeit einer Richtung*. Gott lässt sich sehen, um den Schritten eine Richtung zu geben. Fluchtwege und Lebenswege überhaupt brauchen einen Leitstern, einen *sens*.

»Zeig uns, HERR, wie wir beten sollen!« (Lk 11,1), bitten die Jünger. Sie wissen es nicht, sind orientierungslos in ihrer Gottsuche. Ihre spirituellen Suchbewegungen brauchen einen *sens*, eine Richtung und eine Gestalt. Jesus zeigt ihnen einen Weg des Betens, der ihrer Gottsuche eine Richtung gibt, sie spirituell orientiert. Wie er uns orientiert, wenn wir beten, wie er uns gelehrt hat; wenn wir *orientiert* beten, geostet, in Richtung der aufgehenden Sonne, Christus entgegen.

Die Feuersäule orientiert die *Wanderung* in der weglosen Wüste, sie orientiert aber auch die *Hoffnung*, die *Sehnsucht* des Volkes. Die äußere Richtung entspricht der inneren. Die innere bedarf der äußeren: der Geste, der Form und der Formel. Wenn wir beten, wie Jesus uns gelehrt hat, geben wir unserer Sehnsucht eine Form und eine Richtung, werden wir in unserem Hoffen orientiert.

Keine Hütten bauen

Gott zeigt seinem Volk einen Weg, aber *keinen Ort*, keine Bleibe. Wandern sollen sie: bei Tag und bei Nacht, rastlos. Der göttliche Feuerschein ist kein Lagerfeuer, an dem man sich wärmt und sich ausruht, sondern ein Leuchtfeuer, das aufweckt, aufrichtet und wach hält. Petrus will Hütten bauen, als Gott sich zeigt im Licht und in der Wolke (Mt 17,1–9): »Herr, es ist schön, dass wir hier sind. Wenn du willst, werde ich hier drei Hütten bauen, eine für dich, eine für Mose und eine für Elija.« Aber Gott kommt ihnen zuvor, erschreckt sie und bringt sie aus dem Gleichgewicht. Jesus berührt sie und richtet sie auf. Hier ist keine Bleibe. »Die Füchse haben ihre Höhlen und die Vögel ihre Nester; der Menschensohn aber hat keinen Ort, wo er sein Haupt hinlegen kann« (Mt 8,20). Wie auch die Jünger und Nachfolgerinnen.

Die Feuersäule weist das Volk auf keinen Ort, auf keinen Lagerplatz hin. Und lässt sich selber nicht verorten, in kein Koordinatennetz einzeichnen. Sie ist ortlos: ein Utopos oder vielmehr ein Heterotopos (M. Foucault). Ein Ander-Ort, der jede Sesshaftigkeit aufstört, in Frage stellt, negiert, reflektiert und zum Aufbruch ruft.

Das Licht des Feuers

Gott leuchtet seinem Volk in der nächtlichen Wüste mit einer Feuersäule. Nicht mit einem hellen Stern – dem Weihnachtsstern oder dem Morgenstern. Von diesen unterscheidet sich die Feuersäule durch die Kraft und die Qualität ihres Leuchtens. Dieses ist nicht strahlend weiß, sondern dezent, warm, bewegt, immer anders, mit wechselnden Farben und Gestalten. Das Licht des Feuers fängt den Blick und hält ihn fest, lässt ihn verweilen und nach innen schweifen. Es zieht die Aufmerksamkeit in seinen Bann – und setzt sie zugleich frei, verwandelt sie in eine schwebende, eine meditierende. Und zwar dadurch, dass das Feuer ansehnliches Licht ist, anziehendes Licht, das sich sehen lässt, ohne die Welt sehen zu lassen. Anders als das Sonnenlicht, das alles erhellt und durchflutet. Der nächtliche Gott in der Feuersäule leuchtet seinem Volk, indem er seine Aufmerksamkeit auf sich zieht und sie zugleich befreit.

Die Individualisierung der Feuersäule zu Pfingsten

An Pfingsten ereignet sich ein Individualisierungsschub, der zugleich die Kirche begründet: die Individualisierung der Gottesoffenbarung. Das göttliche Feuer zeigt sich nun in der Gestalt von Feuerzungen, »die sich zerteilten, und auf jeden von ihnen ließ eine sich nieder. Und sie wurden erfüllt von heiligem Geist« (Apg 2,3 f.). Gott zeigt sich und er orientiert sein Volk mit Feuerflammen, mit Flammen des Geistes, der jeden erfüllt, der jeder ihre je eigene Sprache gibt, jedem seinen je eigenen *sens*. Viele Glieder, aber ein Leib. Ein wanderndes Volk von je anders Begeisterten.

Julian Sengelmann (Hamburg)

Pfingstmontag:
Kreaturen der Nacht

Aber der Engel des Herrn tat in der Nacht die Türen des Gefängnisses auf und führte sie heraus. (Apg 5,19)

»Und Edward und Bella liebten sich bis ans Ende aller Tage.« – Tatsächlich können sich Edward und Bella bis ans Ende aller Tage lieben, denn die beiden sind Vampire. Kreaturen der Nacht. Auch wenn gerade diese beiden Exemplare beängstigend banal, furchtbar fahl (nicht nur in Bezug auf ihre Hautfarbe) und klassisch konservativ anmuten, faszinieren sie Menschen auf der ganzen Welt in einem Maße, das einer kleinen globalen Hysterie ähnelt. Erwachsene Menschen kampieren nächtelang vor Kinokassen, um die ersten Tickets in der Hand zu halten, und Jugendliche fangen an, wertkonservativ zu leben – ganz so, wie es ihre vermeintlich rebellischen Helden in der Vampirsaga tun.

Selten gab es massenmedial eine derartige Faszination mit den Kreaturen der Nacht. Denn natürlich sind Edward und Bella nur die Spitze des nächtlichen Eisbergs: Vampire Diaries, True Blood, Blade Trinity, The Wolfman – die Sehnsucht nach der Nacht scheint, auch medial, grenzenlos. Der Zauber, der ausgeht von all den Heimlichkeiten, von der Gefahr, von allem Außergewöhnlichem und Unkonventionellem, von all dem Verruchten, das die Nacht zu bieten hat, betört in bemerkenswerter Weise. Nachts gelten – wenn überhaupt – andere Regeln. Der Gedanke an ein Leben in der Nacht, an etwas anderes als das Tagesgeschäft schmeckt nach Freiheit.

Die Legenden, die sich um die Kreaturen der Nacht spinnen, sind natürlich viel älter als die Geschichte von Edward und Bella und sie vereint eine immer einheitliche Erzählbewegung: Die Nacht ist der Raum der Verwandlung; der Transformation. Mit den Bildern und Legenden der Kreaturen der Nacht werden auf unterschiedlichen Ebenen gleichermaßen Transformationsprozesse und Sehnsüchte dargestellt. Diese Erzählungen, Motive und Typen katalysieren. In der Nacht wird das Korsett des Tages gesprengt, die Maske der Rechtschaffenheit und Angepasstheit kann abgelegt werden. Die Fesseln des Alltags lösen sich und die Verwandlung kann beginnen. Wenn die Sonne untergegangen ist und das kalte und glitzernde Mondlicht fahl scheint, kann man sein, wer man eigentlich ist. Die Welt mit all ihren täglichen Geschäften und Mechanismen wird in ein sprichwörtlich anderes Licht getaucht. Und die Augen müssen sich tatsächlich an die neuen Lichtverhältnisse anpassen. Man muss seinen Blick justieren, mit den veränderten Bedingungen umgehen lernen. Man muss schnell adaptieren können. Nachts findet ein regelrechter Perspektivwechsel statt. Das Eintauchen in die Nacht ist eine klassische Schwellenüberschreitung.[1]

Und nicht nur die Situation ändert sich – man selbst verändert sich: So wie einige Kreaturen der Nacht sich auch physisch verwandeln und die Fesseln der eigenen Körperlichkeit sprengen, kommen auch bei Normalsterblichen nachts die animalischen Seiten des Lebens ans Mondlicht. Der Drang zu einem Leben nach den Spielregeln der Nacht resultiert auch aus einer Sehnsucht nach Ganzheit. Man will das Unbekannte erforschen und die Fundstücke und Erfahrungen der dunklen Seite des Lebens inkorporieren. Das Spiel mit Verboten und Dunkelheit, das Motiv der Grenzüberschreitung – all das sind biblisch immer wiederkehrende Topoi. Die Nacht ist eine Schwelle: ein Raum der Verwandlung, eine Zeit der Bedrohung, ein Ort der Gefahr. Aber anders als für die klassischen Kreaturen der Nacht ist er für uns nicht ewig, denn mit dem ersten Licht der neuerlich aufgehenden Sonne endet auch dieser Abschnitt und wir kehren

---

1 Vgl. dazu Christopher Vogler, Die Odyssee des Drehbuchschreibers, 5. Auflage, Frankfurt a. M., 2007.

zurück in die gewohnte Welt. Zuerst mit Wehmut und romantisierend verklärter Erinnerung an Rausch und Zauber, doch die vermeintliche Freiheit der Nacht und das Ausleben der eigenen animalischen Seite sind trügerische Angelegenheiten: Anders als Bella, Edward und all ihre Kumpanen können wir nicht auf ewig in der Dunkelheit bestehen; in lebensbedrohlichen Situationen, im Haifischbecken oder im Dschungel der nächtliche Großstadt.

Der Evangelist Lukas weiß das. Und er weiß auch, dass die Nacht mehr ist als ein Spielplatz für unerfüllte Fantasien. Er weiß, dass wir zurück ans Licht müssen; zurück in eine uns vertraute Struktur. Aber: ohne dabei zu verlieren, was wir als Kreaturen der Nacht alles erlebt haben. Lukas weiß, dass die Erfahrungen der Nacht nicht geleugnet und vergessen werden dürfen. Er weiß, dass die Verwandlung nach einer lebensbedrohlichen Situation nicht wieder zu revidieren ist. Die Rettung der Apostel aus dem Gefängnis ist nicht nur eine wunderhafte und wunderbare Rettung aus einer konkreten Situation. Die Erfahrungen der Bedrohung und der Überwindung sind permanente Transformationen. Das Überwinden der Nacht ist ein klassisches Rettungsmotiv und die erfolgreiche Flucht birgt eine neuerliche, zweite Verwandlung. Auch das weiß Lukas und so predigen die Apostel nach ihrer Rettung mit neu gewonnener Autorität und neuem Selbstverständnis. Sie sind nicht mehr die alten. So wie der auferstandene Christus nie wieder der vorösterliche Jesus sein kann. Jesus Christus hat die Dunkelheit überwunden und ist zurück ans Licht gekommen. Er trägt die Zeichen der Nacht an sich, die Narben der nächtlichen Gefahr. Er hat die Schwelle überwunden, die Verwandlungen überstanden.

Lukas macht in einem einzigen Satz die Grundbotschaft von Pfingsten deutlich: »Aber der Engel des Herrn tat in der Nacht die Türen des Gefängnisses auf und führte sie heraus.«

Pfingsten zeigt uns, dass wir mehr sind als die gerade jetzt so faszinierenden Kreaturen der Nacht: Wir sind Kreaturen des Tages, der Nacht und wieder des Tages. Wir glauben daran, dass die Nacht mit all ihren Gefahren, ihren neuen Perspektiven, ihren animalischen, bedrohlichen, regellosen und lebenszerstörerischen Seiten real ist. Dass die Erfahrungen der Nacht nicht geleugnet werden dürfen, denn sie sind ein wichtiger Teil auf dem Weg zu Ganzheit. Aber sie können überwunden werden. Wir glauben daran, dass es mehr gibt als die Fesseln der Umstände von Tag und Nacht: »Aber der Engel des Herrn tat in der Nacht die Türen des Gefängnisses auf und führte sie heraus.«

Martina Kumlehn (Rostock)

Trinitatis:
Nachtgespräch

Nikodemus kam zu Jesus bei Nacht und sprach zu ihm: Meister, wir wissen, du bist ein Lehrer, von Gott gekommen; denn niemand kann die Zeichen tun, die du tust, es sei denn Gott mit ihm. (Joh 3,2)

Nikodemus hat den Rat der Rabbiner befolgt und sein Schriftstudium auf die Zeit nach Sonnenuntergang verlegt. Dunkelheit und Stille konzentrieren die Wahrnehmung und intensivieren die Aufmerksamkeit. Sie können den Suchenden und Forschenden – gerade da, wo nichts zu sehen ist – für überraschende Perspektivenwechsel und Grenzgänge der Erkenntnis öffnen. So lässt Nietzsche seinen Zarathrusta zum Nachtwandler zwischen vorfindlicher Realität, Vernunft und Traum werden: »Oh Mensch, gib acht! Was spricht, die tiefe Mitternacht?« »Ich schlief, ich schlief – Aus tiefem Traum bin ich erwacht: – Die Welt ist tief, Und tiefer als der Tag gedacht.« Die Nacht lässt uns tiefer in unsere Wirklichkeit hineinschauen, legt neue Schichten unsers In-Welt-Seins jenseits des bei Tageslicht Vor-Augen-Liegenden frei. Festgefügtes kommt in Bewegung. Das bei Tage Vertraute, Logische verliert seine Selbstverständlichkeit und das im Hellen kaum Beachtete kann plötzlich eigenständig Gestalt gewinnen. Im Zuge dieser Dynamik der Nacht radikalisieren sich Fragen und Probleme.

Nikodemus hat in den letzten Tagen viel gesehen und gehört. Diese Eindrücke gewinnen jetzt Raum und dringen verdichtet auf ihn ein. Ein

Wanderprediger ist in der Stadt, der erstaunliche Zeichen setzt und noch erstaunlichere Deutungen dazu liefert. Zuletzt hat er die Händler aus dem Tempel vertrieben und die irritierten Beobachter, die nach der Legitimation seines Handelns fragten, mit einem Ausspruch konfrontiert, den niemand verstand: »Brecht diesen Tempel ab, und in drei Tagen will ich ihn aufrichten.« Auch Nikodemus kann mit diesem Wort nichts anfangen, aber er spürt, dass sich mit dieser Aussage ein ungeheurer Anspruch verbindet, der das für ihn religiös Gewisse, für das neben dem Gesetz und den Propheten symbolisch der Jerusalemer Tempel steht, tatsächlich ins Wanken, ja, sogar zum Einsturz bringen kann. Nikodemus hat gesehen, dass viele Menschen an diesen Mann aufgrund seiner machtvollen Taten glauben. Aber an wen oder was glauben sie da eigentlich? Wer ist dieser Jesus? In welchem Verhältnis steht er zu Gott oder Gott zu ihm? Und was bedeuten seine Worte und Taten für das eigene Gottesverhältnis? In Nikodemus streiten die Offenheit für Neues und die Bereitschaft, die erworbene religiöse Heimat zu verteidigen und Verstörendes abzuwehren, gegeneinander. Er will das Geheimnis um diesen Menschen und die Bedeutung seines Auftretens ergründen. Die Konzentration der Nacht will Klarheit.

Deshalb geht Nikodemus noch im Schutzraum dieser Nacht-Atmosphäre zu Jesus. Er ist dabei nicht feige, wie oft interpretiert, sondern mutig, denn dass dieser Jesus mit einem letzten Ernst spricht, dem man nicht ausweichen kann, hat er bei der Tempelreinigung erlebt. Und er ist bereit, sich diesem Ernst in der Nacht der Wahrheit zu stellen.

Entsprechend eröffnet Nikodemus das Gespräch mit dem höchsten Grad an Achtung und Ehrerbietung, die er einem Menschen entgegenbringen kann: »Meister, wir wissen, du bist ein Lehrer, von Gott gekommen; denn niemand kann Zeichen tun, wie du tust, es sei denn Gott mit ihm.« Nikodemus formuliert ein Statement jüdischen Orientierungswissens, wonach echtes prophetisches Reden und Lehren sowie das Tun von Zeichen und Wundern nur durch Gottes Dabeisein ermöglicht werden. Er hat jedoch zugleich gelernt, dass sich mit der Hoffnung auf den Messias mehr verbindet und es bleibt die Frage, ob dieses Mehr an Hoffnung auf umfassende Erlösung und Errichtung eines Friedensreiches sich mit Jesus tatsächlich erfüllen kann und woran das zu erkennen wäre. Zum Stellen dieser Frage kommt Nikodemus allerdings nicht. Denn ohne abzuwarten, was denn nun genau das Anliegen dieses Menschen, der da in der Nacht zu ihm kommt, ist, überbietet Jesus durch sein »Wahrlich, wahrlich, ich sage dir« die Aussage des frommen Juden: »Es sei denn, dass jemand von Neuem geboren werde, so kann er das Reich Gottes nicht sehen.«

Auf den ersten Blick redet Jesus an Nikodemus vorbei, antwortet thetisch, bevor eine Frage gestellt worden ist, kommuniziert ohne ersichtlichen Anknüpfungspunkt, ohne jeden religionspädagogischen Impetus, der das Gegenüber behutsam auf Wege neuer Erkenntnis führt und auch ohne seelsorgliche Beachtung der Befindlichkeit des anderen.

Jesus initiiert vielmehr einen radikalen Perspektivenwechsel, der Nikodemus auf das Ineinander von Gottes- und Selbsterkenntnis zurückwirft. Das Sehen des Reiches Gottes, die Wahrnehmung der Wirklichkeit Gottes, die von oben kommt, aber unten wirkt, verlangt ein anderes Sehen als das Sehen der Wunder Jesu oder anderer äußerer Zeichen, die quasi Beweischarakter göttlicher Präsenz haben sollen. Wissen und die Logik des Tages spielen in diesem Kontext keine begründende Rolle. Das Sehen des Gottesreiches verlangt vielmehr ein Sehen mit den Augen des Glaubens, die nur in einem Neugeborenwerden, einem Neu-zur-Welt-Kommen geöffnet werden können und diese Welt als eine andere wahrnehmen lassen – ihre Tiefe, die tiefer ist, als der Tag gedacht. Ein solcher Neuanfang durch Gott macht einen Unterschied wie Tag und Nacht. Neues Leben und das Sehen des Glaubens können sich durch die Erfahrung der Liebe Gottes und die Macht der Vergebung an jedem Punkt der Biographie ereignen, aber unverfügbar als Erfahrung heilsamer Unterbrechung oder Intensivierung des Lebens.

Wir erfahren nicht, wie Nikodemus aus diesem Nachtgespräch geht. Hat sich ihm ein Raum für neue Gotteserfahrung eröffnet, hat sich ihm Wahrheit erschlossen? Das bleibt offen, aber es finden sich Spuren in der Erzählung, die jenseits eines fulminanten Bekehrungserlebnisses zeigen, wie der Geist im Stillen wirken kann: Ganz am Ende des Weges Jesu kommt Nikodemus noch einmal in der Nacht, balsamiert zusammen mit Josef von Arimathäa Jesu Leichnam und bezahlt seine Grabstelle. In der letzten Ehre spiegelt sich so seine Ehrerbietung der ersten Begegnung. Das mag nicht spektakulär erscheinen, aber erweist sich doch als ein Zeichen des Geistes der Liebe, der Tag und Nacht durchdringt.

Kirsten Fehrs (Hamburg)

Erster Sonntag nach Trinitatis: Mitternachtssingen

Schau: Segnet den Ewigen, / alle, die ihr im Dienst des Ewigen steht, die ihr im Haus des Ewigen steht in den Nächten.
(Ps 134,1; BigS)

»Die Nacht ist nicht allein zum Schlafen da« (Otto Ernst Hesse). Sie ist auch ein hervorragender Ort der Gottesnähe und des Gotteslobs. In diesem Sinne »nachtaktiv« ging es offenkundig auch schon in alttestamentlichen Zeiten zu, wie dem »Wallfahrtslied« Psalm 134,1 zu entnehmen ist:

Diese Verse lassen sich verstehen wie eine kleine Liturgie. Und ich sehe sie richtig vor mir: All die vielen Diener – wohl kaum Dienerinnen – des Ewigen, wie sie feierlich ins Heiligtum Jerusalems hineinschreiten, wie sie beten, murmeln, singen. Mitten in der Nacht. Es ist ein bisschen unheimlich, aber auch schön. Die Sinne sind geschärft. Priester, Liturgen, Choristen, Gotteskinder allesamt, sie suchen einander in den Tönen des Gesanges und sehnen sich mit heiligem Ernst zu ihm hin, der einst den Tag erschuf. Es werde Licht, sagte der. Und siehe, es wird gut.

Immer schon brauchte der Mensch das lösende Wort, wenn es dunkel war. Brauchte die Zusage, dass der, der einst alles schuf, nach den Sintfluten menschlicher Hasstiraden, Kriegsvergehen und Herrscherideologien dabei bleibt: »Solange die Erde steht, sollen nicht aufhören Saat und Ernte, Kälte und Hitze, Tag und Nacht!« Die Verlässlichkeit, dass auf jede Nacht immer ein Morgen folgt, rettet uns. Denn dass gerade der Nacht eine höchst numinose Atmosphäre oder besser: Kraft eigen ist, die auch ängstigen kann, ist eine urmenschliche Erfahrung. Kein Zufall, wie erfindungsreich kleine Kinder mit dem Einschlafen ringen, also mit dem Kontrollverlust über ihr eigenes Leben. Hier ist beides zu spüren: die Hingabe an etwas, das mächtiger ist als wir selbst, und zugleich die Ahnung, dass die Nacht nicht nur die schöpfungsgemäße »andere Hälfte« des vorgegebenen Lebensrhythmus ist – sozusagen als regelmäßig wiederkehrende Lebenskonstellation. Vielmehr wird sie in ihrer Ambivalenz von bedrohlicher Dunkelheit und faszinierender Finsternis erlebt als ein unbestimmter Bereich und offener Übergangsraum, der nach behütender Verlässlichkeit und Segen verlangt.

Und deshalb feiern die Menschen Gottesdienst mitten in der Nacht. Murmeln, beten und singen Abendlieder. Im Tempel. Im Traum. Im Bett. Sie ringen um Gottes Nähe in der Dunkelheit. Fragen: Weißt du, wie viel Sternlein stehen? Und hören die Antwort: Gott, der Herr, hat sie alle gezählt.

Gerade das nächtliche Singen hat befreiende Funktion – dafür steht der Psalm an sich. Aber auch manch biblische Geschichte. Etwa die, wie Paulus und Silas im Gefängnis sitzen und einen Lobgesang anstimmen (Apg 16,25). In der Mitte der Nacht singen sie. Am Tiefpunkt ihrer Existenz, verängstigt, gedemütigt und mit den Füßen im Block, singen sie und loben Gott. Alte Psalmengesänge, stelle ich mir vor. Vertraute Klänge erfüllen sie mit Zuversicht, mehr als der Verstand es vermag. »Wie der Hirsch lechzt nach frischem Wasser, so schreit meine Seele, Gott, zu dir«. Vielleicht singen sie Klagepsalmen wie diesen. Machen ihren Kümmernissen Luft. Verschaffen sich Erleichterung und damit eine Vorstellung von anderen Verhältnissen. So intensiv, als wären sie schon da. Und dann die Wende in der Krise: »Sende dein Licht!« Langsam füllen sich ihre Lungen und der Odem, der Geist Gottes, strömt in sie hinein. Im nächtlichen Singen er-innern sie die Anwesenheit Gottes. Immer aufrechter werden sie und lassen los, was sie einschnürt. Gott loben heißt, das Leben zu lieben – inmitten der Nacht. Und sie singen. Unbeirrbar. Unwiderstehlich.

Denn darum geht es: das Leben zu lieben. Auch und gerade in der Nacht. Nacht und Liebe harmonieren zusammen. Nicht allein in der erotischen Liebe zwischen zweien. Sondern auch in der Begegnung mit dem Gott, der vor lauter Liebe zu uns schwach wird. Der sich hingibt. Der zur Liebe in Person wird. Einer ganz kleinen Person zudem. So sehr hat Gott die Welt geliebt, dass er seinen eingeborenen Sohn gab ins Dunkel der Welt. Der nächtliche Psalmgesang führt just am ersten Sonntag nach Trinitatis mitten hinein in des Ewigen dreierlei Unfassbarkeit! In des Ewigen Liebe, die aus dieser Welt nicht wegzudenken ist, hingegen höchstens hineinzufühlen. Und ich frage mich, indem ich es scheinbar leichthin schreibe: Erfahren wir dies eigentlich? Gottes Liebe? Tatsächlich? Unerschütterlich? Im Dunkeln? Wenn man sich im Grunde einsam fühlt? Wenn das Sehnen flach wird, das Herz durch lauter Alltäglichkeit verzagt und die Hoffnung so furchtbar leise geworden ist?

Ich möchte dazu eine kleine Szene aus einem der schönsten Liebesfilme beschreiben: *Der englische Patient*. Da sieht man 1943 eine Krankenschwester gemeinsam mit einem Soldaten, der sie heimlich liebt, in einer verfallenen, dunklen Kirche stehen. Das Licht ihrer Fackel lässt erahnen, dass die Wände von oben bis unten voller wunderschöner Freskenmalerei sind (es ist die Kirche San Francesco in Arezzo). Liebesbilder von Gott inmitten des tobenden Krieges und der Verfallenheit. So gern möchte sie all diese Bilder sehen, sie trinken. Ihr Sehnen rührt ihn. Kurzerhand knüpft er eine Schlinge in ein Seil, das wie eine Art Flaschenzug mitten im Raum hängt. So entsteht eine Schaukel, in die er sie behutsam setzt – und dann beginnt er mit aller Kraft, das Seil hochzuziehen, so dass sie beginnt, durch den Raum zu schwingen. Immer nah heran an die gemalten Wände. Bei jedem Schwingen erscheint ein neues Bild von Gottes Erbarmen. Sie schaut es an, schwingt zurück, entdeckt ein neues. Sie fängt an sich zu freuen, jauchzt vor lauter Ausgelassenheit. Und plötzlich ist der dunkle Raum gefüllt mit bunten Bildern von Gott und den Menschen, mit Lachen, mit Liebe, mit Begehren.

Diese Szene fügt alles zusammen: Nacht, Gott, Liebe, Mensch. Denn es sind Menschen, die uns nachts getröstet und etwas gelehrt haben von der Liebe. Eltern, Großeltern, die beste Freundin. Der Partner. Das Enkelkind. Der verliebte Soldat. Sie haben uns etwas gelehrt von der Kostbarkeit des Lebens. Sie haben uns Vertrauen gelehrt, indem sie uns sanft in eine Schaukel gesetzt haben, die uns durch die Dunkelheit trägt. Damit in uns die Vielfalt aufscheint, mit der Gott uns geschaffen hat. Sie haben in uns zum Schwingen gebracht, dass es eine Kraft gibt, die bleibt, auch wenn wir sie nicht sehen können. Es sind Menschen, die uns – Gott sei Dank! – gelehrt haben, liebesfähig zu sein. Zu streicheln, statt um uns zu schlagen. Zu ermutigen statt zu ängstigen. Gott und Liebe, menschliche Liebe – also erotische Liebe, Geschwisterliebe, Gemeindeliebe –, unsere Liebe und Gott gehören untrennbar zusammen, sagt die Bibel dazu. Bei Saat und Ernte, in Kälte und Hitze, am Tag und – vor allem! – in der Nacht.

Silke Leonhard (Hannover)

Zweiter Sonntag nach Trinitatis: Nächtliche Sehn-Suche

Des Nachts auf meinem Lager suchte ich, den meine Seele liebt. Ich suchte, aber ich fand ihn nicht. (Hld 3,1)

Was für eine schöne Situation: So ein intimer Einblick in eine Nacht, nahe und sensibel. Die Nacht, die nicht allein zum Schlafen da ist: Ihr Sinn bindet sich an die Sinnlichkeit. Eine Frau und ihr Traum? Eine Frau und ihre Gefühle! Eine Frau sucht sehnsüchtig ihren Geliebten, vermisst ihn, findet ihn nicht. Die Erinnerung an erlebte Zärtlichkeit zwischen den beiden klingt nach. Irgendwann wird sie losgehen und sich durchfragen, jeden Winkel erspähen, bis sie ihn gefunden hat. Keine Passivität, kein geduldiges, zurückhaltendes Warten, sondern Leidenschaft für den Geliebten, Hoffnung auf Zärtlichkeit treibt sie an.

Was für eine missliche Situation: Du liegst in deinem Bett, bist an dem Ort, der dir auch in den Zeiten vertraut ist, an denen du nicht über ihn wachst, der dich bettet und dir rundum Behütung und Behausung gibt, wohlig warm und intim, vor allem, wenn du nicht allein dort bist, sondern mit dem Menschen, den du liebst. Aber genau dieser innig geliebte Mensch ist jetzt eben nicht da, nicht nahe, ist nicht bei dir. Du suchst, aber du findest ihn nicht. Du sehnst dich nach ihm, aber er kommt nicht. Dein Körper ruft nach der Zärtlichkeit. Du vermisst ihn, spürst das Begehren nach ihm, aber es wird nicht erfüllt. Die Frau fühlt sich nackt und nur halb ohne ihren Geliebten.

Diese Nacht hat etwas Anrüchiges, Aufbrechendes, vielleicht auch Verbotenes. Wir werden Zeugen einer melancholischen Sehnsuchtsszene. Ein Sommernachtstraum? So oder so: Eine Szene, die in einem ordentlichen Liebesfilm spielen könnte. Im Kitschfilm würde sie kurze Spannung aufbauen, um sogleich erfüllt zu werden. Im Drama jedoch gingen ihr Auseinandersetzungen voraus und nach; die Szene wäre Ausdruck nicht nur der Sehnsucht, sondern des schmerzlichen Verlustes, der Trauer, der nie zu erfüllenden Liebe, des unendlichen Durstes nach Zärtlichkeit in einer nicht nur nächtlichen emotionalen Wüste. »Even through the darkest phase be it thick or thin, always someone marches brave, here beneath my skin: Constant craving has always been«, lässt die Sängerin K. D. Lang erklingen. Hier ist mehr Verlangen als Lust, mehr Sehnsucht als Erfüllung, mehr Suchen als Finden.

Sehnsucht ist den Melancholikern unter uns näher als den anderen Temperamenten. Aber Sehnsucht ist nicht nur da, um erfüllt zu werden, um den Durst zu stillen, sondern es bleibt ein Grundgefühl menschlichen Lebens, ein Motor, sich auf den Weg zu machen, die Suche nicht aufzugeben. Nicht das Unendliche ist das, wonach ich suche, sondern unendlich ist die Suche selbst. Oder gibt es eine andere als diese existenzielle Lesart?

Suchen und Finden sind zusammen ein Lebensmotiv. Wer nur sucht, empfindet bald wie Sisyphus die Last des Nicht-Ankommens, gänzlich ungestillten Seins ohne Lust. Gänzlich unbeantwortete Sehnsucht geht über Melancholie hinaus weit in den Rückzug, bis in die Depression. Die immer wieder genährte Sehnsucht perpetuiert ihre eigene Unendlichkeit. Wer nicht sehnt, wer die näfäsch, die Kehle und Seele, nicht spürt, lebt nicht.

Suchen und Finden, Sehnsucht – eine Bewegung in der Liebe! Platons Kugelmythos erzählt von unserem menschlichen Leiden am Zustand des Getrenntseins, der Dualität, wie Simone Weil spiegelt. Liebe erstreckt sich nicht auf die Sehnsucht, das Gefühl des Verliebtseins, das Hingezogen-Werden, Erotik. Liebe vollzieht die Doppelbewegung: Annahme und Hingabe, Aktivität und Passion, Suchen und Finden *und* Gesucht- und Gefunden-Werden.

Die Schritte zwischen Traum und Wirklichkeit sind nicht immer ohne Nebel und Unschärfe. Die summarische Rückblende lässt eine Erinnerung erahnen, deren Konstellation sich inzwischen verändert hat: Gesucht und gefunden, ersehnt und gekommen, begehrt und erfüllt. Aus dem Traum ist kein Trauma geworden, die Utopie ist schon mal in Wirklichkeit übergegangen. Und dennoch lassen sich diese Momente nicht festhalten. Die Töchter Jerusalems werden ermahnt: Liebe kann man nicht erzwingen, nicht einmal endgültig greifen. Sie lässt sich nicht stören; ihr Erwachen will mindestens ebenso erwartet wie erstürmt sein. Zärtlichkeit erwächst aus der Sehnsucht, die ihrer Erwartung nicht sicher sein kann, resümiert Christoph Bizer in seiner Theologie der Zärtlichkeit.

Sehnsucht ist auch hier nicht die Endstation: Wer weiter liest oder hört, spürt dem Gedicht nicht nur das nächtliche Jagen, sondern auch den Kairos, das Glück der Leidenschaft ab, als der Geliebte doch gefunden wird. Suchen und Sehnen sind nicht die Endstation, so unendlich und unstillbar das Begehren auch sein mag; in ihnen liegt die Erwartung der Liebe und Zärtlichkeit. Hier werden sie zu lesbarer Erwartung. Eine gute Nacht!

Uta Pohl-Patalong (Kiel)

Dritter Sonntag nach Trinitatis: Nacht- und Taggedanken

Lea antwortete: Hast du nicht genug, dass du mir meinen Mann genommen hast, und willst auch die Liebesäpfel meines Sohnes nehmen? Rahel sprach: Wohlan, lass ihn diese Nacht bei dir schlafen für die Liebesäpfel deines Sohnes. (Gen 30,15)

Eine echte biblische Nacht- und Bettgeschichte wird hier erzählt: Die Schwestern Lea und Rahel verhandeln darum, bei und mit wem von ihnen ihr gemeinsamer Mann Jakob schläft. Um Liebe, Zuwendung und Wertschätzung geht es offensichtlich dabei, aber auch um Fruchtbarkeit und das Gebären von Kindern und damit um die Rolle von Frauen und Männern in der altorientalischen Gesellschaft.

Die Szene beginnt mit Ruben, dem ältesten Sohn Leas, den man sich hier vermutlich im Kindesalter vorstellen muss. Er hat »Liebesäpfel« gefunden, vermutlich Früchte der Alraune, der eine erotisierende Wirkung zugeschrieben wird, und bringt sie seiner Mutter. Seine Tante Rahel bekommt dies offensichtlich mit und bittet ihre Schwester Lea, ihr doch die Liebesäpfel zu schenken. Diese lehnt ab mit einigermaßen harschen Worten, in denen die schwierige Liebes- und Heiratsgeschichte der Schwestern deutlich wird: »Reicht es dir nicht, mir meinen Mann zu nehmen, dass du auch noch die Liebesäpfel meines Sohnes haben willst?«

Rahel schlägt dann einen Handel vor: Im Tausch für die Liebesäpfel überlässt sie Jakob (der offensichtlich normalerweise bei ihr schläft) ihrer

Schwester für eine Nacht. Darauf geht die Schwester ein und teilt Jakob mit, sie habe ihn für die Nacht »eingehandelt«, worauf er kommentarlos der Verabredung der Schwestern folgt und die Nacht mit Lea verbringt.

Wie in vielen biblischen Texten wird die Szene »karg« erzählt. Die Motive der Beteiligten und ihre Gefühle bilden Leerstellen, die die Leserinnen und Leser mit ihren Vermutungen und Phantasien füllen müssen. Gerade bei solch einem emotional aufgeladenen Thema und einer psychisch aufreibenden menschlichen Konstellation stellen sich unweigerlich die Fragen nach dem »weißen Feuer« der Phantasie zwischen dem »schwarzen Feuer« der Buchstaben. Nicht zuletzt stellt sich auch die Frage nach Gott, der wie so oft in den Familienerzählungen der Hebräischen Bibel nicht explizit vorkommt. Um sich dem Text zu nähern, bietet sich ein Bibliolog an.

Zunächst möchte ich Rahel fragen: Rahel, was bewegt dich, deine Schwester zu bitten, dir die Liebesäpfel zu schenken, die ihr Sohn gefunden hat?

Nun einmal ganz ehrlich: Er will *mich* im Bett. Und da helfen Lea auch keine Liebesäpfel. Und eigentlich weiß sie es ganz genau. Durch unseren kleinen Handel hat sie ihn überhaupt einmal eine Nacht für sich. Mit dem Ausblick auf eine besonders erotische Nacht mit Liebesäpfeln wird Jakob sie schon beglücken … in Gedanken schon ganz woanders. Manche wollen eben betrogen werden.

Liebesäpfel sind eine Seltenheit, ich befürchte, dass sie – sind sie erst einmal in der Hand von Lea – eine sehr erotisierende, ja verzaubernde Wirkung haben. Wer weiß, ob ich nicht meine erste Stelle in Jakobs Bett einbüßen würde … Was an Liebe und Erotik zwischen uns war, verflüchtigt sich mehr und mehr in Routinen. Ich möchte noch einmal etwas von der Leidenschaft erleben …

Eine Nacht mehr oder weniger ist auch schon egal. Es geht mir darum, dass Lea begreift, dass die Liebe zwischen Jakob und mir nichts zerstören kann. Auch wenn die beiden noch so viele Kinder haben, da gibt es etwas, was als Geschenk da ist. Und wenn ich ein paar dieser wundervollen Äpfel in der Hand halten kann, dann spüre ich das.

Die tut mir total leid, die Lea. Sie spürt ja selber, dass sie im Grunde nur die Gebärmaschine der Familie ist. Und Ruben spürt das auch. Der arme

Junge. Der hätte gern, dass seine Mutter und Jakob sich richtig lieben. Kommt der mit den Äpfeln daher. Das rührt mich richtig. Soll der Jakob doch diese Nacht zu ihr gehen. Ich gönn es ihr.

Als Nächstes frage ich Lea: Lea, was schwingt in deinen Worten mit, als du ihr antwortest: »Reicht es dir nicht, mir meinen Mann zu nehmen, dass du auch noch die Liebesäpfel meines Sohnes haben willst?«

Typisch! Sie will immer das Beste – und davon das meiste. Wie egoistisch sie doch ist! Und trotz dieser Einstellung hat sie auch meist noch das Glück, ihr Ziel zu erreichen. Wie ungerecht!

Diese Ehe ist doch so entwürdigend für mich: untergeschoben und unter die Haube gebracht, die zweite Wahl, gut zum Gebären und vielleicht einmal zur Abwechslung. Ich weiß das alles, und doch bin ich glücklich, wenn Jakob mit mir schläft. So könnten die Liebesäpfel vielleicht doch noch Wunder wirken … irgendwo zwischen Demütigung und Liebe.

In mir schwingt abgrundtiefe Trauer. Das Ganze ist unerträglich geworden. Ich dachte, Recht ist Recht. Gott zeigt es ja. Ich werde schwanger, nicht sie.

Sie tut mir echt leid. Jetzt klammert sie sich schon an die Früchte der Alraune. Nichts hat sie, aber auch schon gar nichts. Weder Mann noch Kind. Und die Erotik scheint auch langsam zu verblassen zwischen den beiden. Dacht ich's mir doch. Wozu braucht die Frau sonst bitteschön Liebesäpfel!

Dann soll noch einmal Rahel zu Wort kommen mit der Frage: Rahel, was ist dir an deinem Vorschlag besonders wichtig?

Was ist schon eine einzige Nacht, wenn ich wieder die Liebe Jakobs gewinnen kann. Ich habe schon sieben Mal alle Tage eines Jahres auf ihn gewartet.

Ich bin hin und hergerissen. Die Liebe zwischen Jakob und mir ist so stark. Gleichzeitig tut mir Lea leid. Sie soll wissen, dass es okay ist, wenn Jakob ab und zu auch zu ihr geht.

Ich bin diese Dreiecksbeziehung so dermaßen leid. Der Jakob soll doch zur Lea gehen und die sollen für Nachkommen sorgen und der soll mich gefälligst in Ruhe lassen. Ich kann nicht mehr. Ich vertraue nur mehr auf die Kraft Gottes, auf die Natur. Möge sie mir helfen. Möge die Alraune mir ein neues Liebesglück bescheren.

Lea soll begreifen, auch wenn es hart für sie ist, dass Jakob mit *mir* die Erfüllung in der sinnlichen Liebe erfährt, weil er mich liebt. Mag Jakob sich ihrer doch die eine oder andere Nacht annehmen. Er erfüllt nur seine Pflicht. Und das ändert sich auch nicht durch Liebesäpfel.

Von Lea möchte ich dann gern wissen: Lea, mit welchen Gedanken und Gefühlen gehst du Jakob entgegen, bevor du ihm mitteilst, dass du ihn für diese Nacht »eingehandelt« hat?

Ich höre mein Herz so laut klopfen. Was nützen mir Liebesäpfel ohne Gelegenheit zum Lieben? Da nehme ich doch lieber den Spatz in der Hand als die Taube auf dem Dach! Und überhaupt: Wir werden auch ohne Liebesäpfel viel Spaß haben!

Ich bin aufgeregt und freue mich, weil ich hoffe, von Jakob endlich einmal wieder geliebt zu werden! Aber – was mache ich, wenn er gar nicht die Nacht mit mir verbringen will – vielleicht lehnt er ja auch ab – oder er geht mit mir ins Bett und – es passiert nichts – das wäre noch schlimmer, als wenn er zu Rahel geht! Ich weiß nicht, was ich hoffen soll. Ich schäme mich so. Bin ich so wenig begehrenswert, dass ich mir eine Nacht mit meinem eigenen Mann einhandeln muss?

Dass ich auf andere Weise Jakob nicht mehr ins Bett bekomme! Wie ich mich selbst dafür verachte. Wie ich vor Zeiten schon begonnen habe, mich vor mir selbst zu ekeln … Wenn mich Jakob von oben herab mustert. Wie er mich wieder mustern wird. Wie er sich lustig macht über mich. Meine Unbeholfenheit, mein Schmerz.

Eine Nacht ist eine Nacht. Das werde ich mir nicht entgehen lassen.

Wie kann sich ein Mann nur so zum Spielball der Leidenschaften seiner Frauen machen lassen. Wenn er nur ein bisschen Rückgrat hätte …

Dann würde ich gern Jakob zu Wort kommen lassen: Jakob, was ist deine erste Reaktion, als dir deine erste Frau entgegenkommt und dir sagt: »Zu mir musst du kommen, denn ich habe dich eingehandelt als Lohn für die Liebesäpfel meines Sohnes?«

Ich bin erschrocken und frage mich, ob Rahel mich denn nicht mehr liebt, weil sie mich gegen ein paar Liebesäpfel heute Nacht eingetauscht hat. Meint sie, ich brauche die allmählich? Oder ist sie vielleicht froh, die Nacht ohne mich verbringen zu können, empfindet sie meine Liebe, mein Begehren als zudringlich – ich weiß es nicht. Gut, Lea ist auch meine Frau, aber heute Nacht bin ich eigentlich auch ziemlich müde …

Nun ja, mir kann's recht sein. Hauptsache, ich habe meine Ruhe und der Psychostress legt sich.

Die glauben, sie können mit mir machen, was sie wollen.

Augen zu und durch! Eine Nacht ist nur eine Nacht!

Eine Nacht mehr oder weniger ist ja auch schon wurscht. Die Liebesäpfel genieße ich mit Rahel.

Das rührt mich jetzt wirklich. Ich weiß, wie sehr die Lea leidet. Jetzt lässt sie es auch noch zu, dass Rahel ihren Sohn da reinzieht. Ich bin heute Nacht gerne bei ihr.

Schließlich frage ich einen der Liebesäpfel: Liebesapfel, du bist zum Gegenstand einer Verabredung geworden. Wie ist das für dich?

So sind wir Mittel zum Zweck und machen zugleich die menschlichen Abgründe sichtbar.

Wir sind überrascht, dass man uns eine solche Wirkung zuspricht – eigentlich können wir die gar nicht haben. Aber gut, wenn es hilft, dass man an unsere Wirkung glaubt. Wir sind zwar keine Menschen, sondern einfache Liebesäpfel, und können das vielleicht nicht so gut beurteilen – doch wir meinen, Liebe, Zuwendung und Begehren sind nichts, was man einfach verhandeln kann.

Meine Aufgabe ist es Freude zu schenken, bei wem und wie, das ist mir egal.

Ich komme von Gott und ich spüre, dass ich Frieden bringen soll. Ich weiß zwar noch nicht, wie das klappen wird, aber es ist schön, bei den Menschen zu sein.

Wir haben eine große Macht und Wirkung – allein durch die Phantasie, die wir bei den Menschen in Gang setzen. Das ist großartig!

Schließlich möchte ich von sowohl von Rahel, von Lea und von Jakob gern wissen, wie sie eigentlich Gott in dieser Geschichte sehen.

Rahel antwortet: Manchmal bleibt Gott mir so fern: Da ist die Lust und die Liebe zu Jakob – und doch sind wir nicht mit Kindern gesegnet. Straft Gott uns für unsere Sinnlichkeit?

Ich weiß so oft nicht, was Gott mit uns, mit mir vorhat. Ich verstehe seinen Plan nicht. Jakob soll viele Nachkommen haben und mit Jakob und mir klappt das einfach nicht so richtig wie mit ihm und meiner Schwester. Jakob und ich lieben uns so häufig, so lustvoll und – ohne Erfolg, ohne Kinder-Segen. Entweder sieht Gott Lea und mich quasi als eine Ehefrau für Jakob – dann ist es ihm bestimmt egal, wann und mit wem Jakob die Nacht verbringt. Sollte mein Problem, Kinder zu bekommen, eine Strafe für übergroße Lust sein – dürfte dieser Handel das Ende jeglichen Kinderwunsches von mir sein.

Gott will, dass unser Volk zahlreich wird, da ist ihm jedes Mittel recht.

Gott hat uns diese Liebe ins Herz gelegt, für die es sich zu kämpfen lohnt!

Lea sagt: Kann Gott diese Dreierbeziehung ernsthaft wollen? Das frage ich mich. Ist diese Demütigung, die ich täglich und nächtlich erfahre, eine Prüfung?

Ich schäme mich so vor Gott für diesen Liebeshandel – so etwas gehört sich nicht – und klage ihn zugleich auch an: Kann er nicht einfach dafür sorgen, dass Jakob mich als Frau begehrt, die ich ihm Kinder schenke? Das würde so vieles erleichtern – mir zumindest und für Jakob wäre es doch auch schöner.

Dass Gott auf meiner Seite steht, erweist sich ja darin, dass ich die meisten Kinder habe. Ob mit oder ohne Liebesäpfel, ich bin die Fruchtbarere.

Dass mein Sohn die Liebesäpfel gefunden hat, ist doch ein Zeichen, dass Gott meine Gebete erhört!

Und Jakob äußert: Ich lebe nach den Gesetzen unserer Gemeinschaft und stehe zugegebenermaßen auf der Sonnenseite. Vor dem Gezänk und den Tränen verschließe ich vielleicht manchmal die Augen. Ich kann das Problem, das Lea und Rahel miteinander haben, doch nicht lösen und vielleicht will ich es auch gar nicht.

Gott ist mit mir und meinen Frauen und dafür danke ich ihm, auch so ein Frauengezänk wird daran nichts ändern. Dessen bin ich mir gewiss und dennoch: Einstmals habe ich meinen Vater getäuscht, meinen Bruder um den Segen gebracht – sicher es war Gottes Rat; doch ich bin in meiner Hochzeitnacht getäuscht worden und der Kindersegen mit meiner innig geliebten Rahel bleibt mir vorenthalten. Habe ich mir schon zu viel an Segen selbst genommen? Das frage ich mich immer häufiger und auch dieser Handel erinnert mich wieder daran und macht mich unsicher, wie Gott wirklich zu uns steht.

Mit Gott hat das alles nicht viel zu tun. Oder vielleicht doch. Je länger ich nachdenke, desto unsicherer werde ich. Ich bin zum Spielball meines Schwiegervaters und meiner Frauen geworden. Ob das die Antwort Gottes ist auf mein Verhalten gegenüber Esau und meinem Vater?

Dass Gott den Menschen als Mann und Frau geschaffen hat, ist wohl die größte Herausforderung im Leben!

Im Schein des »weißen Feuers« zeigt sich der Text als spannende und spannungsreiche Nachtgeschichte, die Erfahrungen und Einsichten zu menschlichen Liebes- und Geschwisterbeziehungen eröffnet, Hoffnungen, Sehnsüchte und Enttäuschungen thematisiert sowie die immer währenden menschlichen Fragen nach Sinn, Gerechtigkeit und dem Willen Gottes aufwirft und zu möglichen Antworten inspiriert.

Klara Butting (Uelzen)

Vierter Sonntag nach Trinitatis: Nächtliches Leben

Du machst Finsternis, dass es Nacht wird; da regen sich alle
wilden Tiere … (Ps 104,20)

Die Nacht ist der Schlüssel zum 104. Psalm. Für mich jedenfalls. Lange
Zeit blieb der Psalm mir fremd. Besonders zu dem viel zitierten Vers:
»Sie alle warten auf dich, dass du ihnen ihre Nahrung gibst zu ihrer Zeit«
(V. 27) fehlte mir der Zugang. Von den kleinen und großen Tieren der
Wildnis ist die Rede. Besonders ausführlich kommen die Löwen zur Spra-
che. Von den Junglöwen heißt es, dass sie, wenn sie nach Beute brüllen,
von Gott ihre Nahrung fordern (V. 21).

Diese Raubtiere nennt der Psalm als Paradigma. Sie stehen mit ihrem
Gottesbezug exemplarisch für alle Kreatur, die von Gott Nahrung erwartet. Ich tue mich schwer damit. Und ich möchte meinen Vorbehalt
festhalten, auch wenn der Schutz der Ökosysteme angesichts des Kli-
mawandels eine Überlebensfrage ist. Auch bei der Suche nach Öko-
gerechtigkeit möchte ich die Bedeutung von Gerechtigkeit nicht aus den
Naturkreisläufen ableiten und Gottes Weltimmanenz nicht mit dem Öko-
system identifizieren. Denn die Gefahren liegen auf der Hand. Plötzlich
gehören Fressen und Gefressenwerden zum Leben, Selektionsprozesse,
die die Schwachen aussondern, gelten als gerecht und das Recht des Stärkeren als natürlich und darum göttlich.

Die Abwehr der Vergöttlichung von Naturkreisläufen und einer Vermischung von Natur und Theologie gehört zu den Einsichten der Bekennenden Kirche. Die Bekenntnissynode in Barmen hat 1934 die Lehre verworfen, dass irgendwelche »Ereignisse und Mächte, Gestalten und Wahrheiten«, die wir in dieser Welt vorfinden, der Kirche als Offenbarung des Willens Gottes gelten dürfen. Damit wurde einer naturgegebenen Ordnung der Welt nach dem Recht des Stärkeren, der Überlegenheit der germanischen Rasse und der Organisation der Kirche nach dem Führerprinzip widersprochen. Die Abkehr von einer natürlichen Theologie, zu der uns die Bekennende Kirche verpflichtet, hat sich für mich in vielen gegenwärtigen gesellschaftlichen Konflikten als lebenswichtig erwiesen. In der Frauenbewegung, im Widerstand gegen die Diskriminierung von lesbischer und schwuler Liebe, in der Arbeit gegen die in Kirchenbänken verbreitete Schicksalsgläubigkeit – überall, wo Lebenswege, Zukunftsvorstellungen oder Partnerschaftsbilder aus biologischen Gegebenheiten abgeleitet werden, wurde die theologische Denkbewegung, die Gott und nicht die Welt zum Ausgangpunkt nimmt, ein Teil des Widerstandes.

Weder aus unseren Geschlechtsorganen, noch aus biologischen Selektionsprozessen und auch nicht aus einer Krankheit, die wir erleiden, lässt sich Gottes Wille für unser Leben herausbuchstabieren. Gerade deshalb liebe ich die biblische Schöpfungsgeschichte, in der Menschen und Tiere Vegetarier/innen sind (1 Mose 1,29 f.). Schöpfung wird als Intervention Gottes in die Natur erzählt, die auf das Miteinander von Löwen und Lämmern, von Menschen und Tieren zielt.

Psalm 104 redet anders. Gott sorgt sich um die real existierenden, Fleisch fressenden Löwen. Er ist der Adressat, wenn sie nach Beute brüllen. Doch auch in Psalm 104 ist Gottes schöpferisches Tun eine Intervention, die Leben eröffnet. Davon spricht die Nacht! Mit der Unterscheidung der Zeiten ermöglicht Gott gemeinschaftliches Leben. Das Lob des Psalms gilt der Gottheit, die *den Mond gemacht hat für die Zeiten, und die Sonne, die den Ort ihres Untergangs kennt. Du bestimmst, dass Finsternis sei, und es wird Nacht. Dann regen sich alle Lebewesen des Waldes. Die Junglöwen brüllen nach Beute, sie fordern von Gott ihre Nahrung. Geht die Sonne auf, ziehen sie sich zurück in ihre Wohnungen und legen sich nieder. Heraus geht der Mensch, an sein Werk, an seine Arbeit bis zum Abend.* (V. 19–23)

Die Raubtiere haben eigene Zeiten und Räume. Sie bekommen die Nacht. Sie können leben, ohne die Menschen und ihre Haustiere zu gefährden. Keine Zoologie, sondern Theologie ist dieses Nachdenken. Denn Löwen jagen durchaus auch tagsüber, wenn sich ihnen die Gelegenheit bietet. Angesichts der Gefährdung des Lebens und der Fraglichkeit aller Versuche, eine Menschen und Tieren gerechte Lebensordnung zu schaffen, wird die Nacht zur Botschafterin Gottes. Die Nacht, die Tag für Tag dem Licht des Tages weicht, erzählt davon, dass wir den Gefährdungen nicht ausgeliefert sind. Die Erfahrung, dass Löwen in der Dämmerung aktiv werden und nachts jagen, wird zur konkreten Utopie. Die Nachtaktivität der Räuber wird zum Zeichen, dass in allem Geschaffenen die Sehnsucht nach Frieden und Versöhnung lebt. Die Tiere wollen von Gott nicht einfach Fressen, sie wollen Nahrung »zu ihrer Zeit«. Sie wollen teilhaben an gemeinschaftlichem Leben. Ihr Verlangen nach Nahrung zu je eigenen Zeiten ist Sehnsucht nach friedlichem Miteinander, nach einer Erde, die für alle Lebewesen ein guter Ort zum Wohnen ist.

Paulus spricht im Römerbrief von der »sehnsuchtsvollen Erwartung« der Schöpfung (Römer 8,19). Er meditiert den Psalm 104 – davon bin ich überzeugt. Er deutet das »Warten« der Tiere auf eigene Zeiten und erkennt darin die Ausrichtung und Mitwirkung der gesamten Schöpfung an gewaltfreies Miteinander. In Psalm 104 wird es besungen. Der Psalm setzt dem Kreislauf von Fressen und Gefressenwerden eine Grenze und wagt zu behaupten, dass Sterben und Vergehen auch für die Tiere eine Erfahrung von Gottesferne ist: D*u öffnest deine Hand, sie ersatten an Gutem. Du birgst dein Antlitz, sie werden verstört, du ziehst ihren Geist ein, sie verscheiden und kehren zu ihrem Staub. Du schickst deinen Geist aus, sie sind erschaffen und du erneuerst das Antlitz des Bodens* (104,28–30). Die Erde und ihre Kreaturen harren auf die Neugestaltung des gesamten Lebens. Kein Gegeneinander in der Nahrungssuche, gutes Miteinander geht von Gott aus und ist als Sehnsucht allem Geschaffenen eingezeichnet. Die Nacht erzählt, dass dieser Tag kommt.

Albrecht Grözinger (Basel)

Fünfter Sonntag nach Trinitatis: Die Nacht von Gethsemane

Das sprach Jesus zu ihnen: In dieser Nacht werdet ihr alle Ärgernis an mir nehmen. (Mt 26,31)

Es ist die Nacht in Gethsemane, an deren Anfang diese Worte stehen. Die Nacht von Gethsemane – ein Ärgernis damals, ein Ärgernis heute. Drei Anlässe zum Ärgernis erkenne ich in dieser Geschichte – damals und heute.

Die Nacht der Individuation

In dieser Nacht betet Jesus zum Vater. Das Bild ist in die Ikonographie der abendländischen Kunst eingeschrieben. Jesus im Abseits. Verlassen von den Anhängern und Anhängerinnen. Einsam, aber nicht sprachlos. In dieser Nacht spricht Jesus. Er redet um sein Leben. Er *betet* um sein Leben. Er – allein gegenüber Gott. In dieses Bild ist die Erfahrung eingeschrieben, dass das Verhältnis zu Gott zunächst einmal etwas höchst Individuelles, ja Intimes ist. Augustin hat dies in seinen *Confessiones* meisterhaft zum Ausdruck gebracht. Das Gottesverhältnis stiftet Individuation. Dieser Sachverhalt – von Augustin bis hin zu Henning Luther so gesehen – stößt im kirchlichen Milieu meist auf Widerspruch. Gern wird dort als erstes Gemeinschaft eingeklagt. Individuation wird mit egoistischem Individualismus gleichgesetzt. Wo Gemeinschaft der Individuation vorausgehen muss, ist der Totalitarismus nicht fern. Hitler und Stalin hassten das Individuelle: *Du bist nichts, dein Volk ist alles; die Partei, die Partei hat immer recht ...* Gerade der Protestantismus sollte Grund genug haben, das Individuum, das Individuelle, und damit immer auch das Nicht-Konforme, Abweichende zu verteidigen. Papst Benedikt XVI. machte ja dem Protestantismus gerade dies zum Vorwurf: Seine Neigung hin zum Individuellen. In meinen Ohren ist das eher ein Lob. Gern kann die päpstliche Kritik den Protestantismus ob seines Hanges zum Individuum *loben*. Diese Nacht von Gethsemane ist auch eine der Geburtsstunden des Protestantismus. Es steht uns gut an, uns an diese Geburtsstunde zu erinnern.

Die Nacht des Opfers

In dieser Nacht nimmt Jesus den Status des Opfers an. Dieser Satz ist nicht ungefährlich, ich weiß. René Girard hat gezeigt, dass der Sündenbock zum Ärgernis werden muss: *In dieser Nacht werdet ihr alle Ärgernis an mir nehmen.* Nein, nicht Gott hat Jesus zum Opfer gemacht. Das haben diejenigen, die ihn ans Kreuz schlugen, zu verantworten. Aber Jesus hat sich dem gerade nicht entzogen. Wie leicht hätte er in dieser Nacht die Fronten wechseln können – hin zur Tempelhierarchie oder hin zu den Zeloten. Er wäre dort mit offenen Armen empfangen worden. Beide kommen in dieser Nacht mit dem Schwert, die römischen Soldaten und das nicht lange andauernde zelotische Mütchen des Petrus. Nein, Jesus ringt sich in dieser Nacht durch, den Preis für seine Solidarität mit seinen Hoffnungen auf eine bessere Welt zu bezahlen. Und dieser Preis besteht darin, dass er sich in den Status des Opfers einfügt, die andere ihm zugedacht haben und am Tag darauf am Kreuz ihm zufügen werden. Das so oft missbrauchte Theologumenon vom stellvertretenden Sühnetod Jesu bekommt in dieser Nacht seine konkreten Konturen: Jesus stellt sich als Opfer zur Verfügung, um all die anderen vergangenen und zukünftigen Opfer zu delegitimieren. Wer weiter am Opfer festhält, verrät das Opfer Jesu. Die

Nacht des Opfers ist auch die Nacht des Endes aller Opfer. Deshalb feiern wir im Abendmahl nicht das Opfer, sondern das Ende des Opfers. Gott will – entgegen der Liedstrophe des ansonsten von mir sehr geliebten Paul Gerhardt (EG 446,5) – gerade *kein* Opfer haben.

Die Nacht, in der Gott zu Gott schreit

Wenn wir die Trinitätslehre ernst nehmen, dann kommen wir nicht umhin zu sagen: In dieser Nacht ringt Gott mit Gott, kämpft Gott mit Gott. Ein Kampf, noch radikaler als der Kampf am Jabbok. Jesus, der Gottessohn, schreit zum Gottvater um sein Leben. Ich denke nicht, dass die Nacht von Gethsemane eine *stille Nacht* war. Können wir diese Abgründigkeit überhaupt ausdenken? Die Abgründigkeit, die buchstäblich in einem Abgrund besteht, der sich in Gott selbst auftut. Zwei Stimmen, die miteinander streiten. Die eine, die in Todesangst um Hilfe schreit, und die andere Stimme, die so penetrant schweigt. Ich verstehe schon, dass Luthers Glaube den *deus absconditus* brauchte, um diesen Abgrund, der sich in Gott auftut, auszuhalten. Und auch Karl Barths Rede davon, dass Gott sich entspricht, wird dieser Nacht in Gethsemane nicht gerecht. In dieser Nacht entspricht Gott sich gerade nicht, sondern er steht im Widerstreit mit sich selbst.

Allerdings steht am Ende dieser Nacht nicht – wie im germanischen Mythos – eine Götterdämmerung, sondern ein österliches Gottes-Erwachen. Die Götterdämmerung reißt Gott, Mensch und die Welt in den Feuersog. Götterdämmerungen, und oft waren das sehr menschliche Schein-Götter, reißen die Menschen und die Welt immer wieder auf Neue in den Feuersog. Das Gottes-Erwachen am dritten Tag bringt der Welt einen neuen Schein. Im Schein dieses neuen Lichts ist dann konkreteste – und das heißt politische! – Kritik an den von Menschen inszenierten Götterdämmerungen möglich und notwendig zugleich. Deshalb sollten wir diese Nacht kennen. Wir brauchen sie aber nicht zu fürchten.

Frank Thomas Brinkmann (Gießen)

Sechster Sonntag nach Trinitatis: Predigtgeschichten

Am ersten Tag der Woche, als wir versammelt waren, Brot zu brechen, predigte Paulus, und da er am nächsten Tag weiterreisen wollte, zog er die Rede hin bis Mitternacht. (Apg 20,7)

Bis Mitternnacht – acht – cht – ht – t – (…).

Nacht. Die Sonne hatte am Horizont ihr letztes Adieu verstrahlt und eine tiefschwarze Dunkelheit zugelassen; erfolglos suchte der junge Mond, frische Strahlen durch tief hängende Wolkendecken zu senden. Die Lichtverhältnisse am ersten Wochentag drückten derart auf das Gemüt, dass sich selbst die dämmerungsaktiven Wesen der Finsternis eigentümlich verhielten. Maus und Käuzlein, schleichende Katze und streunender Schakal, sie alle gaben keinen Laut dort draußen; allein ein Wüstenmoskito gab spitz flirrend zu verstehen, dass doch noch etwas leben mochte. Außer ihnen. Im Haus.

Sie hatten wenige Lampen aufgestellt, an den Wänden, auf der Innenveranda, in des Raumes Mitte auf dem Tisch. Zum Mahl waren sie verabredet, zum Brechen des Brotes. Schlichtes, inniges Beisammensein ohne viele Worte. Die waren ja bereits gesprochen worden: von einem, dem sie glauben wollten, dass er Angst, Nacht und Tod besiegt hatte, als die Lebzeit abgelaufen war. Ein vages Bild hatten sie vor Augen, wenn sie ihn als Wahrzeichen sahen und sein letztes Mahl als Fingerzeig nahmen für geschenktes Leben in Gottes Nähe: *In der Welt habt ihr Angst, aber ich habe die Welt überwunden. Ich bin Brot, Licht und Leben.*

Wie geheimnisvoll das doch war. Es gehörte zusammen, zweifellos, sagte ihnen ihr Gefühl, und doch gab es nur eine Sprache ohne Worte. Still teilten sie das Brot, vertrauend auf eine helle Macht, die stärker sein muss als jedes Dunkel.

Dunkel und spät wurde es dennoch. Sicher hätten sie schon ihren Heimweg angetreten, wenn da nicht dieser andere gewesen wäre. Keiner aus ihrer Mitte, aber jetzt mitten unter ihnen. Mit seinem grotesken Auftritt, der fragilen Erscheinung und dem flackernden Blick gab er der schweren Nachtstimmung den Rest.

Acht Stunden waren vergangen, seit er sich erstmalig aufgereckt hatte, mit Händen zitternd und Armen zuckend; sogar als er begonnen und nicht aufgehört hatte zu reden, konnte man noch bemerken, wie er krampfte und schauderte. Just vor Tagen war er bei ihnen aufgeschlagen, Christus-prediger unter Dauerstrom, hatte Terminpläne erklärt und versprochen, binnen kürzester Zeit die große Wahrheit zu sagen. Was auch immer das heißt. Denn jetzt, da er dieses Projekt offenbar in Angriff genommen hatte, bekamen sie doch nur endlose Wortgewitter zu spüren, die die Stille zerfetzten. Merkwürdig. Der erste hatte ihnen Mut gemacht mit seinem *Fürchtet euch nicht; siehe, ich bin bei euch alle Tage!* Aber der hier versuchte irgendwie nur, die Nacht zu überreden.

Cht. Plötzlich war ein eigentümliches Geräusch zu hören. Es kam aus einem der wenig ausgeleuchteten Winkel, wo sich manche von ihnen nie-dergehockt hatten, auf dem Boden und an den Wandsimsen. Einem war müde geworden. »Cht«, machte er wieder und ein Ellenbogen traf ihn seitlich. »Du bist eingedöst, Leander!«, raunte ihm der Nachbar zu. »Ich habe seit Sonnenaufgang gearbeitet wie alle hier, mein lieber Mark«, gab der Sekundenschläfer im Flüsterton zurück und erklärte: »Außerdem dachte ich, wir teilen das Brot, nicht anders als sonst auch …«

»War auch so gedacht«, kam als Antwort, »aber jetzt ist der Apostel halt da! Einmal im Leben siehst du ihn! Sie nennen ihn … den dreizehnten Zeugen!« – »Selbst wenn diese menschliche Steckmücke der einzige Zeuge wäre«, verteidigte sich Leander, »wir sind doch alle seit Stunden am Ende des Tages angelangt. Nur müde! So geht es einigen hier. Schau mal da rüber … da vorn, direkt auf der Veranda … nicht dass der uns gleich mit geschlossenen Augen umfällt!«

Mark schaute in dieselbe Richtung und nickte. Außerdem gefiel ihm, wie Leander den Gast mit dem kleinen Insekt verglich, das sich weiterhin hemmungslos summend durch den Raum wütete.

»*ht!*« Der Wüstenmoskito lief zur Höchstform auf. »Ganz leicht zu merken, »H« für Hyios, T für Theos, beides aus dem Griechischen. Ihr sprecht und glaubt also von nun an, dass Jesus Christus der HT ist, der Hyios Theou, der Sohn Gottes!«

»Das gibt es doch nicht!« Leander war empört. »Jetzt geht der das fromme Alpha-Beta durch und macht daraus Basisinformationen für unser Seelenheil? Dafür sollte ich wach bleiben? Da lobe ich mir unseren Freund dort an der Brüstung, der schlummert, wie es sich gehört. Nur dass er wohl zu stark über der Veranda hängt, sieh dir das an!«

»Sei still!«, raunte es von der Seite. »Wir bekommen gerade den Gekreuzigten erklärt! Ich will das verstehen!« Mittlerweile hatte sich der predigende Besucher derart in Trance und Rage versteigert, dass man sich wirklich arg zusammennehmen musste, wenn man ihm folgen wollte. Angestrengt waren die meisten Augenpaare auf ihn gerichtet.

»*T*«! Das Kreuz ist ein »T«! Da steht ein Balken senkrecht, tief in der Erde, kippt nicht, wackelt nicht. Und obenauf wird der andere Balken gelegt und angeschlagen. Quer davor und mittig, wie manche denken, das würde im Leben nicht halten, und im Tod erst recht nicht … Also, auf Holz senkrecht kommt Holz waagerecht, und warum? Weil es der Bund ist, den Gott in Jesus Christus vertikal – senkrecht von oben – mit der ganzen Menschheit – horizontal und universal – eingehen will, indem …«

»Kippt nicht, wackelt nicht, senkrecht von oben?« Leander schüttelte den Kopf. »Ich sage dir, Mark, mein Freund, der da vorn gegenüber, der kippt und wackelt so sehr, dass er gleich senkrecht von oben über die

Brüstung geht! Sieht das denn keiner? Leuchtet doch mal … Wir brauchen mehr Licht … Wenn er sich noch weiter neigt, fällt er im Schlaf, ohne … Mensch, der stürzt … der knallt da runter … Oh Gott …« Mit Leanders Aufschrei und einem dumpfen Aufschlag auf der gegenüberliegenden Raumseite wurde die Nacht endgültig zur Nacht.

… Als der Morgen anbrach, war der Gast schon angemessen verabschiedet worden. Bis auf einen Sturz aus geringer Höhe hatte es keine besonderen Vorkommnisse gegeben. Wer hätte schon eine mittelschwere isolierte Schädelfraktur mit subduralem Hämatom diagnostizieren und auf typische Spätfolgen hinweisen wollen? Auch der Betroffene klagte erst nach Wochen über Kopfschmerzen und Sprachstörungen. (Das war mein Leib!)

Als unangenehm empfand man, dass der Wüstenmoskito sieben Opfer hat finden und stechen können. Nun klebte er tot an einer Wand. Kleiner, roter Fleck. (Das war mein Blut!)

Andreas Engelschalk (Wetzlar)

Siebenter Sonntag nach Trinitatis: Jesus schickt keinen ohne Essen ins Bett

Am Abend aber traten seine Jünger zu ihm und sprachen: Die Gegend ist öde und die Nacht bricht herein; lass das Volk gehen, damit sie in die Dörfer gehen und sich zu essen kaufen. Aber Jesus sprach zu ihnen: Es ist nicht nötig, dass sie fortgehen; gebt ihr ihnen zu essen. (Mt 14,15)

An dem Abend, als Max seinen Wolfspelz trug und nur Unfug im Kopf hatte, schalt seine Mutter ihn: »Wilder Kerl!« »Ich fress dich auf«, sagte Max, und da musste er ohne Essen ins Bett. Genau in der Nacht wuchs ein Wald in seinem Zimmer ...

So beginnt das Kinderbuch »Wo die wilden Kerle wohnen« von Maurice Sendak. Mit hungrigem knurrenden Magen ins Bett zu müssen, das erscheint wie ein Relikt aus der Zeit schwärzester Pädagogik. Bei Max, dem Helden der Geschichte, wirkt sich der Nahrungsentzug stark phantasiebildend aus und am Schluss steht Essen neben seinem Bett, »... und es war noch warm.«

Matthäus 14,15 zeigt die Jünger Jesu in großer Sorge, denn sie sehen sich vor die Situation gestellt, etwa zehntausend Menschen ohne Essen ins Bett schicken zu müssen. Doch der Reihe nach:

Johannes und Jesus schaffen es immer wieder, als religiöse Popstars das Volk zu elektrisieren. Die Mundpropaganda in Galiläa gibt den Aufenthaltsort eines der beiden »neuen Propheten« mit rasender Geschwindigkeit weiter. Johannes haben seine kritischen Worte zum Liebesverhältnis des König Herodes ins Gefängnis gebracht. Der König weiß nicht genau, was er mit Johannes machen soll. Einerseits fürchtet er das Volk, andererseits ist Johannes zu weit gegangen. Ein leichtfertig ausgesprochenes Versprechen auf Herodes Geburtstagsparty kostet Johannes das Leben, der Rufer in der Wüste schweigt für immer.

Jetzt gibt es nur noch einen religiösen Popstar in Galiläa und alle Aufmerksamkeit konzentriert sich auf ihn. Jesus von Nazareth will dem Trubel entkommen, in Ruhe über alles nachdenken, beten, für sich sein. Übers Wasser kann ihm niemand folgen, so nimmt er das Boot und sucht eine ruhige und einsame Stelle. Doch die Menschen lassen ihn nicht aus den Augen, sie folgen dem Kurs des Bootes und machen aus, wo Jesus an Land gehen wird. – Hinterher!

Jesus nimmt das Boot, die Menschen die Füße in die Hand. Als er anlegen will, sieht er, wie viele Menschen ihm gefolgt sind. Anders als die Promis unserer Tage reist Jesus nicht in einer verspiegelten Stretchlimousine oder lässt sich von Bodyguards abschirmen. Auch wenn es anders geplant war, er sieht die Größe der Not und hat Mitleid mit den Menschen. Er heilt die Kranken.

Plötzlich senkt sich der Abend über dem See Genezareth. Die Jünger geben in knappen Worten eine Lagebeschreibung: »Abgelegen ist der Ort und die Stunde vorgerückt.«

Ihr Lösungsvorschlag lautet: »Jesus, hier sitzen etwa zehntausend Menschen, du weißt, wie schnell es Nacht wird und viele haben noch nichts gegessen den ganzen Tag. Wir schlagen vor, dass du die Leute entlässt und sie sich in den umliegenden Dörfern mit dem Nötigsten versorgen.«

Zehntausend Leute, Matthäus berichtet uns von fünftausend, aber damals zählte man nur die Männer, die gleiche Menge an Frauen und Kindern muss wohl dazu gezählt werden, die Jesus-Fans sitzen in der Falle. Die nächsten Orte sind weit entfernt. Sie alle sich selbst zu überlassen, hält Jesus für keine gute Idee. »Gebt ihr ihnen zu essen!«

Was folgt, ist bekannt. Die Jünger haben fünf Brote und zwei Fische, alle Menschen werden satt und es müssen Reste gesammelt werden, denn hier soll nichts umkommen.

Als etwa zwanzigjähriger Kirchentagsteilnehmer (es könnte Hamburg 1981 gewesen sein) empörte mich die Deutung, die meiner Meinung nach das Wunder dieser Verse völlig zerstörte. Da las einer die Wundergeschichte sozialgeschichtlich und entmythologisiert: Kein Mensch im Palästina vor zweitausend Jahren trat eine Tagereise ohne die nötige Eigenverpflegung an. Als die Jünger begannen, ihre fünf Brote und zwei Fische weiterzureichen, lösten sie eine Art Schneeballeffekt des Miteinander-Teilens aus.

Heute – mit dem Abstand von über dreißig Jahren – sehe ich genau darin das Wunder: Menschen wecken durch ihr Beispiel in anderen Menschen die Bereitschaft, mit anderen ihr Essen zu teilen. Da muss der Heilige Geist seine Finger mit im Spiel haben. Jesus will sich in die Abgeschiedenheit zurückziehen und feiert mit zehntausend Menschen ein Großpicknick am Ufer des Sees Genezareth.

»Hauptsach gut gess« (Hauptsache: gut gegessen) hieß der Wahlspruch, der mindestens einmal in jedem Tatort aus Saarbrücken fallen musste. Dem Protestantismus ginge ein solches Motto nicht so leicht über die Lippen. Eher das johanneische »Der Mensch lebt nicht vom Brot allein …« prägte die evangelische Kirchengeschichte.

Doch es gibt Ausnahmen: Der Kirchenkaffee im Anschluss an den Gottesdienst hat schon weite Verbreitung gefunden, doch Hans-Martin Gutmann hat den jesuanischen Impuls aus Matthäus 14: »Gebt ihr ihnen zu essen« in anderer Weise umgesetzt:

So endet der Universitätsgottesdienst in der Hamburger Hauptkirche St. Katharinen nicht mit dem Segen, sondern mit einem großen Suppenessen in der Eimsbütteler Wohnung. Denn schon Jesus schickte keinen ohne Essen ins Bett.

Silke Petersen (Hamburg)

Achter Sonntag nach Trinitatis: Glauben lässt sich auch nachts

Wir müssen die Werke dessen wirken, der mich gesandt hat, solange es Tag ist; es kommt die Nacht, da niemand wirken kann. (Joh 9,4)

Je länger man sich diesen Satz ansieht, desto merkwürdiger wird er. Zunächst: Wieso soll es nicht möglich sein, dass jemand in der Nacht etwas bewirkt? Wieso nicht einfach Licht machen – Kerzen und Fackeln gab es auch in der Antike – und die Küche aufräumen, an einem Artikel weiterschreiben, oder, näher am johanneischen Kontext, sich um die Heilung eines Kranken bemühen? Zugegebenermaßen fallen manche Handlungen des Nachts eher schwer – die Weinernte etwa lässt sich besser am Tag bewerkstelligen.

Doch verweist schon die Schrägheit des zweiten Teils von Joh 9,4 darauf, dass es hier noch um anderes gehen muss: Wie so oft bei der Lektüre des Johannesevangeliums ist ein Wechsel der Verständnisebenen gefragt. Natürlich redet der johanneische Jesus hier (auch) über sich selbst und die Heilung, die er anschließend bewirken wird. Bei dieser Heilung handelt es sich um das Sehend-Machen eines Blindgeborenen vermittels eines Gemischs aus Erde und Speichel, die Jesus als »Licht der Welt« vornimmt (wobei der johanneische Jesus, wie so oft, gleichzeitig sehr erdverhaftet und sehr überirdisch erscheint). Jesus sagt direkt anschließend: »Solange ich in der Welt bin, bin ich Licht der Welt« (Joh 9,5), in Aufnahme des vorhergehenden, ausführlicheren Ich-bin-Worts: »Ich bin das Licht der Welt; wer mir folgt, wird nicht in der Finsternis umhergehen, sondern das Licht des Lebens haben« (Joh 8,12).

Exakt dies passiert nun in der erzählten Heilung des Blindgeborenen, dem nicht nur die Augen dahingehend geöffnet werden, dass er »normal« sehen kann, sondern dem sich auch die Augen zum glaubenden Sehen Jesu öffnen – während bei der gegnerischen Gruppe der umgekehrte Vorgang eintritt. Jesus kommentiert daraufhin, er sei in die Welt gekommen, damit die Nicht-Sehenden sehend werden und die Sehenden blind (Joh 9,39). Nicht jedes »sehen« oder »blind sein« funktioniert hier auf derselben Sprachebene: Sehen im »normalen« Sinne und »Sehen« als Annahme Jesu laufen parallel und nötigen die Lesenden von Joh 9 zu mehrfachen Ebenenwechseln, auch mitten im Satz. Es ist immer zugleich »wörtlich« und metaphorisch zu lesen.

Kehren wir von hier aus zurück zu Joh 9,4, so zeigt sich, dass die Probleme damit allerdings noch nicht gelöst sind. Merkwürdig bleiben zwei Aspekte: Das »Wir« zu Beginn der Aussage sowie die Idee, dass anscheinend auch Jesus nachts nichts bewirken kann und deshalb jetzt gleich zur Tat, d. h. hier zur Heilung schreiten muss. Wenn er selbst das Licht ist, wieso kann er dann nur tagsüber handeln? Oder geht es nicht um Jesus?

Schon die antiken TradentInnen haben mit dem »wir« zu Beginn der Aussage ihre Schwierigkeiten gehabt. Dies bezeugen die textkritischen Varianten: Eine große Anzahl von Handschriften schreibt zu Beginn »ich« statt »wir«, und eine Reihe jener Handschriften, die das »wir« bezeugen, entscheiden sich anschließend dafür, auch im Plural fortzufahren. Das heißt, der Text wird auf die eine oder andere Weise kongruent gemacht: »*Ich* muss die Werke dessen wirken, der *mich* gesandt hat, solange es Tag ist«, oder: »*Wir* müssen die Werke dessen wirken, der *uns* gesandt hat, solange es Tag ist«. Beide Änderungen vereindeutigen die Überblendung von Jesus und dem »wir« der johanneischen Gemeinde, die sich im ursprünglichen Text gefunden haben dürfte. Aber warum ist dieses Jesus-Wir-Subjekt anscheinend unfähig, nachts zu handeln und etwas zu bewirken?

Etwas Licht ins Dunkel bringen lässt sich durch eine Betrachtung der johanneischen Lichtmetaphorik in ihrer Gesamtheit. Diese Metaphorik ist im Evangelium in höchstem Maße jesuszentriert und damit zugleich terminiert. Das Licht tritt schon sehr früh im Evangelium im Zusammenhang mit dem *Logos* in Erscheinung (Joh 1,4f.), und die Lichtmetaphorik endet in Kapitel 12 gleichzeitig mit dem Ende des öffentlichen Wirkens Jesu. Im Anschluss an jene Aussage, die die Anwesenheit Jesu als Licht am eindeutigsten zeitlich begrenzt, folgt die Bemerkung, dass er sich vor ihnen, nämlich der Öffentlichkeit, verbirgt (Joh 12,36). Die zuvor angekündigte zeitliche Begrenzung des »Lichts« (Joh 9,5f.; 11,9f.; 12,35f.) wird damit auf der Ebene der Jesuserzählung eingelöst. Später im Evangelium gibt es sehr wohl noch »Finsternis« (*skotia*, Joh 20,1) und »Nacht« (*nyx*, Joh 13,30; 21,3), das »Licht« (*phos*) hingegen tritt – zumindest als Vokabel – nie mehr in Erscheinung.

Trotzdem scheint es nicht die ganze Zeit dunkel zu sein: Wenn in den beiden großen Erscheinungserzählungen in den letzten Kapiteln des Evangeliums die ZeugInnen zunächst vor dem Morgengrauen anzutreffen sind (vgl. Joh 20,1; 21,3), so lässt sich imaginieren, dass mit Jesu Erscheinung das Licht zurückkehrt. Gesagt wird dies allerdings nicht: Die Lichtmetaphorik bleibt auf die Zeit der Anwesenheit des irdischen Jesus begrenzt.

Diese zeitliche Begrenzung des »Lichtes« steht nun im Kontext der besonderen Zeitkonzeption des Evangeliums: Die Zeit ist hier nicht linear-chronologisch gedacht, sondern als messianisch erfüllte Zeit der Anwesenheit Jesu. Ändert sich diese Zeitkonzeption, so muss sich gleichzeitig auch die Lichtmetaphorik ändern. Der erste Johannesbrief formuliert im Rückblick auf die Zeit Jesu, dieser habe uns verkündigt, dass Gott Licht sei, und setzt die Gemeinschaft untereinander synonym mit dem »Wandeln im Licht« (vgl. 1 Joh 1,5–7). Einhergehend mit der veränderten Zeitperspektive wandelt sich die Lichtmetaphorik, die nicht mehr in Jesus, sondern in Gott zentriert ist. Jene Dualisierungen, die im Evangelium noch permanent verrutschen, werden nun vereindeutigt.

Im Evangelium jedoch scheint das Sehen am Ende nicht mehr notwendig. Wenn Jesus zu Thomas sagt: »Weil du mich gesehen hast, glaubst du; selig sind, die nicht sehen und glauben« (Joh 20,29), so wird das Sehen zu einer entbehrlichen Voraussetzung. Glauben lässt sich auch nachts.

Christian und Laura Bingel (Hamburg)

Neunter Sonntag nach Trinitatis:
There's magic in the night

Euer Land ist verwüstet, eure Städte sind mit Feuer verbrannt;
alles ist verwüstet wie beim Untergang Sodoms. / Übrig geblieben ist allein die Tochter Zion wie ein Häuslein im Wein-
berg, wie eine Nachthütte im Gurkenfeld, wie eine belagerte
Stadt. / Hätte uns der HERR Zebaoth nicht einen geringen
Rest übrig gelassen, so wären wir wie Sodom und gleich wie
Gomorra. (Jes 1,7–9)

Osnabrück, 1.9.12

Gerade habe ich dich zum Zug gebracht. Kleiner, ich liebe dich, seit du
auf die Welt gekommen bist. Du hattest diese wunderschönen roten Bäck-
chen und ich konnte gar nicht fassen, dass du mein Sohn bist. Dass ich
dich auf die Welt gebracht habe.

Jeder fand dich so entzückend, mit deinem frohen Gemüt und deiner
Freude am Essen. Wenn du zum Kindergeburtstag eingeladen warst, waren die anderen Mütter immer begeistert, wie gern du gegessen hast, wie
glücklich dich Essen gemacht hat.

War das mein Fehler? War es mein Fehler, dir mit Nahrungsmitteln
Glück geben zu wollen? Habe ich dich gemästet? Irgendwann kippte es,
ich habe das gespürt. Vorher, da war es kein Problem, dass du immer
ein bisschen pummeliger warst als andere Kinder. Du sahst süß aus mit

deinem Bäuchlein. Aber je älter du wurdest, desto schwieriger wurde es. In der Schule wurdest du gehänselt, wenn du beim Fußball nicht mitkamst. Jeder Bissen, den du zu dir nahmst, wurde kommentiert. Später wurde es schlimm. Wenn du nach Hause kamst, bist du direkt in dein Zimmer gegangen und hast deinen Frust mit Schokoriegeln gestillt. Ich wusste nicht, was ich tun sollte oder wollte.

Wenn ich dich so angucke, dann weiß ich, dass du für die meisten Leute im Moment wirklich keine Schönheit bist. Du bist in deinem Körper nicht zu Hause, kannst dich selbst nicht leiden, steckst in der Pubertät – manchmal bist du unausstehlich. Und trotzdem: Ich liebe dich! Für mich bist du immer wunderschön, denn du bist mein Sohn und ich bin deine Mutter. Vorhin als ich dich wegfahren sah, musste ich an »Thunderroad« von Bruce Springsteen denken: »Show a little faith, / there is magic in the night / you ain't a beauty / but hey, you are alright.« – Ich wünsch dir so, dass du das mal spürst.

Norddorf, 2.9.12

Digga, ich bin auf Amrum. An der Nordsee. Passt ja. »Schieb den Wal zurück ins Meer«, hat Marco gerufen. Warum musste mir auch der blöde Zettel aus der Tasche fallen, nach dem Gespräch im Lehrerzimmer? »Dr. Reimers, Kinder- und Jugendärztliche Versorgung. Drei Wochen Aktivierungskur für Teens zwischen 13 und 15 Jahren.« Als wir vom Arzt kamen, hat Mama total genervt. Warum ich nicht mehr mit Lukas draußen spiele, wie früher. Und warum ich nach drei Wochen nicht mehr hingegangen bin, damals beim Fußballtraining. Dann wurde sie ganz ruhig »Das geht doch so nicht weiter mit dir, David.«

Fußballspielen war totaler Scheiß. Der eine, Malte, brüllt auf einmal »Nüsse« und haut den anderen mit der Faust voll auf den Kopf. Dann alle, jeder gegen jeden. Das tut weh! Die anderen meinten, ich sollte Torwart sein. »Wenn David im Kasten ist, kommt eh kein Ball mehr durch.« Aber wenn ich mich torwartmäßig in die Ecke schmeiße, zieht sich immer das Hemd raus und alle gucken auf meine Speckrolle. Außerdem hab ich

Schiss vor dem Ball. Und die Jungs da spielen alle schon seit der F-Jugend. Fabio wird bestimmt mal Profi. Wenn der abzieht, fliege ich mit ins Tor. Und mir tut alles weh. Dabei ist Fußball toll. Das Gefühl im Bernabeu-Stadion, wenn ich mit Barcelona Champions League spiele. Bei »Fifa 12« singen die Fans dann auf Spanisch: »Seven Nations‹ Army«. Richtig cool.

Ich hab Mama das nicht erzählt, mit Marco. Sie sagt dann immer, dass ich toll bin, wie ich bin, und dass sie mich lieb hat. Aber manchmal merke ich, dass es selbst ihr schwer fällt.

Gestern beim Ankommen war's schön. Ein bisschen. Da sind Jens und Kai, zwei der Betreuer, mit uns runter zum Strand. Wir haben Holz mitgenommen und ein großes Lagerfeuer gemacht. Kai hat Gitarre gespielt. Und dazu hat das Meer gerauscht, total laut, wie im Film. Da dachte ich, so müsste es immer sein. Mit Mama dabei. Und vielleicht Jenny.

Aber dann heute Morgen. Um 8 Uhr mussten wir zum Arzt. Einer nach dem Anderen. Nur in Unterwäsche auf die Waage. Das war sone Oma-Waage wie bei Dr. Reimers. Der sagt dann: »Na, mal sehen, was wir für dich brauchen« und legt 80 kg auf. Und dann kommt immer: »Hui, da brauchen wir aber mehr.« Aber hier waren gleich 90 drauf. Und dann kam der Arzt noch mit so einem Zirkel und hat meine Speckrolle am Bauch gemessen. Das war voll eklig. Ich wollte nur weg. »Tja, so fühlen sich die Chips, wenn sie deine Hand kommen sehen«, meinte Jens. Der ist scheiße.

Norddorf, 5.9.12

Digga, ich bin immer noch da. Total fertig. Heute haben wir ne Radtour gemacht, zum Leuchtturm. Als wir da waren, hab ich mir 'n »Snickers« gekauft. Das gab voll Stress mit Kai. Da könnte ich ja gleich wieder fahren, wenn ich meine Pickel mit »Snickers« füttere und so. Kai ist auch nicht besser als die Anderen. Erst freundlich tun und so, und dann sind sie genauso gemein. Irgendwann zeig ich's denen allen. Was Großes. Dann werden sie sehen, dass sie die ganze Zeit den Falschen gedisst haben. Und Jenny würde sehen, dass ich kein Opfer bin.

Digga, bin ich fertig. Heute war wieder Samstag, Strandabendtag. Morgens haben wir ne Wanderung um die Inselspitze gemacht, da konnte man bis nach Sylt gucken. Da haben wir voll viele Vögel gesehen. Das war cool! Danach sollten wir mit Claudia kochen, für den Abend am Strand. Salate und Spieße mit Gemüse und so. Aber meine Gruppe war früher fertig. Kann ja auch schon kochen, von Mama. Die anderen sind dann raus, aber Kai meinte, er bräuchte noch Holz, für das Feuer. Dann hat er mir die große Axt gegeben und er hatte 'ne andere und dann haben wir zusammen Holz gehackt. Das ging bei mir besser als bei ihm, so dünn wie der ist. Bei mir ist ganz schön Wumms dahinter. Und dann saßen wir wieder am Strand, mit dem Meer und der Gitarre. Voll schön. Jetzt noch ein bisschen Radio, und dann schlafen. *Show a little faith, there's magic in the night …*

Christian Polke (Hamburg)

Zehnter Sonntag nach Trinitatis: Israelsonntag

Dein ist der Tag und dein ist die Nacht; du hast Gestirn und
Sonne die Bahn gegeben. (Ps 74,16)

So unspektakulär unser Vers daher kommt, so unscheinbar hat man ihn
im Kirchenjahr platziert: auf den zehnten Sonntag nach Trinitatis, mitten
hinein in die sommerliche Ferienzeit. Dazu passt vordergründig sein Inhalt. »Dein ist der Tag und dein ist die Nacht; du hast Gestirn und Sonne
die Bahn gegeben.« Lange Tage, mitunter kurze Nächte, Sternenhimmel
am Meer oder im Gebirge, der bewusste Rhythmus von Wachen und
Schlafen, von Feier und Ruhe. In den Wochen des Urlaubs suchen wir
allein oder gemeinsam eine Auszeit von der Hektik des Alltags und into-
nieren darin zugleich ob bewusst oder unbewusst das Lob des Schöpfers,
der uns als seiner Schöpfung die herrliche Ruhe des Sabbats geschenkt
hat, um Zeit mit- und füreinander haben zu können.

Doch damit ist nicht die ganze Geschichte unseres Verses erzählt. Sieht
man auf seine biblischen und liturgischen Kontexte, werden ganz andere
Assoziationen wach. Psalm 74, eine Volksklage, aus einer älteren Text-
sammlung, den sogenannten Asaph-Psalmen (Ps 50; 73–83), ist der einzige Psalm, der direkt mit einer »Warum«-Frage beginnt: »Gott, warum
verstößest du uns so gar und bist so grimmig zornig über die Schafe
deiner Weide?« (V. 1), fragt, ja, schreit der Beter. Historisch verweist das
auf die Zerstörung des Jerusalemer Tempels (V. 3.7) und somit auf den

Verlust der zentralen Stätte der Gottesbegegnung. Israel ist an seinem Lebensnerv getroffen, ist seiner zentralen Lebensader, dem kultischen Heiligtum, beraubt. Und dies sollte lediglich der Auftakt für eine lang andauernde, fortwährende Geschichte der Vertreibung, des Exils, der erneuten Verluste von Gotteshäusern, Tempel und Synagogen, ja, der nackten Existenz sein. So wiederum fügt sich die kirchenjahreszeitliche Zuordnung unseres Psalms zum sogenannten Israelsonntag.

An ihm bedenkt die Kirche ihre besondere Beziehung zum Volk Israel und zum Judentum als der Religion Jesu. Dies kann, zumal in Deutschland, nicht geschehen, ohne sich das unvergleichliche Unrecht, das Christinnen und Christen über Jahrhunderte hinweg bis in die Gegenwart an ihren älteren Glaubensgeschwistern verübt haben, vor Augen zu halten. Antijudaismus und Antisemitismus bilden eines der dunkelsten Kapitel der Kirchengeschichte. Was im 20. Jahrhundert in diesem Namen an Verbrechen begangen worden ist, schreit bis auf den heutigen Tag zum Himmel.

»Ach, Gott, wie lange soll der Widerwärtige schmähen und der Feind deinen Namen so gar verlästern? Warum wendest du deine Hand ab und deine Rechte von deinem Schoß gar?« (V. 10.11) Vor diesem Hintergrund scheint der Psalmist alle Klagen, alles Flehen, auch alles Fluchen seiner Glaubensgeschwister vorwegzunehmen. Und umgekehrt erhält das Schöpferlob aus V. 16 nunmehr eine ganz eigene Färbung. Zeugt es doch wie die vorangehenden Verse (V. 12–15), von einem Vertrauen des Beters, der gegen alle Erfahrungswirklichkeit an seinem Gott festhält. Trotzig hält er ihm seine rettenden Taten entgegen, erinnert ihn an sein Treueversprechen, das er den Seinen gegeben hat.

Die Unbegreiflichkeit des Zornes Gottes, das Gefühl seiner Abwesenheit und die damit verbundene Erfahrung radikalen Verlassen-Seins prägen den Psalm bis in seine letzten Verse. Von einem »Stimmungsumschwung« erfahren wir nichts. Vielmehr zeichnet der Beter ein dunkles und – blicken wir auf die Geschichte unzähliger Völker in der Menschheitsgeschichte, allen voran aber auf die Geschichte Israels – ein leider allzu realistisches Bild. Doch wird man des Eigentümlichen dieser Theodizee-Klage erst dann gewahr, wenn man bedenkt, dass es sich trotz allem immer noch um ein Gebet zu Gott handelt. So gleicht sein Beter jenen Rabbis, die eine ganze Nacht lang im Lager darüber Gericht halten, ob Gott für die Verbrechen, die an seinen Kindern begangen werden, eine Mitverantwortung zukomme. Am Ende sprechen sie ihn schuldig. Doch als der Morgen anbricht, erheben sie sich und verhüllen ihr Haupt zum Gebet.

Es ist diese unvorstellbare, fast übermenschliche Größe, die Israels Gottesbegabung in seiner Leidensempfindlichkeit (J. B. Metz) ausmacht. Sie lässt sich nicht mit billigem Trost oder Vertröstung abspeisen; sie gibt den Anspruch auf umfassende Gerechtigkeit für Lebende wie Tote nicht auf. Genau darin hat das jüdische Volk immer wieder selbst religiöse Zweifler beeindruckt. Etwa den alten Fritz, der seinen Leibarzt einmal mit der Frage bedrängte: »Kann Er mir einen Gottesbeweis liefern?« – und dieser prompt geantwortet soll: »Euer Majestät, die Juden!« Jüdische wie christliche Theologen, die Systematiker unter ihnen allzumal, sprechen in diesem Zusammenhang vom Paradox der Erwählung, deren Auszeichnung in der beständigen Prüfung liegt: Israel als der leidende Gottesknecht.

Religiös lässt sich dies am Symbol der »Nacht« verdeutlichen. Sie steht nämlich nicht nur, wie in unserem Vers, für das Gegenüber zum Tag, für den Wechsel von Arbeit und Ruhe, für die Struktur der Zeit. Die »Nacht« – sie steht für die *turning points* in der Geschichte Israels mit seinem Gott: Nachts ringt Jakob mit dem Unbekannten, nachts wird Israel aus dem Sklavenhaus Ägyptens herausgeführt. Und stets damit verbunden ist die Aufforderung: »Steh auf, Gott, streite deinen Streit!« (V. 22) Verlass uns nicht, wenn wir von allen Seiten verlassen scheinen; hilf uns, wenn kein Mensch mehr helfen kann; sei uns nah, auch dann, wenn wir es scheinbar gar nicht verdienen. Vor allem aber: Stehe zu Deinen Verheißungen, gedenke an Deinen Bund.

Um nicht missverstanden zu werden: Israel sucht nicht das Leiden. Der jüdischen Religion wohnt kein masochistischer Zuge inne. Im Gegenteil. Die Verheißungen des Ersten Testaments zielen auf ein Leben in Fülle schon im Hier und Jetzt. Gerade deswegen erscheint der Widerspruch zwischen dem Erhofften einerseits und der wirklichen Lage andererseits ja so frappant. Und dennoch: »Das Wesen des Judentums ist, niemals aufzugeben.« Dieses Wort Elie Wiesels, ausgesprochen im Angesicht des Holocaust, gilt erst recht für den Umgang mit Gott im Angesicht von nicht wieder gut zu machender Schuld und von unwiederbringlich verlorenen Leben. »Gott« – dieser Name steht mitten in den Nächten unseres Lebens für eine bleibende Verheißung, und dies für Opfer und sogar für Täter: »Ich lasse Dich nicht, Du segnest mich denn.« (Gen 32,27) Es ist dieses Versprechen, das Jakob, einer der Stammväter, am Ende seines langen nächtlichen Kampf im Morgengrauen jenem Unbekannten abringt und der ihn, hinkend, gleichwohl gesegnet, zurücklässt: »Du sollst nicht mehr Jakob heißen, sondern Israel; denn du hast mit Gott und mit Menschen gekämpft und hast gewonnen (Gen 32,29). Es ist die Geschichte einer Namensverheißung, die auf »Gottes erster großer Liebe« liegt und die doch allen Völkern dieser Welt gilt. In diesem Glauben ist schließlich auch einer von Israels großen Söhnen in die Nacht des Todes gegangen: Hoffend und zagend, bittend und flehend, eben kämpfend mit seinem Gott, der ein »Gott nicht der Toten, sondern der Lebenden« (Mt 22,32) sein will.

Ilona Nord (Hamburg)

Elfter Sonntag nach Trinitatis: Liebeslieder

Komm, mein Freund, lass uns aufs Feld hinausgehen und unter
Zyperblumen die Nacht verbringen … (Hld 7,12)

Wer da spricht, spricht nicht nur, sondern singt. So jedenfalls sieht es die
jüdische Theologin Athalya Brenner. Sie erzählt davon, wie vertraut ihr
die Worte des Hohelieds sind, weil sie sie jedes Frühjahr gesungen hat:

»*Der Winter ist vorüber, der Regen vorbei. Blumen entsprießen dem
Land … Die Stimme der Turteltaube … Feigen … Weinberge …* – Wir
sangen Lieder mit diesen Worten in jedem Frühjahr, vom Kindergarten
an. Später dann kamen Lieder hinzu über einen *Hirten* und eine *Schäfe-
rin – Ich bin dein und du bist mein – Schön bist du, und deine Augen sind
Tauben, – Viele Wasser können die Liebe nicht löschen* – und Tänze wie: *Ich
ging in den Walnussgarten hinab …* In einer Pesachnacht, als ich schon im
Teen-Alter war, ging mir auf, dass die biblischen Worte, die mein Vater im
litauischen Stil nach dem liturgischen Mahl anstimmte, mir mehr als vertraut waren. Ich kann die Gedichte des Hohenliedes auswendig, weil ich
sie gesungen hatte, solange ich denken konnte. Ihre Worte gehörten zu
mir, bevor ich wusste, dass sie in der Bibel stehen. Und Frühling bedeutet
für mich – auch heute noch – einen Fluß von Texten und Melodien aus
diesem Lied der Lieder, dem *sir hassirim*.«[1]

---

1 Athalya Brenner, Das Hohelied. Polyphonie der Liebe. In: Luise Schottroff, Marie-Theres
  Wacker, Kompendium Feministische Bibelauslegung. Gütersloh 1998, 233–245, 233.

»Komm, mein Freund, lass uns aufs Feld hinausgehen und unter Zyperblumen die Nacht verbringen …« Es ist etwas Anderes, ob man diese
Zeile spricht oder singt, ob man sie in seinem Leben viele Male gesungen oder eben nur gelesen hat. Texte, die wir singen, gehen ins Herz.
So ist es ja auch mit Pop-Songs und mit Volksliedern. Ich denke an
Whitney Houston mit ihrem Song »I will always love you«. Diese große
Ballade gibt der ganzen Amplitude in der Liebe Raum. »I will always love
you«, mehr kann niemand sagen, das ist das Größte, die Hingabe schlechthin. Ein Lied, in das man hineinfallen, ein Gefühl, dem man sich ganz
hingeben könnte, wenn dies den Liebenden nur so ungebrochen möglich
wäre.[2] Whitney Houston zögert beim Singen immer wieder selbst. Immer wieder unterbricht sie sich selbst, verzögert den Fortgang des Liedes,
denn dieses große Gefühl der Liebe, das kann nicht einfach fließen. Auch
wenn sie und alle ihre Zuhörerinnen und Zuhörer sich genau das wünschen. Es bleibt ihr nichts anderes als die Liebe weiter zu suchen, in den
tiefsten Tiefen und in den höchsten Höhen ihrer Melodie. In meinen Ohren zeigt sich in Whitney Houstons weltberühmtem Song ihr Sehnen, ihr
Verlangen nach der Liebe. Hört man ein bisschen in andere weltberühmte
Liebeslieder hinein, wird dieser Eindruck bestätigt: Da ist Celine Dion mit
»My Heart will go on«, dem Titanic Theme Song, oder da ist Nelly Furtado
mit »Try«. Auch die Liebe ist und kann nicht einfach nur rein sein.

Ein wissenschaftliches Team der Freien Universität Berlin hat kürz-
lich nachgewiesen, dass Popmusik in den vergangenen fünfzig Jahren ge-
nerell trauriger geworden ist. »Nicht nur die Texte von Popsongs seien
in den letzten Jahrzehnten selbstbezüglicher und negativer geworden,
auch die Musik habe sich verändert. Sie klinge trauriger und emotional
ambivalenter.[3]

Selbstverständlich ist das ambivalente Gefühl der Sehnsucht in der
Liebe keineswegs nur ein Thema der Popmusik, es gehört schon in

---

2 Vgl. auch Hans-Martin Gutmann, Sich hingeben – eine umstrittene Lebenshaltung.
   In: Ders., sich einsetzen, sich hingeben, sich nicht hergeben, Berlin 2011, 15–46.
3 Forschung & Lehre 7/2012, Ergründet und entdeckt, Popmusik immer trauriger,
   574.

die Volksliedtradition. Ein Beispiel hierfür ist: »Wenn ich ein Vöglein wär' und auch zwei Flügel hätt', flög' ich zu Dir, weil's aber nicht kann sein …« Dieses Volkslied, dessen Autorin oder Autor uns nicht bekannt ist, stammt aus der Zeit vor 1788, wo es bereits gedruckt zu finden ist. Wo kommt klarer zum Ausdruck, wie sehr die Liebe ein Sehnen ist?

Kehren wir zurück zum Hohenlied der Liebe. Es ist ein ganz besonderer Text, denn wir haben zwar in der evangelischen Tradition deutschsprachiger Provinienz viele biblische Texte, die vertont worden sind: die Evangelien, viele Psalmen u. a. m. Doch, obwohl das Christentum als die Religion der Liebe gilt, fehlen Liedtexte, die zur erotischen Liebe einladen.

Komm, mein Freund,
lass uns unter Zyperblumen die Nacht verbringen

Nein, ich habe das noch nie gemacht. Ich habe weder meinen Ehemann noch einen Freund (und auch keine Freundin) dazu aufgefordert, mit mir aufs Feld zu gehen und dort die Nacht zu verbringen. Ich bin hin- und hergerissen zwischen Abenteuerlust und dem Genuss, ein weiches Bett in einem schönen Zimmer zu genießen. Aber könnte dieser nächtliche Ausflug nicht ein wunderbares Erlebnis sein?

Jedenfalls hält die Bibel dieses erotische Bild bereit. In der jüdischen Tradition wurde es sogar singend in die Herzen gemalt. Man kann, so sagt es Athalya Brenner, im Hohelied der Liebe eine allegorische Absicht entdecken; man hat in den Protagonistinnen und Protagonisten dieser Texte eine Allegorie auf die Liebe Gottes zu den Menschen gesehen. Man kann dies auch weiter tun. Aber eines wird man dabei übersehen: »Die am Beginn und am Ende des Hohenliedes begrüßte Liebe ist keine platonische Liebe. Es ist erotische Liebe, körperlich und unverblümt. Wenn wir diese Sammlung von Liebeslyrik gelesen haben, bleibt uns das ermutigende Gefühl, dass erotische Liebe völlig erlaubt, völlig begehrenswert ist; dass sie die Welt in Bewegung hält; dass sie Leben ist, stärker als der Tod.«[4]

---

4 Brenner, 244.

Plädoyer für die gegenwärtige Liebe

Das Hohelied lädt ein, die Nacht draußen zu verbringen. Das Hohelied lädt dazu ein, einen Freund mitzunehmen und im Schutz der Zyperblumen draußen beieinander zu liegen. In diesem Bild heißt die Signatur nicht Sehnsucht, sondern Erfüllung. Das Bild zeigt das Glück, wie es jedem und jeder möglich ist, es zu erleben. Es gibt keine Voraussetzungen, die vorab erfüllt sein müssten. Es ist nicht daran gedacht, dass sich auf dem Feld nur die Ehepaare oder nur die, die nicht fest gebunden sind, einfinden. Es ist auch nicht daran gedacht, dass diese Nacht zur entscheidenden Nacht des Lebens wird. Es wird nicht zu besonderen erotischen Praktiken aufgefordert. Es geht schlicht um ein paar Stunden, in denen man sich im Schutz der Nacht nah sein kann, in denen man füreinander aufmerksam ist. Das Hohelied der Liebe malt in seinen Liedern Bilder von der erotischen Liebe in die Herzen der Hörerin und des Lesers.

So bleiben zwei Impulse mit diesem Text verbunden: ich lasse mich gerne daran erinnern, dass das Leben erotische Seiten hat. Und: Es ist gut zu wissen, dass sie auch im Urdokument des christlichen Glaubens, in der Bibel, einen festen Platz haben.

Ich warte darauf, dass das Hohelied für uns heute neu vertont wird. (Udo Lindenberg und Esther Ofarim haben 1995 einen Versuch unternommen, aber er war nicht wirklich erfolgreich). Damit wir es uns in die Herzen singen können.

Jörg Herrmann (Hamburg)

Zwölfter Sonntag nach Trinitatis: Nächtliche Flucht

Da nahmen seine Jünger Paulus bei Nacht und ließen ihn in einem Korb die Mauer hinunter. (Apg 9,25)

Die Szene spielt in Damaskus. In der Stadt, in der heute ein mörderischer Bürgerkrieg tobt, in der Präsident Assad seine eigene Bevölkerung bombardieren lässt. Damals herrschten die Nabatäer. Und Paulus war zunächst als Saulus auf dem Weg nach Damaskus, um in den dortigen Synagogen Anhänger der neuen Lehre aufzuspüren und gefangen zu nehmen. Saulus, der wutschnaubende Christenverfolger. Dann das berühmte Bekehrungserlebnis: Kurz vor der Damaskus umstrahlt ihn plötzlich ein Licht, er fällt zu Boden, hört ein Stimme: »Saul, Saul, was verfolgst du mich?« Er: »Wer bist du, Herr?« »Ich bin Jesus, den du verfolgst. Jetzt aber: Steh auf und geh in die Stadt! Dort wird dir gesagt werden, was du tun sollst.« Saulus steht auf und kann nichts sehen. Seine Begleiter müssen ihn in die Stadt bringen. Drei Tage lang kann er nicht sehen, isst und trinkt nichts. Schließlich wird Hananias zu ihm geschickt. Der legt ihm die Hände auf. Wir lesen weiter: »Sogleich fiel es ihm wie Schuppen von den Augen und er konnte wieder sehen. Er stand auf und ließ sich taufen, nahm Speise zu sich und kam wieder zu Kräften.« Nun predigt er seine neuen Erkenntnisse und bringt, so die Apostelgeschichte, die Juden gegen sich auf. So sehr, dass sie ihn töten wollen. Saulus erfährt davon. Er muss fliehen. Nachts.

214

In der Bibel in gerechter Sprache heißt es: »Da ließen ihn diejenigen, die bei ihm lernten, nachts durch die Mauer hinunter, indem sie ihn in einem Korb abseilten.« Saulus, den wir an dieser Stelle (anders als die Apostelgeschichte) mit seinem griechischen Namen Paulus nennen, braucht Fluchthelfer. So wie er nur mit fremder Hilfe in die Stadt gekommen war, muss er sie nun auch mit der Hilfe fremder Hände verlassen. Des Nachts in einem Korb. Im Dunkel der Nacht kann die Flucht gelingen, im Dunkel der Nacht lassen sich Mauern überwinden. Aber die Nacht allein reicht nicht. Es müssen helfende Hände dazukommen. Fluchthelfer der Zukunft.

Denn was wäre geschehen, wenn diese Flucht nicht geglückt wäre, wenn man Paulus getötet hätte? Immerhin war Paulus der »maßgebliche Theologe am Anfang der Christentums« (Jürgen Becker), der das Christentum universalisiert hat, der es für die Nichtjuden geöffnet hat. Wie wäre die Geschichte des Christentums ohne ihn verlaufen? Hätte es sie überhaupt gegeben? Wir wissen es nicht. Aber deutlich ist schon, dass Paulus ein Beispiel dafür ist, dass Individuen Geschichte machen können, dass ihre Impulse weitreichende Konsequenzen haben können. Aber zugleich, dass Ereignisse und Entwicklungen nicht zuletzt vom kontingenten Verlauf individueller Biographien abhängen. Was wäre heute, wenn die Seile gerissen wären? Wenn der Korb nicht gehalten hätte? Wenn die Fluchthelfer entdeckt worden wären?

Nehmen wir das Bild als Metapher. Wo kommen wir vor? Im Prinzip wohl auf beiden Seiten: Bei den Flüchtlingen und bei den Fluchthelfern. Am Ende zählen wir uns vielleicht eher zu den Fluchthelfern. Um im Bild zu bleiben: Was sind unsere Körbe und Seile? Wo lokalisieren wir die Stadtmauer? Die Überweisung für Pro Asyl ist sicher immer richtig, aber auch gefahrlos. Unsere Szene geht darüber hinaus. Können wir darüber hinausgehen? Im Kirchenasyl? Im Alltag? Können wir der gefährdeten Zukunft des Nachts zur Flucht verhelfen? Und des Tags?

Mich erinnert die Korbszene an den Film »Le Havre« von Aki Kaurismäki.[1] Im Stil französischer Filme der fünfziger Jahre erzählt er – so tref-

---

1 Finnland, Frankreich, Deutschland 2011, 93 Min.

fend zusammenfassend die Jury der Evangelischen Filmarbeit – »ein melodramatisches Märchen von gelingender Solidarität und wundersamer Menschlichkeit«. Marcel Marx, Schuhputzer und gescheiterter Schriftsteller, lebt mit seiner Frau Arletty in Le Havre. Im Hafen wird eines Tages in einem Container eine Gruppe afrikanischer Flüchtlinge entdeckt. Der Junge Idrissa kann sich der Verhaftung durch Flucht entziehen und versteckt sich an den Quaimauern. Dort trifft er, bis zum Bauchnabel im Wasser stehend, auf Marcel, der sich gerade auf einer Hafentreppe niederlässt und seine Brotdose öffnet.

»Le Havre« ist auch eine moderne Variante des barmherzigen Samariters, denn dieser Anblick »jammerte ihn« (Lk 10,33), wie sich wenig später zeigt, als er den Jungen bei sich aufnimmt – seine kurz zuvor schwer erkrankte Frau liegt mittlerweile im Krankenhaus. Marcel setzt alle Hebel in Bewegung, um Idrissa eine Weiterreise zu seiner Mutter nach London zu ermöglichen. Dabei werden Nachbarn und sogar der Kommissar des Ortes zu Fluchthelfern für Idrissa.

Besonders schön die Szenenfolge, in der Idrissa unter den Augen der polizeilichen Suchtrupps im Handwagen eines Gemüsehändlers versteckt zum Hafen gefahren wird. Fluchthelfer brauchen Phantasie! Und manchmal Glück. Als Idrissa gerade an Bord eines Kutters gegangen ist und sich dort versteckt hat, hält ein Polizeibus an der Mole. Der Kommissar erreicht als erster den Kutter, hebt die Luke, sieht den Jungen, blickt ihn wortlos an und schließt die Luke wieder. Den inzwischen auch an Bord eingetroffenen Beamten teilt er mit, dass er die Luke schon kontrolliert habe.

In der Filmkritik war von einem melancholischen Märchen die Rede. Zu schön, um wahr zu sein? Naives Gutmenschentum? Es gibt immer wieder Menschen, die das Risiko eingehen. Die der Zukunft zur Flucht vor der Gegenwart verhelfen. Damit eine menschenfreundliche Zukunft möglich wird. Oder jedenfalls Momente, Situationen und Fragmente der Menschenfreundlichkeit.

Der Korb des Paulus. Die Stadtmauer von Damaskus. Auch heute fliehen dort Menschen. Aber nicht nur dort.

Wolfram Weiße (Hamburg)

Dreizehnter Sonntag nach Trinitatis: Zweifel der Nacht und Hoffnung gegen Hoffnungslosigkeit

In der folgenden Nacht aber stand der Herr bei ihm und sprach: Sei getrost! Denn wie du für mich Zeuge warst in Jerusalem, so musst du auch Zeuge in Rom sein. (Apg 23,11)

In der Nacht. Hin- und hergeworfen. Probleme dringen immer stärker ins Bewusstsein. Das Dunkel verfinstert die Seele. Die Gedanken drehen sich im Kreis. Kein Ausweg in Sicht. Wer kennt das nicht?

So mag es Paulus gegangen sein. Die Sadduzäer hatten ihn am Vortag massiv angegriffen. Die Pharisäer hatten dagegen gehalten, aber eher prinzipiell und nicht zur Stärkung seiner persönlichen Position. Aber immerhin gaben sie zu bedenken, ob nicht ein Geist oder gar ein Engel mit Paulus geredet habe. Immerhin, aber nicht genug. Paulus kommt mit diesem Problem nicht zurecht, er kann nicht schlafen. Die Nacht ist finster und so sein Gemüt.

So etwas kennen wir: Die Gedanken drehen sich, kein Ausweg in Sicht, Leiden und Lähmung.

Paulus macht, so lesen wir in Apg. 23, 11 eine ungeheure, nicht erwartbare und schon gar nicht selber herzustellende Erfahrung: Ihm wird Mut zugesprochen:

*In der folgenden Nacht aber stand der Herr bei ihm und sprach:
Sei getrost! Denn wie du für mich Zeuge warst in Jerusalem, so musst
du auch Zeuge in Rom sein.*

Der Herr stand bei ihm, oder besser: Er stand ihm bei und alles war anders. Die Zusage »Sei getrost« tritt an die Stelle der Verzweiflung, des sich Drehens in sich selbst. Die Ermutigung bringt Licht in die Nacht und hat Folgen: Nicht nur das Gemüt wird aufgehellt, sondern der Weg wird frei zum Handeln. Die Ermutigung ist mit einer Erwartung verbunden, nämlich der, Zeugnis abzulegen. Diese Zumutung wird möglich durch Ermutigung. Das »sei getrost« ist nach vorn gerichtet und bildet die Brücke zum Zeugnis in Aktion.

Diese Anrede unterbricht den Problemkreislauf und weist auf etwas ganz anderes, setzt eine geballte Hoffnung frei. Hoffnung gegen Hoffnungslosigkeit und Verzweiflung. Wir alle kennen das Gefühl, dass ungelöste Probleme des Tages in der Nacht verstärkt werden und aufs Gemüt schlagen. Zwischen Schlummern und Wachen erscheinen diese als unlösbar.

Die Geschichte zeigt, was ein Seufzer, ein Gebet, ein Verlangen nach Beistand, nach einem Licht- und Wärmestrahl, vielleicht sogar nach einem kleinen Wunder für Gemüt und Perspektive erbringen kann. Diese Geschichte ist an alle Menschen gerichtet, gilt aber besonders für den Armen und Unterdrückten. Wo aller Boden für ein menschenwürdiges Leben entzogen ist – wie für die Schwarzen im Apartheidsystem Südafrikas – da kommt diese Geschichte ganz nahe. Da vermittelt sie Beistand. Da hilft sie aus Verzweiflung und Ausweglosigkeit. Da führt sie zum Zeugnis im gemeinsamen Gebet und Singen, zu Protesten und Widerstand gegen Unterdrückung. Das war das Elixier für den Widerstand gegen die Apartheid in Südafrika: Dort hatte das öffentliche Zeugnis gegen Unrecht – gegen alle Wahrscheinlichkeit – Erfolg. Ein neuzeitliches Wunder, auch wenn es hart erlitten und mutig erkämpft war.

Unterbrechung einer persönlichen oder gesellschaftlich verhärteten, ausweglosen Problemlage und Öffnung hin auf eine Hoffnungsperspektive. Theologisch ist damit die Vorstellung vom Reich Gottes angesprochen.

Für ein Verständnis dessen, was »Reich Gottes« heißen könnte, halte auch ich »Unterbrechung« für ganz zentral.[1] Und er beleuchtet auch noch einmal kräftiger das Geschehen bei Paulus in der Nacht. Der Begriff »Unterbrechung« bedeutet für mich nicht passives Abwarten, Lähmung oder unbegründetes Hoffen, dass die Zeit die Wunden heilt. Unterbrechung meint aber auch nicht Abbruch oder Destruktion.

Unterbrechung hat eine radikale Entschiedenheit und einen scharfen Stachel gegen Entwicklungen, die zu Erstarren in Hoffnungslosigkeit führen. Unterbrechung ist aber auch ein Begriff, dem eine Bescheidenheit eignet: In ihm ist das Wissen um die Grenzen des Menschenmöglichen angelegt. Er zielt darauf, Distanz zu dem zu gewinnen, was unabänderlich zu sein scheint, es aber nicht ist. Er ist auf eine umfassendere, nicht nur an Fakten und Wahrscheinlichkeiten orientierte Wahrnehmung der Wirklichkeit gerichtet. Er ist offen dafür, dass das ganz Andere des Reiches Gottes zur Geltung kommen, dass Begegnung und Zusage zu einer neuen Ausrichtung und Stärkung des Lebens führen kann.

Unterbrechung ist Innehalten, Gewahrwerden, Buße und Umkehr. Sie bildet einen ersten Schritt, der Umkehr im Sinne von Metánoia bzw. teshuva möglich macht. Dies ist im Umkehrgebot des Islam ebenso verankert wie im Judentum und Christentum. Mit Unterbrechung ist also eine Vorstellung gemeint, die sich im interreligiösen Vergleich und im interreligiösen Dialog in ihrem die Wirklichkeit transzendierenden Potenzial erschließt.

Hierauf verweist z. B. der katholische Theologe Paul F. Knitter[2] mit seiner Auffassung, dass sich alle Religionen gegen eine Begrenzung des Gegebenen und auf eine umfassende Befreiung und auf Erlösung, auf die Soteria, richten. Nach Knitters Auffassung ermöglicht das Reich-Gottes-Symbol sowohl eine für Christen absolute Verbindlichkeit der Vision des Evangeliums von der Gerechtigkeit und dem Reich Gottes als auch das

---

1 Vgl Wilhelm Weiße: Reich Gottes. Hoffnung gegen Hoffnungslosigkeit, Göttingen 1997

2 vgl. Paul F. Knitter: Religion und Befreiung. Soteriozentrismus als Antwort an die Kritiker, in: R. Bernhardt (Hg.): Horizontüberschreitung. Die Pluralistische Theologie der Religionen, Gütersloh 1991, 203 ff.

Eingeständnis, dass es für diese zentrale Hoffnungsvision auch in anderen Religionen Anstöße und Wahrheit gibt.

Unterbrechung bedeutet Hoffnung und Aktion, weist aber auch auf den, der allein Unterbrechung in Richtung auf Sein Reich bewirken kann. Alles dies wird in einem einzigen Vers der Apostelgeschichte auf den Punkt gebracht, wird nachvollziehbar und wahrnehmbar: Beistand in der Nacht. Unterbrechung zirkulärer Problemverhaftung. Die Wende für Paulus, die Hoffnung für uns, der Zuspruch für die Armen.

Marion Keuchen (Lauda-Königshofen)

Vierzehnter Sonntag nach Trinitatis: Mirjam-Sonntag

Bleib über Nacht hier. Will er dich dann am Morgen lösen, gut, so mag er's tun; hat er aber keine Lust, dich zu lösen, so will ich dich lösen, so wahr der HERR lebt. Schlaf bis zum Morgen! (Rut 3,13)

Haben sie nun miteinander geschlafen oder haben sie nicht? Diese Frage interessiert unzählige Generationen zu biblischen Zeiten bis heute. Sie kommt einer und einem immer in den Sinn, wenn davon erzählt wird, dass ein Mann und eine Frau die Nacht gemeinsam an einem romantischen und gemütlichen Ort verbringen. So auch bei der biblischen Erzählung von Rut und Boas auf der Tenne. Boas hat den ganzen Tag über hart körperlich gearbeitet und dann in den Abendstunden gemeinsam mit den anderen Arbeitern und Arbeiterinnen gefeiert, gegessen und getrunken. Er legt sich gut gelaunt und zufrieden nieder. So soll es sein, ein schöner geselliger Abend nach getaner Arbeit! Dann kommt in der Nacht auch noch eine junge, schöne Frau dazu. Eine Frau, von der Rabbi Jochanan in Rut Rabba 4,4 erzählt, dass sie so schön war, dass alle Männer, die sie sahen, sofort einen Samenerguss hatten. Bilder von entblößten Brüsten und manchmal auch einem männlichen nackten Oberkörper und beiseite geschlagene Tücher scheinen in der Kunstgeschichte auf. Die

Frau natürlich in der verführerischen liegenden Position, der Mann halb aufgerichtet von etwas naiv-erschrocken über ungläubig bis lüstern. Eingehüllt in Dunkelheit, nur die meist weiße Haut blitzt auf. Und alles geschieht auf einer Tenne.

Die Tenne als Name moderner gemütlicher Restaurants im Landhausstil oder einer Diskothek im ländlichen Gebiet. Die Tenne als ein Ort im ländlichen Ambiente, der Gemütlichkeit und Romantik verspricht. Im Hohenlied 7,3 rühmt der Geliebte mit einem Bild aus der ländlichen Welt seine Geliebte: »Wie ein Hügel von Weizen ist dein Leib Geliebte!« Die Aufforderung von Boas an Rut: »Bleib die Nacht über hier!« (Rut 3,13a) lässt einen inneren Film auf der Tenne ablaufen.

Der biblische alttestamentliche Kontext stört diese Bilder. Eine Tenne ist hier kein Ort der Erholung, der Regeneration, des Tanzes oder gar der Romantik, sondern vor allem ein Arbeitsort. Ein Ort, an dem oft abends und auch noch nachts gearbeitet wird. Ein Schlafen am Ort ist daher nicht unüblich. Auf einer Tenne wird das Getreide gedroschen, geworfelt und gesiebt. Daher muss der Untergrund hart sein. Um das Korn von der Spreu zu trennen, ist eine Tenne als eine Art Hügelplateau angelegt, auf dem meist ein Wind weht. Der Wind darf allerdings nicht zu stark sein, da sonst auch das Korn weggeweht würde. Eine Bergspitze bietet sich daher nicht an. In Bethlehem steigt man zur Tenne hinunter (Rut 3,3). Boas schläft auf der Tenne, um das geworfelte Getreide zu bewachen. Ein Ort, der außerdem auch noch von Dieben aufgesucht wird. Ein harter, windiger und nicht ganz ungefährlicher Arbeitsort, ein recht ungemütlicher Ort also.

Und der Hintergrund der jungen Frau Rut stört die aufkommende Romantik ebenso. Ruts Nacht- und Nebelaktion muss im Schutze der Nacht geschehen. Rut lebt als kinderlose Witwe, als Moabiterin in Bethlehem in Juda. Sie lebt dort gemeinsam mit ihrer Schwiegermutter Naomi, die aus Juda stammt und das Land wegen einer Hungersnot verlassen musste und nach Moab gemeinsam mit ihrem Mann und ihren beiden Söhnen ausgewandert war. Dort hatten sich die Söhne moabitische Frauen gesucht. Als alle drei Männer starben, entschloss sich die kinderlos gewordene Witwe Naomi, allein nach Juda in ihre Heimat zurückzukehren. Ihre beiden moabitischen Schwiegertöchter hingen an ihr und die eine, Rut, ließ sich nicht dazu überreden, im eigenen Land zu bleiben, sondern verließ mit Naomi ihr Herkunftsland Moab. Nun sind beide Frauen nach schweren Schicksalsschlägen ohne Männer und Söhne und dem damit verbundenen niedrigen sozialen und ökonomischen Status in Bethlehem. Rut ist schließlich eine Ausländerin. Beide Frauen müssen versuchen, sich in die judäische Gesellschaft zu (re-) integrieren. Nur dadurch ist ihr Überleben gesichert.

Rut kommt daher in der Nacht zu Boas und bittet ihn, sie zu heiraten, damit sie sozial und ökonomisch abgesichert ist. Das muss in der Nacht geschehen. In der Nacht kann Boas unbemerkt von allen anderen Ruts Anliegen ablehnen. Sein gesellschaftlicher und sozialer Status bleiben gewahrt. Und in der Nacht ist Ruts Anfrage ebenfalls geschützt. Alles geht gut. Die Reintegration für Naomi und die Integration für Rut gelingen. Sie sind durch die Heirat und den gemeinsamem Sohn von Boas und Rut als Frauen in Bethlehem aufgenommen und haben ihren gesellschaftlichen Ort gefunden.

Trotz der zerstörten Romantik beinhaltet das nächtliche Zusammenkommen auf der Tenne eine Vision, die das Anliegen zum heutigen Mirjam-Sonntag aufscheinen lässt. Am Mirjam-Sonntag blicken Christinnen und Christen auf Gerechtigkeit zwischen Frauen und Männern in der Kirche und der Welt. Im Buch Rut geht es nicht wie heute um Geschlechtergerechtigkeit und um die Überwindung von androzentrischen Strukturen in Kirche und Gesellschaft, die Frauen benachteiligen und ausbeuten. Im Buch Rut sind Treue und Solidarität Leitmotive. Rabbi Ze'ira führt in Rut Rabba an, warum das Buch Rut geschrieben wurde: Um zu lehren, wie groß die Belohnung für jene ist, die Taten der Liebe und Treue verbringen. Rut ist solidarisch mit ihrer Schwiegermutter, sie sorgt für sie und Boas sichert die Ausländerin Rut ab und gewährt ihr Schutz. Treue und Liebe sollen unser Handeln leiten beim Kampf für eine gerechte(re) Welt zwischen Frauen und Männern. Die Moabiterin Rut wird schließlich als vollwertiges Mitglied des jüdischen Volkes anerkannt. In der Nacht auf der Tenne wird der Grundstein dafür gelegt. Sie ist daher eine ganz besonders helle, ja, eine heilige Nacht. Rut bekommt gemeinsam mit Boas einen Sohn. Sie wird so zur Ahnfrau König Davids – und damit auch zu einer der Stammmütter Jesu. Dadurch steht die Nacht auf der Tenne in einer ganz besonderen Beziehung zu einer anderen hellen, ja, heiligen Nacht, der Nacht von Jesu Geburt. Eine Nacht, in der auch immer mal wieder die Frage aufkommt: Haben Maria und Josef nun miteinander geschlafen oder nicht?

Swantje Luthe (Hamburg)

Fünfzehnter Sonntag
nach Trinitatis:
Die Liebe bleibt

Ich schlafe, und mein Herz ist wach. Stimme meines Freundes pocht: Öffne mir, meine Schwester, meine Freundin, meine Taube, meine Reine, denn mein Haupt ist voller Tau, meine Haarsträhnen (voller) Nachttropfen. (Hld 5,2)

»Ich schlafe, und mein Herz ist wach.« Äußerlich ruhig, schlafend, stellt sich die Protagonistin uns vor. Innerlich aber, brodelt es in ihr. Sie schwärmt, verzehrt sich nach der Stimme ihres Freundes. Sie ist aufgewühlt, ihr Herz voll des Wünschens und der Sehnsucht nach dem Geliebten.

Keine Emotionen bringen Menschen so durcheinander wie der Tod und die Liebe. Sie reißen uns aus unserem Alltag. Plötzlich läuft nicht alles einfach weiter wie bisher. Das Gewohnte ist auf den Kopf gestellt. Eine geheimnisvolle Kraft hält das Herz wach, lässt es umherwandern und horchen auf die ersehnte Stimme. »Stark wie der Tod ist die Liebe«, heißt es im Alten Testament an anderer Stelle im »Hohelied«: »Selbst mächtige Wasser löschen die Liebe nicht aus, auch Ströme schwemmen sie nicht weg« (Hld 8,6 f.). Verse aus dem »Lied der Lieder«, dem »schönsten aller Lieder«. Lange Zeit wurden die Liebesgedichte des Hoheliedes in der Kirchengeschichte allegorisch auf die Liebe zwischen Gott und seiner

Kirche oder auf Jesus Christus und seine Braut, die christliche Gemeinde bzw. die einzelne christliche Seele, hin ausgelegt und interpretiert.

»Ich schlafe, und mein Herz ist wach. Stimme meines Freundes pocht: Öffne mir, meine Schwester, meine Freundin, meine Taube, meine Reine, denn mein Haupt ist voller Tau, meine Haarsträhnen (voller) Nacht-tropfen«: Sollen sich diese Zeilen wirklich auf die Liebe zwischen Gott und Menschen beziehen? Zeugt nicht diese Allegorie von der kirchlichen Angst vor weltlich-erotischer Liebe und der Absage an sie? »Kann denn Liebe Sünde sein? Darf es niemand wissen, wenn man sich küsst, wenn man einmal alles vergisst, vor Glück?« fragte Zarah Leander lächelnd.

»Ich schlafe, und mein Herz ist wach.« Damals wie heute drängt der Ge-fühlsrausch, den die Liebe auszulösen vermag, nach außen, verlangt nach Ausdruck.

- Liebe ist … einen Doppelkeks zu teilen und dem anderen die Schokoladenseite zu geben.
- Liebe ist … so süß wie Gummibärchen.
- Liebe ist … Vertrauen und Hochgefühl.
- Liebe ist … Arbeit.
- Liebe ist … wenn ein Essen beim Griechen die Zeit anhält.
- Liebe ist …

Die kleinen Zeichnungen aus der Tageszeitung, die zum Schmunzeln bringen und zum Ausschmücken mit eigenen Worten einladen, ver-bildlichen die herausragenden und alltäglichen Erfahrungen menschli-cher Nähe und Zuneigung. Keine Comics, sondern musikalische Bilder bringt auch die Popkultur in der Musik hervor: »Du bist das Beste, was mir je passiert ist«, schmettert Silbermond, »Geh jetzt … Es tat noch nie so weh wie bei dir«, singt dagegen Joy Denalane, »immer wenn es reg-net, muss ich an dich denken«, »und ich trag mein Herz offen, damit je-der es sieht … dass all die anderen verstehen, wir können in des anderen Augen uns selbst sehen« rappen Max Herre und Thomas D. Lieder über Liebe, über ekstatische Freude und herzzerreißendes Leid – »himmelhoch jauchzend, zu Tode betrübt«. Lieder über sehnsuchtsvolles Verlangen, über versagte Liebesträume und das Glück erfüllter Liebe.

»Ich schlafe, und mein Herz ist wach.« Die Lieder des Hoheliedes stehen dem in nichts nach. Sie sind dabei voll des Lobs über den Liebespartner und die -partnerin. In unzähligen erotischen Metaphern, unter denen die von Nachttropfen triefenden Haarsträhnen des Liebhabers die bescheidensten sind, wird die menschliche Liebe und die Bewunderung für die Schönheit der Körper gefeiert. Mit allen Sinnen nehmen die Liebenden sich wahr. Ihre Herzen als der Ursprung alles Sehnens, Wünschens und Denkens suchen den Blick, die Stimme, die Nähe und die Berührungen des Anderen. Sie sind selbst in der Nacht blind vor Liebe, sehend für die Schönheit des Anderen. Die Dunkelheit schärft die Sinne.

»Die dunkelste Stunde der Nacht liegt genau vor Sonnenaufgang«, singt unser Freund Chrischi. »Die Nacht öffnet die Seelen.«[1] Zeit und Raum scheinen ihre Kontinuität zu verlieren, Grenzen scheinen andere zu werden als am hellen Tag. Ein Zwischen, in dem Licht und Finsternis, Liebe und Schmerz, Himmel und Erde verbunden sind und einander begegnen. Von ungewöhnlich intensiven Nächten weiß so manche und so mancher zu erzählen. Ausgelassen, heiter, traurig oder zermürbend. Die Dunkelheit lockt Verborgenes hervor, öffnet die Seelen und Herzen, lässt Menschen Taxifahrern ihre Geschichte erzählen, grübelnd Gedichte in Bars auf Bierdeckel niederschreiben, lässt einander weinend in die Arme fallen oder Liebesgeständnisse am Elbstrand herausbrechen.

Traum oder Wirklichkeit? Die Liebende vermag es nicht zu sagen. Höre ich nicht die Stimme meines Freundes, der vor Verlangen zerfließt? Traumhaft. Erfüllendes Zusammensein deutet sich an und ist doch verborgen. Traum oder Wirklichkeit? In der Dunkelheit wagt das Herz einen Blick nach außen, auf das Ganze. Die Verbindung und Vereinigung zu lebendiger Liebe und gemeinsamen menschlichen Lebensmöglichkeiten scheinen auf.

---

1 Frei nach Matthias Lemme, Mittag – Mitternacht, in: H.-M. Gutmann u.a. (Hg.), Theologie der Stadt, Berlin 2010, 133 f.

»Ich schlafe, und mein Herz ist wach.« Das Hohelied der Liebe besingt die Liebe um ihrer selbst willen. Die Liebe wird nicht sakralisiert. Herrlich menschlich bejubeln die biblischen Liebeslieder damals wie die modernen heute die sich nach einander verzehrenden Liebhaber und Liebhaberinnen, das sehnsuchtsvolle, dramatische Schmachten und den Wunsch nach Einheit und Ganzsein, um in des Anderen Augen sich selbst zu sehen.

Gerade aber weil das Lied der Liebe ein menschliches Lied ist, ist es auch ein geistliches Lied. Das Ergriffensein von Liebe hat göttlichen Ursprung. Gottes Liebe ist perfekt. Sie ist perfectum. In einer Nacht hat Gott sich entschieden, die Welt zu lieben, und hat ihr die Flüchtigkeit genommen. In einer Nacht hat Gott sich entschieden, das Leben zu lieben, und der Lieblosigkeit die Macht genommen. In der Nacht hat Gott uns zu Liebhaberinnen und Liebhabern gemacht. Die Liebe bleibt.

Rolf Sistermann (Köln)

Sechzehnter Sonntag nach Trinitatis: Die Befreiung von den zwei Ketten

In der Nacht vor der von Herodes geplanten Verurteilung schlief Petrus zwischen zwei Soldaten. Er war an jeden mit einer Kette gefesselt, während zwei andere vor der Tür seiner Zelle Wache hielten. (Apg 12,6)

Eine dramatische und bedeutungsvolle Nacht in Jerusalem. Herodes Agrippa, ein Enkel Herodes des Großen, der 37 n. Chr. von Caligula zum Herrscher über das Reich seines Großvaters ernannt wurde, verfolgt die junge christliche Gemeinde, um die einflussreichen konservativen Kreise des Judentums auf seine Seite zu bringen. In diesem Zusammenhang wird Jakobus umgebracht und Petrus gefangen gesetzt. So weit der historisch nachvollziehbare Kern. Die wunderbare Befreiung in der Nacht vor der Verurteilung durch einen Engel, bei der die Ketten von den Händen abfallen und sich die vergitterten Türen von selbst öffnen, ist nicht so einfach historisch zu verorten. Es gibt im Wesentlichen nur drei Möglichkeiten, mit ihr umzugehen: Entweder hält man sie für eine gänzlich unglaubwürdige Propagandalüge der jungen Gemeinde, mit der man schlichte Gemüter zu beeindrucken suchte, oder man glaubt an ein unerklärliches übernatürliches Eingreifen Gottes oder man findet eine symbolische Bedeutung, die auch auf heutige Lebenssituationen und Seelenlagen übertragbar ist und diese erhellen kann.

In dem alten, viel diskutierten und im Religionsunterricht oft – wenn auch nicht immer sachgemäß – eingesetzten Musikvideo von Madonna zu ihrem Song »Like a prayer« aus dem Jahr 1989 geht es auch um eine Befreiung aus einem Gefängnis. In einem der Südstaaten der USA wird ein Schwarzer verhaftet, als er einer weißen Frau zur Hilfe eilt, die von zwei weißen Männern vergewaltigt wird. Madonna spielt eine junge Frau, die die Tat beobachtet, aber zuerst nicht wagt, für den unschuldig Verhafteten einzutreten. Erst als in einem Traum in einer Kirche eine Heiligenfigur die Gestalt des unschuldig Verhafteten annimmt, für die junge Frau lebendig wird und sie von dem Geist der feiernden Gemeinde erfüllt und emporgehoben wird, findet sie den Mut zu dem befreienden Zeugnis.

Durch kunstvolle, genau durchdachte Schnitte erhält die einfache Geschichte symbolische Bedeutung. Das Gitter, hinter dem der unschuldige Schwarze eingeschlossen war, öffnet sich genauso, wie sich im Traum das Gitter geöffnet hatte, hinter der die Heiligenfigur verstaubte. Die junge Frau wird durch die Kraft, die ihr der Gottesdienst eingegeben hat, zu einer Botin mit einer befreienden Botschaft.

Gottes Engel haben eben keine Flügel, wie Georg Westermann in einem schönen kleinen Buch vor Jahren mit den wichtigsten Engelerzählungen der Bibel belegt hat, sondern werden durch ihre besondere Botschaft zu Boten Gottes. Das Musikvideo kann helfen, die symbolische Bedeutung der Engel zu verstehen, indem sie diese mit einer heutigen Alltagssituation verbindet. Symbole sind sinnstiftend, wenn sie zwei für sich sinnlose Wirklichkeitsfragmente zusammenschließen und einen sinnvollen Zusammenhang erkennen lassen. Engel als übernatürliche Flügelwesen sind für sich genommen sinnlos, wenn sie in keinem Zusammenhang mit unserer Alltagswirklichkeit stehen. Sie sind dann ein Anlass für evasorische Phantasien und werden zu Recht als Illusion kritisiert. Unrechtsprozesse sind nicht nur in den Südstaaten der USA, sondern in aller Welt sinnwidrig und lassen an dem Sinn des Lebens zweifeln. In dem beschriebenen Video werden die beiden Sinnsplitter zusammengeführt und enthalten eine befreiende Botschaft.

In dem ersten Vers, der von der bedeutsamen Nacht vor der Verurteilung des Petrus erzählt, wird das Gitter des Gefängnisses nicht erwähnt, wohl aber zwei Ketten, mit denen er an zwei Soldaten gefesselt war, die neben ihm schliefen. Was geschah mit den beiden Soldaten? Erwachten sie, als Petrus befreit wurde? Wenn es alltägliche, wörtlich genommene Ketten waren, sollte man das erwarten. Aber davon ist in den folgenden Versen der Apostelgeschichte nicht die Rede. Ketten sind genau wie Gitter nichts Übernatürliches. Aber Ketten, die sich lösen, ohne dass es die nicht davon Betroffenen merken, können nicht wörtlich genommen werden, sondern bekommen ihren Sinn erst, wenn sie mit unserem Leben in einen symbolischen Zusammenhang gestellt werden.

Die Prozesstheologie, die von der neuen Metaphysik Alfred North Whiteheads angeregt wurde, kennt auch die zwei Ketten, an die unser Dasein gefesselt ist. Sie heißen dort Dissonanz und Trivialität. Sie kann erklären, wie es dazu kommt, dass diese beiden Ketten unser Leben behindern. »Joy« ist das Ziel aller Kreativität des Weltgeistes, den Whitehead an manchen Stellen auch einfach Gott nennt, an der alles Leben und also auch das der Menschen teilhat. Aber Freude als Ziel der Schöpfung ist nicht so leicht zu erreichen.

Freude entsteht nämlich durch das Zusammenwirken von Intensität und Harmonie, zweier Prinzipien, die nur schwer miteinander zu vereinigen sind, so wünschenswert jedes für sich ist. Wir haben alle schon in unserem Leben erfahren, dass zu viel Harmonie dem Leben die Intensität nimmt und umgekehrt in einem sehr intensiven Leben die Harmonie verloren gehen kann. Zu viel Intensität führt zu Dissonanz und zu viel Harmonie führt zu Trivialität. Trivialität, die zwanghafte Wiederholung von Klischees, und Dissonanz, der hysterische Kampf um Anerkennung und Selbstbehauptung, sind die Ketten, die uns daran hindern, Freude als Verbindung von Intensität und Harmonie zu erleben.

Dissonanz und Trivialität entsprechen dem Schmerz und der Langeweile, durch die Arthur Schopenhauer unser Leben bestimmt sah. Er glaubte nicht an die Möglichkeit von Glück oder Freude im Leben.

Die frohe Botschaft besteht darin, dass die Befreiung von den Ketten der Dissonanz und der Trivialität, an die wir gebunden sind, immer wieder möglich ist und Gott dafür sorgt, dass seine Freude verwirklicht wird. Wenn sein Engel die Ketten der Trivialität und Dissonanz abfallen lässt, wird die Nacht erhellt.

Hans-Jürgen Benedict (Hamburg)

Siebzehnter Sonntag nach Trinitatis: Nacht – Schlaf – Tod

Aber Gott sprach zu ihm: Du Narr! Diese Nacht wird man deine Seele von dir fordern; und wem wird dann gehören, was du angehäuft hast? (Lk 12,20)

Das ist auf den ersten Blick kein schöner Text für eine Andacht zur Nacht. Ein Drohgleichnis, das mir die Nacht des Todes ernst vor Augen stellt. Das Gleichnis vom reichen Kornbauern – ein hartes Stück frühchristlicher Ermahnung an die Reichen, doch ihr Leben angesichts des Todes anders zu ordnen – Schätze bei Gott und nicht auf Erden zu sammeln. Das tut der Erzähler Jesus so knapp wie eindringlich. Da ist die behagliche Selbstzufriedenheit des reichen Kornbauern, der für seine Vorräte größere Scheunen hat bauen lassen und zu sich sagt: »Ruh dich nun aus, iss, trink und sei guter Dinge.« Doch diese Selbstzufriedenheit wird jäh unterbrochen:

»Aber Gott sagte zu ihm: Du Narr. Diese Nacht wird man dein Leben von dir fordern.« Rembrandt malte diese Szene unter dem Titel *Der reiche Narr.* Ein Geldwechsler sitzt des nachts umgeben von seinen Geld- und Auftragsbüchern, die die Form eines Totenschädels haben und schützt mühsam mit einer Hand das Licht einer Kerze, die zu erlöschen droht (Berliner Gemäldegalerie). Ich sehe von dieser Mammons-kritik ab und verallgemeinere die Situation. Die angesprochene Nacht ist die Nacht des plötzlichen, des nicht vorhersehbaren Todes. Des Todes, der alle Pläne durchkreuzt. Des Todes, mit dem jeder rechnen muss, der sich abends schlafen legt. Der aber dennoch verdrängt wird. Weswegen Luther in seinem *Abendsegen* den Christen sprechen lehrt: »Du wollest mir vergeben alle meine Sünde, wo ich Unrecht getan habe und mich auch diese Nacht gnädiglich behüten, denn ich befehle mich, meinen Leib und Seele und alles in deine Hände. Dein heiliger Engel sei mit mir, daß der böse Feind keine Macht an mir finde.« Wer ist hier der böse Feind? Wohl eher der Satan als der Tod. Der Tod ist nicht der böse, sondern der letzte Feind. Der Tod gehört zum Leben, gerade auch für Luther, der das »Mitten wir im Leben sind vom Tod umfangen« gut kannte und oft damit rechnete zu sterben. Deswegen soll sich der Christ am Abend Gott anbefehlen, um Vergebung bitten, um so vorbereitet die letzte Reise antreten zu können, falls ihn denn der Tod im Schlaf überraschen sollte.

Deswegen fragt der eifersüchtige Mohr Shakespeares, Othello, der mordfinster in das Schlafzimmer seiner Frau tritt: »Hast du zur Nacht gebetet, Desdemona?« Sie hat – jedenfalls in Verdis Oper singt sie ein wunderbares Ave Maria, in dem es heißt: »Bitte für uns heute und in der Stunde unseres Todes.« Noch einmal ruft sie Ave Maria und, alles Beten zusammenfassend: »und in der Stunde unseres Todes«, dann ein letztes sich zu den Sternen aufschwingendes Ave, das in höchsten Streicherklängen langsam erstirbt. Othello tötet sie trotzdem.

»Diese Nacht« – Unzeitiger, plötzlicher und nächtlicher Tod sind benachbart. Wenn der Mensch in den Armen des Schlafs, dem Bruder des Tods liegt, muss er damit rechnen, nicht wieder zu erwachen. Einschlafschwierigkeiten hängen damit zusammen. Man kann nicht loslassen, sich nicht fallenlassen in die Fast-Bewusstlosigkeit und Todesähnlichkeit des Schlafs.

Es gibt von Mozart einen Brief an seinen kranken Vater vom 4. April 1887, in dem der 31-Jährige über »den Tod als den wahren Endzweck unsres Lebens« schreibt, »den wahren besten Freunde des Menschen, mit dem ich mich bekannt gemacht, so dass sein Bild nicht allein nichts

Schreckendes mehr für mich hat, sondern recht viel Beruhigendes und Tröstendes.« Nun, dies ist vor allem Zitat aus einer damals populären Abhandlung Moses Mendelssohns, *Phädon Oder über die Unsterblichkeit der Seele*, von der er über seinen Schwager wusste. Aber dann fährt Mozart fort: »Ich lege mich nie zu Bette ohne zu bedenken, daß ich vielleicht: so jung ich bin: den andern Tag nicht mehr seyn werde – und es wird doch kein Mensch von allen, die mich kennen sagen, daß ich im Umgang mürrisch oder traurig bin.« Soll man ihm das glauben? Die Echtheit des Briefes wurde auch angezweifelt, aber es ist natürlich eine Verhaltensweise, die angesichts der damals hohen Mortalität junger Menschen angeraten schien. Jede Nacht konnte die Nacht des Todes sein.

Die Nacht des Todes spielt implizit ein Rolle auch in einem Kinderlied, das ich mit meinen Kindern oft gesungen – *Guten Abend, gute Nacht*. Von Brahms vertont. Darin heißt es: »Morgen früh, wenn Gott will, wirst du wieder geweckt.« Ein Vorbehalt, über den man hinwegsingt. Einmal sang ich es mit meinem Patenkind Viola und sie fragte mit großen Augen: »Will Gott denn nicht, dass ich wieder geweckt werde?« Ich konnte sie beruhigen, aber der Stachel blieb. Und mir fiel meine erste Kindheitserinnerung ein: 1944, es ist Nacht, wir werden aus den Betten geholt und in den Luftschutz-Keller unter dem Haus gebracht. Dort liegen wir und weinen nicht einmal. Der Vater öffnet die Tür; schrecklicher Lärm dringt herein. Was ist das? Die Flak, die Bomber.« »Mach die Tür zu«, mahnt die Mutter. Kein naher Einschlag, nur leise Erschütterungen, der Tod fliegt vorüber.

Bertolt Brechts *Bitten der Kinder*, geschrieben kurz nach dem Krieg. »Die Häuser sollen nicht brennen. Bomber soll man nicht kennen. Die Nacht soll für den Schlaf sein, Leben soll keine Straf sein.« Ist *Kinderbitte* überall dort, wo Krieg und Zerstörung herrschen, in Afghanistan wie in den von Amokläufen erschütterten USA, im Gazastreifen wie in Israel, wenn die Raketen und Flugzeuge kommen. In einem Abendgebet von Georg Dieffenbach aus dem Jahr 1854 heißt es: »Bleibe bei uns, Herr, denn es will Abend werden (…) Bleibe bei uns, wenn über uns kommt die Nacht der Trübsal und Angst, die Nacht des Zweifels und der Anfechtung, die Nacht des bitteren Todes.« Das stimmt nachdenklich.

Sicher, wir sind keine reichen Kornbauern, die ihr Leben um des Mammons willen verkehren. Man muss uns nicht drohen mit dem plötzlichen Tod. Aber erinnert werden an diese Verschwisterung von Nacht, Schlaf und Tod, das ist ein wichtiger Einspruch, den wir dieser Geschichte verdanken.

Theodor Ahrens (Hamburg)

Achtzehnter Sonntag nach Trinitatis: Hier ist die Pforte des Himmels

Und Jakob kam an die Stätte, da blieb er über Nacht, denn die Sonne war untergegangen. Und er nahm einen von den Steinen der Stätte und legte ihn zu seinen Häupten und legte sich an der Stätte schlafen. Und ihm träumte, und siehe eine Leiter stand auf Erden, die rührte mit der Spitze an den Himmel, und siehe, Engel Gottes stiegen daran auf und nieder. (Gen 28,11 f.)

Version 1:

Jakob ist auf der Flucht. In der Steppe findet er zufällig eine Stelle, die sich für eine Übernachtung anbietet. Er nimmt sich einen von den Steinen an jenem Ort und legt sich, den Kopf am Stein, zur Ruhe. Während er schläft, steigt aus der Tiefe seiner Seele dieses Bild auf:

Auf einer Rampe, die bis zum Himmel reicht, steigen Gottesboten auf und nieder. In der Stille der Nacht dann eine Stimme, von Gott her eine Beistandszusage, Verheißung des Mitseins: »Ich werde dich behüten … und in dieses Land zurückbringen.« (V. 15)

Ein Traum ist schnell verflogen. Doch Jakob ist achtsam. »Fürwahr, der Herr ist an dieser Stätte und ich wusste es nicht.« Er richtet den Stein, bei dem er geschlafen hat, als ein Mahnmal auf – Haftpunkt des Gedenkens.

»Da war es. Damals war es. Gott war es. Der Gott meines Vaters und Großvaters!«

Die Nachgeborenen, die solche Erfahrungen vielleicht nicht machen werden, sollen der Widerfahrnisse der Altvordern, vorgestellt vielleicht als Giganten, die große Steine aufstellen konnten, eingedenk bleiben (vgl. Jos 4,4). Träume werden leicht vergessen, Bilder und Zeichen verdichteter Gegenwart leicht übersehen. Religiöse Erfahrung bleibt vielen verschlossen. Für sie ist der Stein. Wir Nachgeborenen leben von den an Mahnmalen festgemachten, Wort gewordenen Erfahrungen vorangegangener Generationen. Wir teilen nicht deren Erfahrungen – diese bleiben deren ureigenste Erfahrung –, sondern zehren von deren Rechenschaft über die Erfahrungen, die sie an ihrem Ort, in ihrer Zeit machten. Es gibt die langen Wegstrecken, ausgedehnte Zonen des Lebens, in denen Wahrnehmungen von Gottesbooten abwegig, ein Grundvertrauen in das Mitsein Gottes unerschwinglich oder verstiegen scheinen – Wüste und Steppe eben.

Wenn wir uns allerdings aus dem Gewirr unserer Geschäftigkeiten, dem Geflecht guter oder spannungsvoller Beziehungen eine Landkarte zurückgelegter Strecken und erreichter Rastplätze anfertigten, dann würde die Legende dieser Karte möglicherweise Markierungen aufweisen, die an Orte und Zeiten erinnern, selten vielleicht, aber doch kleine Unterbrechungen, beinahe übersehene, nahezu vergessene Verweise einer sich verdichtenden Gegenwart. Da und damals war es! Vielleicht brauchen wir die Pause, damit Träume anfangen zu sprechen (Hiob 33,14–15), Unterbrechungen, um die Stimme zu hören, die uns die Wahrheit unseres Lebens zu Bewusstsein bringt. – Nochmals zu dem merkwürdigen Stein …

Version 2

Könnte es sein, dass Jakob nicht an irgendeinem beliebigen Ort nächtigte, sondern – wie manche Ausleger vermuten – an einem bestimmten Ort, nämlich Lus, der schon in vorisraelitischer Zeit als Residenz eines Ortsnumens bekannt gewesen war, und weiter, dass er sich bei einem Traumstein zur Ruhe legte? Eine Pointe der Erzählung wäre dann, dass sich dem Flüchtigen nicht die für diesen Ort zuständige Lokalgottheit, sondern überraschend der Gott seiner Väter Abraham und Isaak offenbarte – der mitgehende Gott. Jakob hat dann, nicht etwa weil der Ort an sich heilig war, sondern wegen des Widerfahrnisses in dieser einen Nacht einen Gedenkstein errichtet und nannte diesen Ort nun Bethel – Haus Gottes.

Vor vielen Jahren führte ich in Papua Neuguinea ein Gespräch mit Tanok Galopi, meinem langjährigen Lehrer. Ihm war von seinem Vater das geheime Wissen, wie man Fruchtbarkeit wunderbar fördert und Todeszauber regelgerecht und effektiv ausübt, anvertraut worden. In einer unserer Sitzungen kamen wir auf Jakobs Traum von der Himmelsleiter. »Das war ein Traumstein«, meinte Tanok. »So einen benutzte ich, als ich solche Dinge noch betrieb, auch. Wenn ich mich auf *große Dinge* vorbereitete, Fruchtbarkeitszauber oder den Todeszauber, fastete ich, dann ging ich zum Bach Djilib, (das heißt. zu dem »bestimmten Ort«), um dort zu schlafen. Den Traumstein legte ich unter meinen Nacken. In der Nacht erschien mir der große … im Traum« – eben die Macht, dessen Name zum gehüteten Bestand geheimen Wissens und Wirkens gehörte. Damit war er bereit für *große Dinge.*«

Später wandte sich Tanok Galopi dem Christentum zu, weil er sich in einer denkwürdigen Begegnung von einem Pfarrer namens Anitango davon hatte überzeugen lassen, dass Todeszauber als Mittel zur Konfliktregelung destruktiv, der »Zauber Jesu auf dem Abendmahlstisch« hingegen heilsam und für das Gemeinschaftsleben förderlich sei.

In den Anfängen christlicher Gemeindebildung haben Träume, nicht nur in Ozeanien, häufig eine wichtige Rolle gespielt. Neben den bislang in den Tiefen schlummernden Figuren und Hoffnungen, den Imagines der Verschiedenen sowie der Schutzgeister des Landes und Wassers, tauchen andere, biblische Bilder und Figuren auf, nicht zuletzt Jesus. Allmählich formt sich eine veränderte innere religiöse Landschaft. Der ursprünglich enge Zusammenhang von Tabuplatz bzw. heiligem Ort und der Gottheit, die im Traum erscheint, löst sich auf. Der Gott und der Stein treten auseinander.

Solche Träume legitimieren neue weltanschauliche Weichenstellungen und münden in den Gottesdienst – Zeit und Ort, an dem die Tragfähigkeit der geträumten Beweggründe für die Wendung zum Christentum in Lied, Gebet, Hören des Wortes und Bekenntnis für jede Generation neu auszuloten ist.

Im Dorf Kumisangere wird die alte baufällige Kirche durch einen Neubau ersetzt. Die äußeren Dachpfosten werden mit den Totemtieren der ansässigen Klans, die inneren mit biblischen Figuren verziert. Über dem Eingang findet sich in Holz geschnitzt das Wort aus 1 Mose 28,16: »… Hier ist die Pforte des Himmels.«

Dietrich Zilleßen (Köln)

Neunzehnter Sonntag nach Trinitatis: Von anderswoher

Da rang ein Mann mit ihm, bis die Morgenröte anbrach.
(Gen 32,25b)

Der Glaube soll sich noch gegen seine dunkelsten und peinlichsten Erfahrungen bewähren. Darum lesen *wir* den alten Text vom nächtlichen Kampf am Jabbok. Tradition ist auch die fremde Form eigener Geschichten, ein dunkles Kapitel, das des Nachts alles durcheinander bringt. Unter den Bedingungen steter Gefahren sucht jeder Einzelne beim Wir Erlösung von sich selbst. Aber Gemeinsamkeit befreit nicht von Konflikten. Sie löst sie aus. Nicht nur in der Jakobsgeschichte gibt es zu jedem Sieger einen Verlierer.

Theologie beruht auf einem elementaren Zirkelschluss. Der Grund des Glaubens ist der Glaube selbst. Der Mensch ist allein mit seinem Glauben wie Jakob in der Nacht am Jabbok (V. 25a). Glaube trägt stets ein Moment von Einsamkeit in sich, mag er es auch beharrlich ignorieren. Die Überschreitung seiner existenziellen *Grundlosigkeit* stellt sich dem Dunklen, dem Sinnlosen entgegen. Aber in der Nacht kehren die Konflikte zurück, die am Tage übergangen wurden. In der Nacht erledigen sich Definitionen, Polarisierungen und Moralisierungen. Bilder, die wir uns ängstlich oder freudig machen, stammen wiederum von Bildern. Wir sagen, was

Unrecht ist. Aber wissen wir über den Tag hinaus, was am Ende *Recht* ist? Religion kommt unwissend, ratlos aus dem Dunkel der Nacht und des Unsäglichen.

Jakob hat sich am Jabbok, am Fluss des Übergangs, aller tragfähigen Bezüge (die er wohl retten will) entledigt, Familie und Besitz sind schon hinüber (V. 23, 24). Kalte Einsamkeit bleibt. Der Traum der Himmelsleiter (Gen 28, V. 10–17) hat sich in die nächtliche Kehrseite verwandelt. Jakob hat keine Argumente, nichts rechtfertigt ihn, seine Privilegien gegenüber Esau sind haltlos. Jakob/Israel kann sich nicht berufen auf die Legitimität der Verheißung, der Genealogie, des Ursprungsmythos. Nackt verlangt Jakob den Segen, als hätte er den falschen. Sollte dieser neuerliche Segen die Legitimierung des Illegalen sein?

Brudergeschichten sind, wie sie sind. Es gibt nichts zu rechtfertigen. Genealogische, familiengeschichtliche Argumente hängen von der Perspektive ab. Sie sind für politische Optionen, für Grenz- und Gebietsstreitigkeiten nicht viel wert, zwingen aber zur Verständigung, zur Verhandlung, zur Öffnung. Dieses Monitum ist das einzig sinnvolle, das legitime Erbe der Nacht am Jabbok. Es dient multilateral, also allen Seiten. Israels Nachbarn haben ihre eigenen Ansprüche geerbt. Jakobs Glaube ist kein unbezweifelbares politisches Instrument in Israels Händen.

Menschliche Beziehungen sind nicht frei von Gewalt, von Unterdrückung, von Benachteiligung. »Der eine wird dem anderen überlegen sein« (Gen 25, V. 23). Einer ist immer Opfer, nein, beide sind es. Schicksal, Geschick. Dem Wort nach liegt darin schon Hinnahme, *schmerzliche, nachgebende, widerstehende*. Diese Haltungen sind Gesten des »Kampfes in der Nacht«. Aus der Nacht kommt Jakob verwundet heraus.

Das »Herz der Brüderlichkeit« ist die Einsamkeit (Maurice Blanchot), sonst gäbe es keine Offenheit. Was muss Jakob tun, damit Esau, der Bruder, der Edomiter, der »Palästinenser« ihn segnet? Brüderlichkeit ohne Brüderlichkeit (Jacques Derrida), ohne Familienbande ist eine Vision, die auf Vertrag und Vertragen zielt.

Der nächtliche Kampf der Bilder und Namen findet im Kopf statt. Jakob kämpft einsam mit sich selbst, mit den Gestalten seiner Last, mit

Dämonen, mit dem Teufel, mit Gott. Hier gibt es keine Identität, nur fragliche Namen. Wer bist du? Der Kampf um Identität wird nicht entschieden. Es bleibt etwas offen. Israel wird Jakob nicht los (V. 28, 29). Der neue Name behält die Last des alten. Es gibt keinen reinen Anfang. Jeder Name trägt nicht nur Vergangenes, sondern auch Zukünftiges. Anderes von anderswoher, das niemals *ist* (es sei denn als Hoffnung) und doch alles verändert. Metamorphosen, über die man sich wieder und wieder verständigen muss. Nächtlichkeit ist die Wunde des Seins. Der Engel der Bestreitung entzieht alle Namen der totalen Verfügung. Die »Erfindung des jüdischen Volkes« (Shlomo Sand) ist insofern eine nicht beendbare Aufgabe. Nur eine gewisse Orientierungslosigkeit macht Orientierungen human. Nacht weicht (»jenseits des Erscheinungswechsels«) nicht dem Tag (Elisabeth Bronfen). Keine (wachende, träumende, schlafende) Vernunft vertreibt Nächtlichkeit, Unklarheit und Sinnlosigkeit. Sie bringt sie nächtlich hervor, eine Welt, in der alle Gestalten zu Ungeheuer werden (Goyas Bild).

Elisabeth Bronfen hat für ihr Buch über die Kulturgeschichte der Nacht Nietzsches Spruch als Titel genommen: *Tiefer als der Tag gedacht.* Auch Zarathustras Gang durch die Nacht ist ein Kampf, weil er – am Ende erwachend – weiß, »was er hinter sich gelassen hat« (377). Das Nachtwandler-Lied kündet von Untergang und Neuanfang, von der Gleichzeitigkeit aller Gegensätze (376), von der »Entgrenzung« der Individualitäten« (377). In ihrem Höhepunkt lässt die Nacht »das andere Licht der Mitternacht tiefer und heller als das des Tages« erscheinen, eine dunkle »Erhellung« (a. a. O.). Besteht die »Kälte der Einsamkeit« des Tages nicht darin, dass die Welt nur noch *unsere* selbstmächtige eigene Phantasie ist, die eigene Sehnsucht und Angst, nicht zuletzt verdrängte Nächtlichkeit? Bedarf die Befreiung zu einem anderen Denken (378) nicht religiöser Gelassenheit, einer zögerlichen, gelegentlich innehaltenden Vergewisserung ihrer selbst am Fluss des Übergangs? Nächtliche Fragen aus dem Kampf ohne Worte bleiben nachhaltig. Das Paradox sagt es, *dunkle Erhellung geschieht*, Rechtfertigung kommt von anderswoher.

Ein Segen? Gott gibt seinen Segen, dass Brüder und Nichtbrüder sich auseinandersetzen, sich absprechen, sich verständigen. Wer im Kampf in

der Nacht alles verliert, jeden Grund seiner Rechtfertigung, hat alles ge-
wonnen. Religion ist keine bloße Funktion menschlicher Bedürfnisse.
Eher spricht sich in ihr der Segen des Unwillkommenen aus. Religion, von
Bedürfnissen bestimmt, passt sich ihnen nicht an. *Gegenreligion.*

> *»Und Gnade ist nur, was unverdient ist.«*
> (Martin Walser)

Martin Leutzsch (Paderborn)

Zwanzigster Sonntag nach Trinitatis: Dreiunddreißig Prozent weniger sind immer noch zwei Drittel

Der vierte Bote posaunte. Ein Drittel der Sonne, ein Drittel des Mondes und ein Drittel der Sterne erhielt Schläge, so dass ein Drittel von ihnen finster wurde und der Tag – ein Drittel davon – nicht erschien, ebenso die Nacht. (Offb 8,12)

Wie das wohl wäre – wenn es ein Drittel mehr Nacht gäbe? Würdest du länger schlafen? Noch länger schlaflos sein müssen? Mehr Zeit für Nacht-Dinge haben? Bei künstlichem Licht arbeiten? Ohne Licht arbeiten, endlich die Zeit nehmen (sofern du nicht blind bist) Braille zu lernen? Würdest du (wie bisher) mit den Hühnern aufstehen? (Vorausgesetzt, die Hühner behielten ihren Zeitrhythmus bei.)

Könntest du dich auf die Katastrophe einrichten? Würdest du eine Beschädigung kosmischen Ausmaßes verkraften? Würdest du die Folgen der Zerstörung nicht wahrhaben wollen? Wahrhaben müssen? Wütend werden? Traurig? Verzweifelt? Würdest du dich aufraffen? Aufmachen, um mit dem Unabänderlichen zu leben?

Plötzlich aus dem Wolkentor
kommt der gute Mond hervor,

wandelt seine Himmelsbahn
wie ein Haupt-Laternenmann,
leuchtet bei dem Sterngefunkel,
doch auf einmal wird es dunkel –
Laterne! Laterne!
Nur noch zwei Drittel Sterne –

Angst. Reduktion. Ausweglosigkeit. Zweidrittelkosmos. Zweidrittelwelt. Zweidrittelgesellschaft.

Energieverlust dreiunddreißig Prozent. Unumkehrbar?

Wenn nichts zu ändern ist, hilft Sinngebung./? Definieren wir etwas als Katastrophe, weil das Etwas *weniger* geworden ist? (Katastrophe als plötzliche Knappheit, abrupter Verlust.) Wenn Sonne, Mond und Sterne abrupt um ein Drittel wüchsen, Tag und Nacht sich ein Drittel verlängerten: auch das eine Katastrophe?

Schlag auf Gestirn: kosmischer Abbruch. Macht die Zerstörung Sinn? Hat der Schrecken eine Logik? Wen interessiert das überhaupt?

Egal. Ruhig Blut. Etwas stimmt hier nicht. Die Nacht wird ja gar nicht länger. Wenn Gestirne ein Drittel ihrer Substanz verlieren, verlieren sie an Leuchtkraft. Zeitlich – ändert sich nichts.

Wenn Tag *und* Nacht um ein Drittel reduziert werden, dürfte der Tag (Tag + Nacht) nicht mehr 24 Stunden haben (oder die Stunde nur noch 40 Minuten). Steigt dadurch die durchschnittliche Lebenserwartung? Hat die Verkürzung der Zeit ihre Ursache in der Reduktion der Gestirne? Oder kommen hier zwei Katastrophen zusammen?

Geht ein Drittel aller Sterne kaputt? Oder von jedem Stern ein Drittel? Im zweiten Fall würden sie kleiner. Und schneller: Hektik im Weltall. Bekämen wir die Veränderung mit? Würde sich die biologische Zeit mit der kosmischen zugleich verändern? Oder – Gleichzeitigkeit des Ungleichzeitigen – driften die Rhythmen von Mikro- und Makrokosmos auseinander? Krieg der Zeiten – könnten wird das noch leben?

Wer steckt hinter diesen Katastrophen? Wer hat die Verantwortung? Ein Motiv? Gott? O Gott …

Und Gott sah, dass es nicht mehr so gut war? Und setzte die Keule an? So dass von dem am vierten Schöpfungstag Geschaffenen nach der vierten Posaune nur noch zwei Drittel übrig blieben. – Und es ward Abend und Morgen: Zweidritteltag.

Ist das mit der Zielvereinbarung (siehe Genesis Paragraph 8 Absatz 22) noch kompatibel? Oder ist die Frist der Erde damit abgelaufen?

Wenn das Ende nahe wäre: Kannst du darauf vertrauen, dass das Ende nicht das Ende ist? Dass ein neuer Himmel und eine neue Erde möglich sein könnten? Ohne Nacht. Ohne Sonne. Ohne Mond. Apokalypse 21,23–27 Hoffnung. (Gottes Glanz. Gottes Zeit.)

Was würdest du anfangen mit der verkürzten Zeit.
Der Teufel hat kaum mehr Zeit.
Du – kein Teufel – hast. Immer. Noch.
Weniger Tag. Weniger Nacht.
Aber.
Immer noch –
Zeit.

Jürgen Ebach (Bochum)

Einundzwanzigster Sonntag nach Trinitatis: … dass ihm auch nicht einer fehlet

Denn tausend Jahre sind vor dir wie der Tag, der gestern vergangen ist, und wie eine Nachtwache. (Ps 90,4)

Im 90. Psalm, einem Gebet, das Mose zugeschrieben ist, kommt die Vergänglichkeit des Menschenlebens ins Bild und zu Wort, aber Vergänglichkeit wird nicht mit Vergeblichkeit in eins gesetzt. In Vers 4 heißt es: »Denn tausend Jahre sind vor dir wie der Tag, der gestern vergangen ist, und wie eine Nachtwache.«

Zeigt der Vergleich Gottes Größe oder Gottes Ferne? Nimmt Gott in einem solchen Zeitmaß die Menschenzeit überhaupt wahr? Wäre das nicht so, wie wenn wir Menschen das Zeitgefühl einer Eintagsfliege mitempfinden wollten? Und wie sieht die Weltgeschichte aus einer Warte aus, in deren Zeitmaß Kreuzzüge, Reformation, Französische Revolution, Weltkriege, »Auschwitz« an einem Tag, in einer Nachtwache stattfanden? Wäre mit einem solchen Zeitmaß allenfalls ein Gott der Evolution kompatibel? Aber verschwindet nicht in der Evolution das Einzelne als Einzelnes und ist nur als Träger von Erbgut und Information relevant? – Ich erzähle eine alte Geschichte (in einer längeren Fassung findet sie sich bei Goswin Peter Gath, Rheinische Legenden, Köln 1955, 178–181):

»Denn tausend Jahre sind vor dir wie der Tag, der gestern vergangen ist, und wie eine Nachtwache.« Über diese Psalmenstelle dachte vor langer Zeit ein Mönch des Klosters Heisterbach – im Siebengebirge am Rhein zwischen Köln und Bonn – nach, als er im Klostergarten im Brevier las. Er versuchte sie zu erfassen und konnte es nicht. Lange nachsinnend über dieses Wort schlief der Mönch schließlich ein. Als er noch in der Nacht erwachte, kehrte er rasch ins Kloster zurück. An der Pforte sitzt ein Klosterbruder, den er nicht kennt und der ihn nicht kennt und nicht einlassen will. Der Mönch ist verwirrt, er versichert, er sei ja nur für einige Stunden in den Klostergarten gegangen und jeder im Kloster kenne ihn doch. Man führt ihn vor den Abt, auch für den ist der Mönch ein Unbekannter. Man holt alle Mönche zusammen, niemanden kennt er, niemand kennt ihn. Ratlosigkeit, ungläubiges Staunen, Verdächtigungen. Schließlich holt man die Chronik des Klosters und findet nach langem Suchen die Eintragung, einmal sei ein Mönch zum Brevierlesen in den Klostergarten gegangen und nie wiedergekehrt. Die Eintragung war genau tausend Jahre alt.«

Die Legende ist, je nachdem, eine Zeitraffer- oder eine Zeitlupengeschichte. Stellen wir sie uns heute vor: Ein Mönch beträte heute Abend das Kloster Heisterbach, das er am 21. Juni anno Domini 1013 verlassen hätte. Die Geschichte wäre heute – auch wenn das Kloster die tausend Jahre überdauert hat – kaum erzählbar. Denn der Mönch müsste, um ins Kloster zurückzukehren, z. B. die Autobahn Köln-Frankfurt überqueren. An der Pforte säße niemand mehr; er müsste eine Gegensprechanlage bedienen. Wollte er mit dem Abt sprechen, so fragt sich, in welcher Sprache er es tun sollte. Auf eigentümliche Weise berichtet die Legende vom Mönch von Heisterbach etwas anderes als das, was sie berichten will. Sie will berichten, wie jene tausend Jahre vergangen sind, ohne dass der Mönch es merkte, sie erzählt aber im Grunde, wie die Zeit tausend Jahre stillstand. Der Abt sieht aus wie der am Morgen gesehene, der Bruder an der Pforte ebenso, alles ist wie vor tausend Jahren, nur die Menschen sind andere.

Die Zeit in dieser Geschichte steht still; nach dem Maßstab unserer Zeiterfahrungen aber stand sie ohnehin still. So macht der Versuch, uns mit Hilfe jener alten Geschichte dem Wort des Psalms zu nähern, darauf aufmerksam, dass wir von der deutenden Wundergeschichte noch weiter entfernt sind als von Psalm 90 selbst. Wäre es heute nicht wunderbar, wenn es uns einmal gelänge, einen Tag ohne Ablenkung, ohne Zeitdruck und ohne Terminkalender wirklich als einen Tag zu erleben, eine Stunde in der Nacht als eine Stunde?

»Tausend Jahre sind vor dir wie ein Tag.« Einmal dauerte ein Reich, das sich auf »tausend Jahre« einrichten wollte, nur zwölf Jahre. Nur? Sollen die Qualen derer, die in diesen zwölf Jahren verfolgt, geschunden, ermordet wurden, in Gottes Augen nur den Bruchteil eines Tages, sollten jene zwölf dunklen Jahre nur wenige Minuten einer Nachtwache gewesen sein?

Und wenn ich es umgekehrt verstehe? Wenn tausend Jahre vor Gott wie ein Tag und wie eine noch kürzere Nachtwache sind, dann hätte Gottes Maß die Zeit nicht verkürzt, sondern gedehnt. Gott hätte tausend Jahre Zeit für das, was wir an einem Tag erleben. In diesem doppelten Verstehen nimmt 2 Petrus 3,8 den Satz auf: »Ein Tag ist in den Augen Gottes wie tausend Jahre und tausend Jahre sind wie ein Tag.« Kann Gott deshalb, wie ein anderer Psalm sagt, die Sterne alle zählen und mit Namen nennen – dass ihm, wie es in dem auf Ps 147,4 fußenden Lied (EG 511) heißt, »auch nicht eines fehlet« –, weil er, weil sie die Zeit hat, all die Namen zu nennen, dass nicht einer fehlt?

Können wir die Namen von sechs Millionen Ermordeten nennen, selbst wenn sie alle noch zu ermitteln wären? Sechs Millionen Namen, nur mit ganz elementaren Angaben: Vorname, Familienname, Geburtsort und Ort des Todes, vielleicht noch eine Berufsangabe, ein Wohnort, der Ort der Deportation in die Vernichtungslager. Wenn man sich für jeden Namen nur 15 Sekunden Zeit ließe und sechs Millionen solcher Namen im Radio nennen würde, so wäre das eine Radiosendung von drei Jahren – Tag und Nacht, 24 Stunden ohne Pause.

Ich möchte mir vorstellen, dass Gott, der tausend Jahre Zeit hat für jeden einzelnen der Tage und der durchwachten Nächte all der glücklichen und unglücklichen, gesunden und kranken, jungen und alten, neugeborenen und sterbenden Menschen, sie alle zählen kann und nennen wird – dass ihm nicht einer fehlet. Dieser Gedanke kann unsere Erinnerung, die notwendig ist und allemal Stückwerk bleibt, nicht ersetzen. Er kann uns aber ermutigen, das uns Mögliche zu tun. Rabbi Tarfon sagt (»Sprüche der Väter«, Mischna Avot II,15): »Nicht liegt es an dir, das Werk zu vollenden, du bist aber auch nicht frei, davon abzulassen.«

Bettina Wittke (Büren)

Zweiundzwanzigster Sonntag nach Trinitatis: Co-Sleeping

Wenn zwei sich schlafen legen, wird ihnen warm. Wie soll Einzelnen warm werden? (Pred 4,11)

Jetzt lassen wir mal die sexuellen Noten, die in diesem Vers mitschwingen, beiseite. Es weiß sowieso jeder, dass Reibung Wärme erzeugt, zumal aneinander ;-) – Ich möchte stattdessen über das Familienbett und das Co-Sleeping nachdenken. Kohelet variiert hier das bekannte Motto »Gemeinsam sind wir stark« und fokussiert es auf das gemeinsame Unter-einer-Decke-Stecken der Menschen.

Im Großteil der Welt und offenbar auch in biblischen Zeiten ist das Co-Sleeping die normale Form, wie Menschen, Familien, Eltern und Kinder die Nacht verbringen. Man wärmt sich miteinander, das ist praktisch, das spart Decken, Strom, Heizmaterial. Man schläft – besser – nicht allein. Das gibt Sicherheit. Diese einfache Wahrheit präsentiert uns Kohelet.

In unserer westlich geprägten Kultur ist das Thema Co-Sleeping eines der letzten großen Tabus. Miteinander schlafen, das ist okay, aber bei jemandem schlafen, nur um da zu sein, »nur« um zu wärmen, um einfach nicht (mehr) allein zu sein, das ist ungewöhnlich, ja wird manchmal sogar als asozial betrachtet. Wer die Kinder im Ehebett schlafen lässt, gilt schnell als Asi-Familie.

Gemeinsames Schlafen stellt weltweit jedoch die Norm dar. Das typisch deutsche Alleinschlafen ist eine mehr als fragwürdige, antrainierte Verhaltensweise, die dem natürlichen Bedürfnis der Menschen nach Geborgenheit und Gemeinschaft zuwiderläuft. Kinder fordern es oft ein und nerven damit viele Eltern: »Ich will bei euch schlafen!« Entsprechend wird das Alleinschlafen den Kindern gegen ihren Willen und gegen ihren evolutionären Entwicklungsstand abverlangt. Und um welchen Preis?! Das Alleinschlafen erzeugt nicht nur körperliches Frieren, sondern auch seelisches.

Vom Alleinschlafen werden Kinder weder selbstständiger noch selbstbewusster. Kinder, die hingegen zuverlässig die nächtliche Nähe bei den Eltern genießen dürfen, gewinnen besser Vertrauen in sich und die Welt, und sie schlafen ruhiger, weil sie die Gewissheit haben, dass auf ihre Bedürfnisse auch in der Nacht schnell und adäquat eingegangen werden kann.

Ein Baby, das sich erst die Lunge aus dem Hals schreien muss, bevor es im entfernten Eheschlafzimmer gehört wird, lernt dadurch abgründige Gefühle von Angst und Einsamkeit kennen. Das Zu-Bett-Gehen wird dann oft zum Affentheater und ein traumatisches Problem für die ganze Familie. Es werden sogar Schlafprobleme von Erwachsenen mit eben dieser frühkindlichen Prägung aufs Alleinschlafen in Zusammenhang gebracht.

Und doch ist das eigene Zimmer mit eigenem Schlafplatz immer noch für viele ein Symbol für Luxus. Wer in beengten Wohnverhältnissen aufgewachsen ist, sich gar das Bett mit Geschwistern teilen musste, dem scheint ein eigenes Zimmer als Inbegriff des Luxus. So repräsentiert auch das Einzelbett im Einzelzimmer im Hotel und das Einzelzimmer im Krankenhaus eine Form von Luxus, die sich nicht jeder leisten kann.

Ein gemeinsames Schlafen in der Nacht ist bei uns gesellschaftlich nur erwünscht und im Allgemeinen kulturell nur geduldet, wenn man erwachsen ist. (Und wenn man bei völliger Gesundheit ist!) Der »normale Erwachsene« findet es normal, mit einem anderen Erwachsenen nachts das Bett zu teilen, eventuell sogar unter eine Bettdecke zu schlüpfen. In unserer Kultur darf aber nicht jeder mit jedem unter einer Decke stecken;

man darf zum gemeinsamen Im-Bett-Liegen nämlich weder zu jung noch zu alt sein.

Warum sind wohl die sogenannten Kaffeefahrten gerade bei älteren Menschen so beliebt? Weil man da hautnah gemeinsam mit anderen Einsamen Dinge kaufen kann, die innerlich wärmen: Kaffee- und Teeservice, Wolldecken, Wärmflaschen und Heizdecken. In Wirklichkeit wärmt nur ein anderer Mensch äußerlich und innerlich auf eine wohlige und nachhaltige Weise. Wärmflaschen kühlen ab, können auslaufen und womöglich – wie auch Heizdecken – Verbrennungen verursachen. All dies passiert nicht mit einem freundlichen Bettgefährten oder einer wärmenden Bettgefährtin.

Das hat weitreichende Konsequenzen für die kirchliche und diakonische Arbeit. Nimmt man Koh 4,11 als ernstzunehmenden Hinweis, wie Menschen schlafen sollten, dann ergeben sich folgende praktisch-theologische Herausforderungen:

Eltern ist zu empfehlen, ihre Kinder mit ins Familienbett zu nehmen. Die neuere Schlafliteratur weist auf die vielen Vorteile für die kindliche Entwicklung hin. Offenbar kann sich dadurch sogar das Risiko des plötzlichen Kindstodes reduzieren lassen.

Diakonische Einrichtungen müssten die Möglichkeit erweiterter Schlafarrangements anbieten. Alte Menschen und Menschen mit Behinderung, die in diakonischen Einrichtungen leben, sollten die Chance haben, mit einer freundlichen Person wärmend das Bett zu teilen. Dazu können auch Matratzenlandschaften gebaut werden, große Liegeflächen, auf denen viele Platz haben und auf denen die Menschen mit ihren besonderen Bedürfnissen sein dürfen.

Ein erster Schritt in diese Richtung passiert im Moment im Bereich der Geburtshilfe: Auf den Wöchnerinnenstationen werden mehr und mehr Familienzimmer eingerichtet, in denen auch die Väter und Geschwister nächtigen dürfen. Das Rooming-in für Mutter und Kind gehört seit knapp dreißig Jahren zum akzeptierten Standard in Geburtskliniken.

Ein einfühlsames Schlafarrangement ermöglichten übrigens die Angehörigen dem alt gewordenen König David. Ein (zugegebenermaßen schönes) Mädchen wird ihm zur Seite gestellt, um ihn zu umsorgen und in seinen Armen zu schlafen – und zwar so, dass sie den König wärme (1 Kön 1, 2–4) Ausdrücklich wird erwähnt, dass David mit ihr nicht sexuell verkehrt. Er wird gewärmt. Das zählt.

Und wer schon einmal ein Kind auf der Intensivstation hatte, der weiß, wie viel wert es wäre, wenn es dort selbstverständlich auch Betten für Eltern und Kind gäbe und nicht nur Stühle.

Thomas Hirsch-Hüffell (Hamburg)

Dreiundzwanzigster Sonntag nach Trinitatis: Wenn der Geist eintrifft

Ich sage euch: von zwei Menschen, die in jener Nacht in einem Bett liegen, wird der eine angenommen und der andere zurückgelassen. (Lk 17,34)

Ich sehe eine junge Frau sitzen auf dem Balkon über dem Meer. Sie träumt sich klein, ganz klein. Papa sitzt auf dem Balkon, sie sitzt auf Papa und unter ihnen liegt das Meer. Das ist gut. Und dazu gehen die Abendglocken. Papas Hand ist warm. Der Balkon hat ein Geländer, damit man nicht abstürzt. Und die Glocken läuten den Sonntag ein. Das Meer ist weit, und es schmerzt nicht. Gar nichts schmerzt.

Ich sehe ein Kind. Es winkt dem abfahrenden Zug. Darin sitzt niemand, den es kennt. Das Kind winkt gern Zügen. Der Zug fährt in ein Land, in dem es keine Gleise gibt. Er wird vorher halten müssen. Man wird zu Fuß weitergehen. Das Kind dreht sich um und geht heim, es weiß Bescheid.

Ich sehe zwei Frauen in einer Berghütte. Eine geht am Abend schlafen, die andere schreibt nachts mit Kreide an die Innenwände der Holzhütte. Sie schreibt und kann nicht aufhören damit. Es wird dunkel und sie schreibt und schreibt. Alles, was je in ihr war. Auf die Wände. Am anderen Morgen wachen beide auf, küssen sich und fahren ab, jede in eine andere Richtung.

Ich sehe eine große Gruppe von Männern. Sie sitzen in der Mittagshitze auf der Erde im Sand, nackt, in einem großen Kreis. Wenden sich in eine Mitte und recken die Arme dahin, wo nichts ist. Die Hände flattern, und sie stoßen wirre und spitze Laute aus, alle gleichzeitig, es klingt wie ein Vogelschwarm. Wie auf ein Zeichen der Luftsäule in der Mitte legen sich alle gleichzeitig nach hinten. So liegt jeder nun im Schoß des Mannes hinter ihm. Bis auf die am äußersten Rand. Die sitzen und halten Wache. So liegen sie, bis es soweit ist.

Ich sehe eine Kinderhand, die leicht und neugierig über die geschlossenen Augen der liegenden Frau streicht. Wieder und wieder fährt sie über ihre faltigen Lider. Zupft vorsichtig an den Wimpern. Hält ihr die Nase zu, lange. Steckt den Zeigefinger zwischen die Lippen. Fährt die Form der Ohren ab mit den Fingern. Legt sich schließlich auf die Frau, Bauch zu Bauch, bläst ihr in die Nase und summt leise das Abendlied.

Ich sehe eine alte Dame in einem rosa Seidenkleid, das sie immer anzieht, wenn sie Kerzen anzünden geht. Sie hat einen großen Vorrat davon in einem Rollköfferchen, das sie hinter sich her zieht. Sie fährt einmal in der Woche die Kirchen der Stadt ab, es sind jedes Mal 21. In jeder entzündet sie 14 Kerzen, in der letzten 12 – macht 292. Die Zahl der Lebens-Tage des Enkelkindes. Morgen wird sie damit aufhören, dann wird sie das Rollwägelchen in den Fluss werfen und das Seidenkleid auch. Sie wird nicht nachschauen, wie beides davonfließt. Sie wird sich umdrehen und gehen. Denn dann ist sie frei.

verneige dich vor dem Großen, das in deiner nähe wohnt:
du bist dafür nicht verantwortlich.
Seht weg von den Ausgekochten – folgt der Karawanenmusik.

257

Geht solange, bis ihr die Einzelheiten unterscheidet.
Die gute Kraft ist die des Übersehens.
Überliefert das Rauschen.
Erzählt den Horizont.
Der Himmelsschrei ist die Form des Gebets.[1]

---

1 Peter Handke, Über die Dörfer, Frankfurt a. M. 2002, Ausschnitte aus der Rede Novas: 113, 114, 120.

Gotthard Fermor (Bonn)

Reformationsfest: Umsonst

Es ist umsonst, dass ihr früh aufsteht und hernach lange sitzet und esset euer Brot mit Sorgen; denn seinen Freunden gibt er es im Schlaf. (Ps 127,2)

Ich bekenne es: Ich stehe nicht gern zu früh auf und mag keine langen Sitzungen. Und auch das Sorgenmachen gehört zu den Schattenseiten meiner Persönlichkeit. Daher: Für mich ist dieser Psalmvers pures Evangelium, gute Nachricht. In einer Zeit, in der das »Machen« zu den meist benutzten Wörtern auch in der Kirche gehört, ist er eine heilsame Erinnerung an das, was Spiritualität ausmacht: sie ist und bleibt ein Geschenk, umsonst, gratis, Gnade, Gratifikation, sola gratia.

Das zu glauben fällt den Machern unter uns schwer – und wer muss heute nicht Macherin und Macher sein in Beziehung, Familie, eigener Identität, Ausbildung, Beruf und Lebensplanung? Umsonst ist der Tod, vorher müssen wir machen, unentwegt.

Gegen solch eine fatalistische Frustration, die dem Kapitalismus immer schon ganz gut genützt hat, setzt dieser weisheitliche Psalm eine evangelische Weisheit: Es gibt für das Leben aus Gott eine positive Frustration, die den Weg zur Spiritualität gestalten hilft und zugleich Kraft für einen Protest freisetzt.

»Es ist umsonst«, euer Machen, auch wenn ihr noch so früh aufsteht, bienenfleißig seid bis an den Rand des Burnouts, ein Weg zu Gott ist das nicht – das ist vergeblich, umsonst, frustra, Frust – und das ist positiv. Denn so haben wir es als gute Nachricht seit der Reformation wieder entdecken gelernt: Werke helfen nicht zum Glauben, im Gegenteil. Glauben wird geschenkt – umsonst. Diese Einsicht ist *pro testimonium*, ein Zeugnis für die Nutzlosigkeit unserer spirituellen Anstrengungen. Und sie ist als Protest auch ein Einstehen gegen den unevangelischen Geist des Dauer-Machens, der alles nur auf seinen *outcome* hin befragt. (Selbst in der Bildung ist das jetzt so.) Als evangelischer Protest fordert und fördert diese Einsicht die Achtsamkeit für die Wichtigkeit von Unterbrechung (die auch einmal einen Bruch mit Gewohntem bedeuten kann), für die Notwendigkeit von Erholung (wo wir uns Verlorenes wieder holen können) und für die Nutzlosigkeit (wo wir den Mut finden, uns von der Fixierung auf den Nutzen einmal zu lösen). Und sie fördert den Mut, loszulassen, vor allem da, wo Sorge kontrollieren will: »Mit Sorgen und mit Grämen lässt Gott sich gar nichts nehmen«, so besingt Paul Gerhardt den Refrain aller Theologie: *deus semper maior*, Gott ist immer größer. Und auch diese Haltung ist protestantisch, wenn sie gegen den unevangelischen Geist des Sorgens protestiert, der sich u. a. auch hinter den unendlichen Profildebatten in unseren Kirchen verbirgt. Für das, wonach Menschen in unserer Kirche und Gesellschaft nachweislich stark fragen, für die Spiritualität, ist das umsonst: »Wenn Gott nicht das Haus baut, so arbeiten, die daran arbeiten, umsonst.« (Ps 127,1)

Wie kann das gelingen, diese nötige Unterbrechung, diese Erholung, dieses Loslassen? Wie kann man dem entgehen, dass es doch nicht wieder nur ein Machen ist, wenn wir es in spirituellen Programmen und Übungen versuchen? Indem wir den Schlaf als reformatorisches Symbol für die geschenkte Gnade entdecken: »Seinen Freunden gibt er es im Schlaf.« Der Schlaf ist ein Bild für Erlösung: Hier lösen wir uns von unserem Machertum, werden davon erlöst, tun nichts, liegen nutzlos und schnarchen, erholen uns, holen uns die Stille zurück, die uns fast immer fehlt. Im Schlaf lassen wir Bewusstes los und lassen dem Traum Raum, dem Unbewussten und seiner Sprache. Da uns Gottes Wort im Bewusstsein oft nicht erreicht, weil es in seinem denkerischen Machertum gefangen ist, redet es schon in der Bibel nicht selten in Träumen – da endlich hat es Raum.

Dieses Evangelium des Schlafes erfuhr schon Elia, als er – nach dem Zusammenbruch seiner Identität als Dauerprotestler im Namen Jahwes – von Angst überwältigt in die Wüste flieht und hoch depressiv nichts als sterben will (1 Kön 19). Der Engel, der ihn da rausholt, stärkt ihn leiblich mit Brot und Wasser und lässt ihn sich erst noch einmal hinlegen und noch einmal hinuntersinken in die Erholungs-, die Nichtstun-, die Zwischenwelt des Schlafes, wo er sich nicht über sich, seine Vergangenheit, sein Tun und Lassen, seine Identität, seine Verantwortung Gedanken machen muss, sondern – von dem allen entlastet – abtauchen darf.

Das ist das seel- und leibsorgliche Evangelium des Schlafes. Und erst dann ist der Prophet wieder ansprechbar für seine weiteren Aufgaben, die ihn aus der Wüste auch wieder herausführen. Diese Reihenfolge ist entscheidend: Er wird nicht erst aufgeklärt, sondern erst gestärkt, auch durch den Schlaf. Das Evangelium des Schlafes sagt, dass wir nicht nur *en-light-ment*, also das Licht der Aufklärung brauchen, sondern auch das nur scheinbar nutzlose Dunkel der Nacht.

Rainer Maria Rilke z. B. sucht in seinem »Stundenbuch« Gott vor allem im Dunkel:

Du Dunkelheit, aus der ich stamme,
ich liebe dich mehr als die Flamme,
welche die Welt begrenzt,
indem sie glänzt
für irgend einen Kreis,
aus dem kein Wesen von ihr weiß.
Aber die Dunkelheit hält alles an sich:
Gestalten und Flammen, Tiere und mich,
wie sie's errafft,
Menschen und Mächte –
Und es kann sein: eine große Kraft
rührt sich in meiner Nachbarschaft.
Ich glaube an Nächte.[1]

---

1 Rainer Maria Rilke, Gedichte, Frankfurt a. M. 1986, 204 f.

Die Romantiker beschworen diese Einsicht, so auch Novalis in seinen »Hymnen an die Nacht«: »Muß immer der Morgen wiederkommen? Endet nie des Irdischen Gewalt? unselige Geschäftigkeit verzehrt den himmlischen Anflug der Nacht. [,..]. Zugemessen ward dem Lichte seine Zeit; aber zeitlos und raumlos ist der Nacht Herrschaft. – […] Heiliger Schlaf – beglücke zu selten nicht der Nacht Geweihte in diesem irdischen Tagewerk. Nur die Thoren verkennen dich […].«[2]

Im Schlaf können wir Gott begegnen, ohne das in unserem Bewusstsein einfangen zu können und zu müssen – eine heilsame Einsicht für alle spirituelle Besser-Wisserei! Seinen Freundinnen und Freunden gibt Gott es im Schlaf – gratis, umsonst, sola gratia. Allein aus Gnade – das ist und bleibt der wichtigste spirituelle Grundsatz der Reformation.

2 Novalis, Gedichte, Frankfurt a. M. 1987, 13.

Alexander Höner (Berlin)

Vierundzwanzigster Sonntag nach Trinitatis: Tränenozean

Ich bin so müde vom Seufzen; ich schwemme mein Bett die ganze Nacht und netze mit meinen Tränen mein Lager. (Ps 6,7)

Wie viele Menschen wohl zur Nacht weinen? Es sollten doch genug sein, um gemeinsam ein Fluss zu bilden, ja vielleicht gar ein Meer. Die Tränen einer Nacht werden reichen. Auf dem Tränenozean treiben wir mit unseren Betten, träumen, schlafen ein für eine Weile.

Eine Seefahrt, die ist lustig, eine Seefahrt, die ist schön. Nicht bei Nacht, ohne Positionslichter. Wenn man weiß, was für Ungeheuer in den Fluten unter einem lauern. Die hinausgebrüllten Schmerzen, die kreischenden Gewissen, die schwarze Angst – der ganzen Welt. Kein schöner Ozean, keine lustige Seefahrt. Bei Tage sinkt der Wasserpegel, schlafen die Ungeheuer, ein friedlicher Glanz steigt empor. Pünktlich zur Dämmerung erscheinen die Schatten unter der Wasseroberfläche, erheben sich Seufzer und neue Tränen lassen das Meer wieder ansteigen. Wieder Nacht.

Ohne unsere Tränen zur Nacht gäbe es dieses Meer nicht, würde unser Bett auf dem Trockenen stehen, fest, ohne zu wanken. Aber vielleicht war es auch schon immer so, bevor wir da waren. »Am Anfang schuf Gott Himmel und Erde. Und die Erde war wüst und leer, und es war finster auf der Tiefe; und der Geist Gottes schwebte auf dem Wasser.« (Gen 1,1–2)

Und wenn der Tränenozean die Urflut selbst ist, wenn Gott selber da von Anfang an hineingeweint hat? Wenn Gott selber seine Existenz nicht versteht und denkt: »Ich bin so müde vom Seufzen; ich schwemme mein Bett die ganze Nacht und netze mit meinen Tränen mein Lager. Ich muss etwas verändern. Licht soll werden, schön soll es sein. Und einen Gegenüber will ich mir schaffen, nur wenig niedriger als mich selber (Ps 8). Ich werde meine Fragen, meine Tränen, meine Sehnsucht mit ihm teilen. Vielleicht finden wir zusammen mehr Antworten, mehr Sinn.«

Am Anfang ist die Nacht. Am Anfang ist der Tränenozean. Aus ihnen entsteht Leben, immer wieder, flüchtig, zerbrechlich und schön.

Jochen Cornelius-Bundschuh (Karlsruhe)

Drittletzter Sonntag des Kirchenjahres: Nicht nur der Dieb kommt in der Nacht

Darum wachet; denn ihr wisst nicht, an welchem Tag euer Herr kommt. Das sollt ihr aber wissen: Wenn ein Hausvater wüsste, zu welcher Stunde in der Nacht der Dieb kommt, so würde er ja wachen und nicht in sein Haus einbrechen lassen. Darum seid auch ihr bereit! Denn der Menschensohn kommt zu einer Stunde, da ihr's nicht meint. (Mt 24,42–44)

Der »Nachtwächter Gottes«[1] streift durch Dresden. Er war Hofrat in Leipzig. Krebs hat sein Gesicht entstellt. Er fühlt sich außerhalb der Gesellschaft und traut sich tagsüber nicht mehr auf die Straße. Er zieht fort, nach Dresden. Dort rät ihm sein Arzt: »Sie müssen zum Nachtmenschen werden!« Er folgt der Empfehlung und entdeckt die nächtliche Stadt mit den Menschen, »*die irgendein Schicksal in die Nacht hinausspülte,* späte Trinker, Verliebte, *schlechte Frauenzimmer, …* oder Männer, *die auf Diebeswegen gehen.*« Die Nacht wird ihm zu einer »ungemütlichen Zuflucht«

---

1 Vgl. die Darstellung bei Joachim Schlör, Nachts in der großen Stadt. München 1991, 253 f., unter Verweis auf K. J. Friedrich, Der Nachtwächter Gottes. Ein seltsames Schicksal, Dresden, Leipzig 1939.

in der er eine neue Aufgabe findet: »Er führte Gruppen von Blinden bei Nacht durch die Stadt und brachte ihnen bei, sich in den Straßen zu orientieren.«

Nicht nur der Dieb kommt in der Nacht – auch der Menschensohn! In den langen Nächten am Ende des Kirchenjahres hat er dazu viel Zeit. Wie bei einem Einbruch ist es für den Zeitpunkt der Ankunft des Menschensohns konstitutiv, dass er den Betroffenen unbekannt ist. Während der Dieb aber selbst den Termin setzt, ist die Ungewissheit bei der Parusie radikalisiert: Selbst der Menschensohn kennt die Stunde nicht. (V. 36)

Das »erste Wachsamkeitsgleichnis«[2] führt uns zunächst in eine vertraute bürgerliche Welt. In ihr geht es um Sicherheit und Sittlichkeit. Wachen heißt: den Einbruch verhindern und den Dieb abwehren! Im Gleichnis ist das Aufgabe der Hausväter; sie setzt sich bis ins 17. Jahrhundert in der Bürgerpflicht fort, nachts Wache zu halten, um die Gefahren abzuwehren und die Zugänge zum öffentlichen Raum zu kontrollieren.

Doch die Städte wachsen. In ihnen begegnen sich immer mehr Menschen, die einander fremd sind. »Die Nacht ist nicht mehr überschaubar.«[3] Deshalb stellen Kommunen hauptamtliche Nachtwächter ein. Doch schon bald wird »dieser tapfere Mann« belächelt, »der alleine durch die Straßen ging, eine Laterne in der Hand und mit einem Spieß bewaffnet, … wie ein Schutzengel aller Einwohner der Stadt.«[4] Man traut ihm nicht zu, die Stadt zu kontrollieren. So übernehmen im Laufe des 19. Jahrhunderts die Polizisten des Tages auch die Verantwortung für die nächtliche Sicherheit.

Aber auch sie kennen die Stunde nicht. Die Skepsis gegenüber der Wirksamkeit des Wachens bleibt. Deshalb formuliert schon das Gleichnis V. 43 im Irrealis: Der Einbruch ist nicht zu verhindern; kein Hausvater, keine Polizei kann die ganze Nacht wachen.

---

2 Ulrich Luz, Das Evangelium nach Matthäus III, Düsseldorf u.ö. 1997, z.St.
3 Schlör, 86.
4 Schlör, 89.

In der anderen Welt wird der Menschensohn erwartet. Hier wollen die Wachenden das Eindringen des Erwarteten nicht abwehren; vielmehr hoffen und drängen sie, dass er die Welt endlich erlöst und neu macht. Statt: Schließt zu! heißt es im Advent bald wieder: Macht hoch die Tür!

Dient der Hinweis auf den Dieb nur dazu, die Ungewissheit des Zeitpunktes deutlich zu machen? Gehört der »grässliche Dieb« (Luz) im Übrigen in die andere Welt? Aber auch die Lichtgestalt »Menschensohn« trägt Züge, die Furcht und Zittern auslösen. Sie bringt die bürgerliche Ordnung an ihr Ende: Nicht länger sind die Welten der Gesunden und der Kranken, der Armen und der Reichen, der Lebenden und der Toten klar voneinander abgegrenzt. Die Lichtgestalt kommt zum Gericht.

Wer mit der Wiederkunft des Menschensohns rechnet, muss sich der Nachfolge Jesu würdig erweisen und wachen! Was heißt das in einer Gesellschaft, deren Kennzeichen ein Übermaß an Aufmerksamkeit ist? Wer mithalten will, muss präsent sein und stets aufmerksam auf alles, was um ihn herum geschieht. Bestärkt dann der matthäische Ruf »Wachet!« die gegenwärtige Praxis »einer breiten, aber flachen Aufmerksamkeit«[5]? Wie lässt sich Wachsamkeit heute denken?

Der Berliner Medienwissenschaftler Byung-Chul Han entwickelt seine Vorstellung im Anschluss an ein Zitat von Peter Handke: »Die Pfingstgesellschaft, wie sie den Geist empfing, stelle ich mir durchgängig müde vor.«[6] Sie braucht eine »tiefe, kontemplative Aufmerksamkeit«[7], ein gemeinsames Lauschen, das aus der »egologischen Vereinzelung«[8] in ein gelassenes, freundliches Miteinander führt. In ihm ist weniger wichtig, »was zu tun ist, aber was gelassen werden kann.«[9]

Damit ist der eine Aspekt der Wachsamkeit im Matthäusevangelium im Blick, auf den Ulrich Luz verweist: Wachen und Beten gehören zusammen und finden ihre prägnante Gestalt in den Gebetswachen, die das Leben nüchtern, aufmerksam und gelassen Gott anvertrauen. Solche

---

5 Byung-Chul Han, Müdigkeitsgesellschaft, Berlin 2010, 25.
6 Han, 57.
7 Han, 27.
8 Han, 61.
9 Han, 57.

Wachsamkeit findet viel Resonanz, wie die Erfahrungen mit Liturgien im Angesicht von Katastrophen, aber auch die vollen Kirchen in der Christmette und der Osternacht zeigen. Sie unterbrechen die Zeitläufe und bringen eine Zwischenzeit zur Darstellung, in der das Leben schon jetzt unter das Vorzeichen der Wiederkunft rückt. So ermöglicht die Nacht Erfahrungen, die am Tag ferner liegen.

Zugleich wird Gelassenheit im Vertrauen auf Gott möglich, ohne dass der andere wesentliche Aspekt der Wachsamkeit bei Matthäus verloren geht: die Verantwortung. Nüchtern sein, wachen und beten heißt Verantwortung übernehmen für Gerechtigkeit, für die Schwachen, für die Fremden.

Der Menschensohn kommt wie ein Dieb in der Nacht, zu einer Stunde da ihr's nicht meint. Er führt den Leipziger Hofrat auf nächtliche Gänge in die Stadt. Wachsam entdeckt der Verzweifelte sein neues Leben und seine Verantwortung. Er wird zum Nachtwächter Gottes.

Christine Gerber und Martin Vetter (Hamburg)

Vorletzter Sonntag des Kirchenjahres: Die Nacht zum Tag machen

Alle nämlich seid ihr Söhne und Töchter des Lichts und Söhne und Töchter des Tages. Wir sind nicht von der Nacht noch von der Finsternis. So lasst uns nun nicht schlafen wie die anderen, sondern lasst uns wachen und nüchtern sein. Denn die, die schlafen, schlafen des Nachts, und die, die sich betrinken, sind des Nachts betrunken. (1 Thess 5,5–7)

Diese Worte können der Nacht nichts Gutes abgewinnen. Für Nachtschwärmer haben sie wenig übrig. Denn die Nacht ist die Zeit der Dunkelheit und des Besäufnisses. Es ist die Zeit größter Gefährdung, kommt doch der Tag des Herrn »wie ein Dieb in der Nacht« (5,2). Wer sich sicher wähnt, wer den Parolen von »Friede und Sicherheit« traut, den wird das Verderben des letzten Tages schutzlos erwischen. Wer sich nicht wappnet, ist dem Dieb ausgeliefert, der in der Dunkelheit der Nacht kommt (5,3). Kein Mond erhellt diese Nacht. Nachtleben ist dumpfer Schlaf und Rausch, oder wohl eher Rausch und dann Schlaf, Dunkel, und falsche Sicherheit.

So sind »die anderen«, nicht die Kinder des Lichts und des Tages. Die Menschen in Thessaloniki, denen Paulus schreibt, kennen diese anderen. Einst waren sie selbst von der Nacht, bevor das Evangelium von Gottes

Rettung sie erreichte: Kinder der Finsternis trauen der Propaganda, dass Roms Herrschaft Friede und Sicherheit bringt. Sie feiern im nächtlichen Rausch den Kult des Dionysos und fühlen sich im Wein neu geboren.

Diese Bilder wollen der Nacht nichts Gutes abgewinnen: Diese Nacht bietet keine Entspannung vom Tagewerk, nicht »die stille Kammer, wo ihr des Tages Jammer verschlafen und vergessen sollt« (Matthias Claudius). Keine Nachtzeit für die gesellige Session, das Glück des Augenblicks, den seligen Rausch, die ungestörte Liebesnacht. Nicht einmal der »Schlaf des Gerechten« scheint erlaubt. »So lasst uns nun nicht schlafen wie die anderen, sondern lasst uns wachen und nüchtern sein.« Schon das Lesen macht müde: Unablässiger Kampf gegen den Schlaf, untersagt ist jede Freude. Ach, wie nüchtern.

Diese Bilder malen schwarz. Sie zeigen nicht den gottgeschaffenen Rhythmus von Nacht und Tag, von hell und dunkel, dem sich der Mensch einfügt. Die Nacht als Unterbrechung des Tagewerkes, als Zeit für Rekreation verschweigen sie. Kein Sinn für wohlige Stunden der Entspannung, bis der Wecker geht.

Denn hier ist das nächtliche Dunkel gewählt, nicht gesetzt. Deshalb sind ihm die »Söhne und Töchter des Tages« nicht ausgeliefert. Sie selbst können die Nacht zum Tag machen.

Nacht und Tag sind zwei Weisen, das Leben zu leben: Im Licht oder im Dunkel. *Tertium non datur.* Kein Grau, keine Dämmerung, nur Entweder-oder. Denn Schlaf und Rausch der Nacht sind Gottvergessenheit. Verdrängt ist, dass der Tag des Herrn jederzeit kommen kann, die Stunde der Verantwortung, die über alles entscheidet. Vergessen ist, dass aller Friede, alle Sicherheit, die Menschen versprechen, nur Traumgebilde ist. Im dionysischen Rausch verschwimmt, dass nicht der Mensch die Götter betört, damit sie nicht zürnen, sondern Rettung allein von Gott herkommt. Im Dunkel versteckt sich die Verantwortung. In Nacht wird vergessen, dass es jederzeit der letzte Tag gewesen sein kann.

Was nun kann man dem Tag Gutes abgewinnen? Kein Wort vom lichten Sommerglück. Was bringt dieser ständige Polarsommer außer ermüdender Wachsamkeit und lustferner Nüchternheit? Was macht man den lieben langen Tag, und wie erträgt man immerwährendes Licht?

Man ahnt das abfällige Geläster: Was habt ihr »Kinder des Lichts«, was die »Kinder der Nacht« nicht haben? Kinder der Nacht machen Party und können sich notfalls die Sache schön trinken. Kinder des Lichts sind zur Nüchternheit verdammt. Also schreibt Paulus ihnen die Sache schön: Als Kinder des Tages seid ihr erwählt und den anderen überlegen! Das geht freilich auf Kosten der anderen: Drei wortreiche Sätze über das, was »die anderen« sind, »wir« aber nicht. Der Text lässt die Kinder des Lichts strahlen, indem er die anderen zur Finsternis erklärt. Als Reaktion auf Drangsal, Verachtung der kleinen Gemeinde ist das Bedürfnis nach Abgrenzung wohl erklärbar. Es schafft Zusammenhalt und Trost. Doch was ist das für ein Licht, das des Dunkels bedarf, um sichtbar zu werden?

Erst im Weiterlesen finden wir Erhellendes. Kinder des Lichts haben Glaube, Liebe, Hoffnung. »Wir aber, die wir Kinder des Tages sind, wollen nüchtern sein, gewappnet mit dem Brustpanzer des Glaubens und der Liebe und mit dem Helm der Hoffnung auf Rettung« (5,8). Gott schützt die Menschen. Die Hoffnung auf Rettung wappnet den Kopf wie ein Helm vor der einlullenden Parole von Sicherheit, vor dem Trugbild von Frieden. Das Licht lässt klarer sehen, was glaubwürdig ist. Der Panzer der Liebe schützt. Wer liebt hier wen? Gottlob eine Leerstelle – die Antwort ist unser. Söhne und Töchter des Tages lieben wen und wann immer, auch die, die im Dunkel sind! Was wäre das für Liebe, die sich auf Kosten anderer findet? Was wäre Hoffnung, die nicht versucht, echten Frieden zu stiften? »Schwerter werden zu Pflugscharen und Krieg lernt keiner mehr. Gott wird seine Welt bewahren vor Rüstung und Spieß und Speer. Auf, kommt herbei! Last uns wandeln im Lichte des Herrn!« (EG 426,2).

Und die Hoffnung auf Rettung von Gott wappnet auch vor den Schrecken der Nacht. Denn Nacht, das ist ja nicht nur die Zeit des selbst gewählten Rausches, des ruhigen Schlafes. Es ist auch die Stunde der Anfechtung: Hast du des Tags geschafft, was du schaffen musstest? Hältst du das Leben nüchtern aus? Der Schlaf flieht, wach ist die Frage: Wie lange noch?

Tagleben heißt, im Licht die Endlichkeit des Lebens, die Grenzen eigener Wirksamkeit wahr zu nehmen. Nachtleben sucht vorgebliche Sicherheit, Tagleben weiß, dass nichts als die Hoffnung auf Rettung trägt.

In der Metaphorik des Textes bleibt dies ein Entweder-oder, um der Mahnung Nachdruck zu verleihen. Im gelebten Leben der Kinder des Lichts aber gibt es Grau und Dämmerung, Angst und Umnachtung. Und auch den Genuss des Augenblicks, der sich um den »Dieb in der Nacht« nicht schert. Kostet den Tag aus, den Gott schenkt. »Ihr seid Kinder des Tages«, sprach Paulus der Gemeinde vor Tagen zu. »Wir sind entliehene Falter / Gefaltete / durchs Licht ins Offene / einen Tag lang« (Benita Joswig), schreiben wir seine Zeilen fort.

Jörg Dierken (Halle/Saale)

Buß- und Bettag: Judas in uns

Als Judas nun den Bissen genommen hatte, ging er alsbald hinaus. Und es war Nacht. (Joh 13,30)

Sobald der Verräter identifiziert ist, verschwinden seine Konturen. Jesus lenkt beim Mahl mit den Jüngern alle Blicke auf ihn. Er weiß um den Verräter im Kreis der Getreuen schon vor der Tat. Und er konfrontiert alle mit seinem Vorwissen. Einer von ihnen werde es sein. Alle fühlen sich gemeint – und doch wähnt jeder den Verräter im Anderen. Auf die Frage des Lieblingsjüngers hin identifiziert Jesus den Verräter mit einer Geste der Freundschaft. Er nennt das Erkennungszeichen und reicht ihm den eingetauchten Bissen inmitten der intimen Tischgemeinschaft. Judas nimmt den Bissen, verweigert ihn trotz der düsteren Bedeutung im Lichte der Worte Jesu nicht. Danach tritt er hinaus in die Nacht. Nachts verschwimmen alle klaren Umrisse. Katzen werden grau und Kühe schwarz. Die vor der Tat erfolgte Aufklärung über den Täter verliert sich mit ihm ins Dunkle.

Doch wirklich erhellend war schon Jesu Verrat des Verräters nicht. Es werden keine geheimen Absichten des Judas offenbart, nichts Inneres von ihm wird nach außen gekehrt. Das Johannesevangelium lässt wenig von einer Abgründigkeit des Verräters erkennen. Nur Jesus weiß um den bevorstehenden Verrat und seinen Täter. Als dieser ohne Zögern den Bissen nimmt, fährt der Satan in ihn. Der Erlöser lässt den Teufel auftreten und gebietet ihm keinen Einhalt. Vielmehr fordert er dessen Werkzeug, Judas, zum Handeln auf: »Was du tust, das tue bald!« Es muss vollbracht werden.

Erst recht mangelt es den Jüngern an Klarheit. Sie denken, Jesus habe Judas mit dem Erkennungszeichen aufgefordert, zum bevorstehenden Fest einzukaufen oder auch den Armen etwas zu geben. Die Jünger sehen in Judas den Kassenwart der Gemeinschaft. Das Geld ist aber nicht der Gegen-Gott schlechthin. Der Satan steckt nicht im Beutel. Judas neigt zwar zum Stehlen und wird als Dieb gezeichnet, etwa bei der Salbung in Betanien, wo er das Salböl für teuer verkaufen möchte – vordergründig, um den Armen zu geben, hintergründig, weil er sich nimmt, was gegeben wird. Doch Johannes lässt den Verrat am Meister nicht wie die anderen Evangelisten durch das Geld motiviert sein.

Dort wird der Verrat des Judas aus der eindringlichen Psychologie der Gier heraus beschrieben. Darin geht es um Macht und Mammon, um Freiheit zur Erfüllung der Wünsche und Hoheit über das hiesige Leben durch Geld, leeres Tauschmedium und geronnene Gewalt in einem. Und es wird dargestellt, wie der vermeintliche Gewinner durch den Verrat für dreißig Silberlinge zum endgültigen Verlierer wird, der dann nicht mehr anders kann als sich umzubringen, während das Geld als Blutgeld nur noch für den Kauf eines Gräberfeldes gut ist. Bei Johannes verliert sich demgegenüber die Psychologie des Betrügers im Dunkel der Nacht.

Am Ende wird er weitgehend überflüssig. Jesus verrät sich schließlich selbst. Nicht der Kuss des Judas markiert ihn für seine Häscher, Jesus selbst offenbart sich den von Judas zum Ort des Geschehens geführten Soldaten. »Er spricht zu ihnen: Ich bin's!« Er weiß bereits zuvor, was ihm begegnen sollte. Gleich nach der Identifikation des Judas beschreibt er in den Abschiedsreden, dass er sich schon verherrlicht sieht wie Gott in ihm. Der Weg zum Vater scheint schon vor dem schweren Gang ins Leiden eingeschlagen zu sein. Daher werden die Konturen des Verräters nach seiner Kenntlichmachung unkenntlich im Dunkel der Nacht, daher verebbt seine Rolle in der Dramaturgie des Evangeliums im Unbestimmten. Das Geschehen nimmt den Lauf, von dem Jesus schon zuvor geredet hat. Sein Kreuz gipfelt in seiner Erhöhung.

Die Nacht ist auch die Zeit von Krisis und Klärung. Nach dem Mahl kommen die Abschiedsreden. Die Jünger werden Jesu Weg nicht mitgehen können. Sein Weg führt zum Vater. Und doch ist er es, der ihnen Weg, Wahrheit und Leben sein will, und doch kommt niemand zum Vater denn durch ihn. Er kennt den Hass der Welt und hält ihm den Spiegel vor. Er weiß um die Innigkeit zwischen ihm und den Seinen, die nicht von der Welt sind, sondern aus ihr erwählt. Aus Jüngern werden Freunde, der Herr bringt seine Knechte auf Augenhöhe. Sie schwören ihm Treue und Hingebung, Simon Petrus gar um den Preis des Lebens. Und doch wird er ihn verleugnen, bevor der Hahn kräht. Nur eine kurze Zeit wird Jesus noch bei den Jüngern sein, ihre gemeinsame Geschichte geht zu Ende. Das Ende aber wird zum Anfang, die Trauer des Abschieds wird zur Freude des anhebenden Neuen umgewertet. Aus Angst in der Welt wird getroste Zuversicht. Er muss gehen, damit der Tröster kommt. Er muss fort, damit sie ganz in seiner Liebe untereinander verbunden sind. Ihre lebendige Teilhabe in ihm und dem Vater verlangt Distanz. Sie werden eins sein, aber nicht einerlei. Nur wenn er nicht mehr ein Einzelner neben vielen ist, kann aus ihm der Gemeingeist aller hervorgehen. Er lässt sie in der Liebe sie selbst sein: in Teilhabe und Nähe, nicht erdrückender Überwältigung.

Dazu gehört auch, Zeit einzuräumen zur Selbstbetrachtung in den Fluchtlinien des Vergangenen. Der Tag der Buße ist der Ort der Selbstbeurteilung – und sei es zur Nacht, in der wir, manchmal ruhelos, uns im Spiegel des Gewissens beobachten. Im Grenzfall lässt seine innere Stimme Jesu Worte vernehmbar werden: »In der Welt habt ihr Angst.« Die Angst in der Welt ist nicht die Angst vor der Welt. Gegen andrängende Gefährdungen lässt sich ankämpfen, mit guter Feindaufklärung und festem Visier, dabei ganz aufgehend in der Rolle des Streiters. Der Boden schwindet erst dann, wenn man nicht weiß, was je selbst zu tun ist, weil man ahnt, zu tun und getan zu haben, was man nicht will. Dann kann das Eingeständnis helfen, die Augen für Neues, Ungeahntes öffnen. Sündenbewusstsein ist das Negativbild der Erlösung. Dazu will es vor Gott gebracht werden. Jesus lehrt beten, er spricht in der nächtlichen Abschiedsstunde das hohepriesterliche Gebet und bittet für die Seinen. Und er sagt: »Wenn ihr den Vater um etwas bitten werdet in meinem Namen, wird er's euch geben.« In seinem Haus sind viele Wohnungen. Auch eine für Judas? Und den Judas in uns?

Wenn der Sohn der Erlöser für alle ist, wenn in ihm Gott den Satan überwindet und wenn Jesus für uns der Weg zum Vater wird, dann wohl auch für diesen – in und unter uns.

Inge Kirsner (Ludwigsburg)

Ewigkeitssonntag: Der verletzte Schluss, das offene Ende

> Und es wird keine Nacht mehr sein, und sie bedürfen keiner Leuchte und nicht des Lichts der Sonne; denn Gott der Herr wird sie erleuchten, und sie werden regieren von Ewigkeit zu Ewigkeit. (Offb 22,5)

Was im letzten Kapitel der Offenbarung des Johannes als Verheißung erscheint, hat auch eine erschreckende Dimension. »Muss der Morgen immer wiederkommen?« fragt Novalis in seiner »Hymne an die Nacht«: »Endet nie des Irdischen Gewalt? Unselige Geschäftigkeit verzehrt den himmlischen Anflug der Nacht ...«, um dann die Nacht direkt anzusprechen, von der Unwissende nicht ahnen »dass du es bist, der ... zum Himmel den Schoß macht ... dass aus alten Geschichten du himmelöffnend entgegentrittst und den Schlüssel trägst zu den Wohnungen der Seligen, unendlicher Geheimnisse schweigender Bote.«

Die Nacht zeichnet Novalis als den »mitleidigen Schatten«, der uns das Leben, unser »irdisches Tagwerk« erträglich macht. Der Verfasser der Johannesapokalypse, die als langer Brief gelesen werden kann (da sie die rhetorische Kommunikationsform eines Briefes simuliert), stellt die Nacht in 22,5 jedoch in eine Reihe mit einer anderen negativen Aussage in Vers 3: Auch Verfluchtes, wird nicht mehr sein, alles, was den Zorn Gottes erregt. Und

277

das ist noch viel mehr: Leid, Geschrei, Tränen, Schmerz – nach Offb 21,4 wird dies alles nicht mehr sein. Alles das, was das Leben unerträglich macht!

Diese Unerträglichkeiten werden uns in den ersten drei Kapiteln der Offbarung lebendig vor Augen geführt, das Leben als einzige Mangelsituation gekennzeichnet. Dann folgen die Darstellungen der Handlungen im Himmel, die den Mangel beseitigen sollen. Das Gericht wird als große Transformation vorbereitet (Kap. 4–20). Der Ausführung des Gerichtes folgt die neue Situation: Die Darstellung des mangelfreien neuen Lebens (Kap. 21–22). Dies alles in einem Briefrahmen mit »Leserinstruktionen für den Lektürevertrag« (Stefan Alkier).

Vertragspartner ist Gott, Schöpfer des neuen Himmels und der neuen Erde, in denen dieses neue Leben Raum gewinnt. Das neue Leben ist gekennzeichnet durch das, was Novalis der Nacht zuschreibt: Das Ende der irdischen Gewalt, der unseligen Geschäftigkeit, der vergeblichen Liebesopfer. Nacht ist der grenzenlose Raum, der zugleich Geborgenheit verheißt und Schutz gewährt, jener Raum, in dem Traum und Wirklichkeit sich vereinen. – Alles erscheint nun in neuem Licht: »Und sie bedürfen keiner Leuchte und nicht des Lichts der Sonne; denn Gott der Herr wird sie erleuchten« (Offb 22,5). Oder alternativ in der »Bibel in gerechter Sprache«: »Denn Gott, die Macht, wird über ihnen leuchten, und sie werden die Königsherrschaft in alle Ewigkeiten ausüben.«

Geschildert wird nicht eine Wiederherstellung des anfänglichen (ländlichen) Paradieses, sondern ein neuer Himmel und eine neue Erde, Gestalt geworden in der himmlischen Stadt, nun auch Wohnstätte Gottes. Die Stadt, Polis, Elektropolis, Metropolis, Megalopolis, ist das Symbol für die Geschichte der Menschen, die nun aufgehoben ist in der ewigen Gegenwart Gottes. Die Lichtspiele der Menschen werden nicht mehr gebraucht, wo göttliches Leuchten auch die Sonne ablöst.

Wenn Gott selbst leuchtet, wird alles aus der Nacht vertrieben, was sie zur Gegenspielerin des Lichtes macht, allem voran der Tod, jener ewigen Nacht, jenem Zeitmesser, der mit dem Verlöschen der Zeit selbst ausgespielt hat. Hatte er zuvor scheinbar Macht über alles Leben, muss er nun seine Herrschaft abtreten, für immer.

Zeit und Ewigkeit fallen ineinander, Immer-Jetzt ist, wo dem Tod kein

Reich mehr bleibt, ein Zustand, von dem die Lichtspiele heute schon erzählen, Stanislaw Lems »Solaris«, verfilmt 1972 von Andrej Tarkowskij und 2002 auch von Steven Soderbergh. Erzählt wird, dass in der Zeit des Schlafes, in der Nacht, auf einem fremden Planeten ein Wesen eindringt in die Gehirne der Astronauten, um Gestalt werden zu lassen, was unbewusst dort west. Solaris, das Gedankenmeer, lässt Fleisch werden, was verdrängt wird, macht Totes lebendig, Tote zu Wiedergängern, dergestalt, dass die Menschen den Schlaf, die Nacht fliehen, um ihnen, um sich selbst zu entkommen. So lange, bis einer, Kelvin, lernt, mit dem Wieder-Fleischgewordenen, mit der Inkarnation seiner einstigen Geliebten, zu leben und sie wieder zu lieben. Vergangenheit und Gegenwart sind verschmolzen miteinander auf eine offene Zukunft hin, in der Geburt, Tod und Auferstehung einander durchdringen und der Mensch von seinen Möglichkeiten her betrachtet wird, Inkarnation ein fortlaufender Prozess ist.

Dann wird es das nicht mehr geben, was Julian Barnes in »Vom Ende der Geschichte« als Ende des Lebens beschreibt, nämlich das Ende jeder Wahrscheinlichkeit einer Änderung in diesem Leben. Das wird es nicht mehr geben, dass man sich ein Bild von sich selbst und dem anderen machen kann, das abgeschlossen wäre, dass man sich selbst die immer selben Geschichten erzählt, sondern der Mensch wird von seiner Geburtlichkeit her betrachtet, seiner Optionalität, die Menschen werden einander ansehen und sich die Geschichten erzählen und ansehen, die geschehen sind, die möglich sind. Dann braucht es keine Nacht mehr zu geben, die zur Projektion solcher Geschichten diente, wie das Kino sie uns erzählte. Wenn aus der Nacht alles vertrieben ist, was sie zur Nacht macht, Leid, Schmerz, Geschrei, Tod, dann sehen wir dieses Leuchten, das schon jetzt unsere Nächte erhellt, ganz. Das ewige Leben ist eine gegenwärtige Gabe. Die Ewigkeit, sie ist in uns.

Gott ist von allem, was wir sind,
wir ewig Anfangende,
der verletzte Schluss, das offene Ende,
durch das wir denken und atmen können.[1]

---

1 Botho Strauß, Paare, Passanten, München 2009, 177.

Bibelstellenregister

Wenn Sie weiterlesen möchten...

Lars Charbonnier/ Konrad Merzyn / Peter Meyer (Hg.)
Homiletik – Aktuelle Konzepte und ihre Umsetzung

Die homiletische Forschungslandschaft ist – nach dem Abschied von den großen theologischen Schulen – unübersichtlich geworden. Nicht nur Berufsanfänger finden es schwer, inmitten des großen Angebots hilfreiche Trends für die eigene Praxis zu entdecken. Umso notwendiger ist es, das breite Angebot zu sichten und für die Predigt fruchtbar zu machen. Das Studienbuch bietet hierfür eine gut strukturierte, anschauliche Basis. Die vierzehn Beispiele sind unter den Stichworten »Auf die Gegenwart hin«, »Dem Vollzug nach« und »Von den Aufgaben her« gebündelt und setzen eigene Akzente. Dialogische Strukturen ermöglichen es den Nutzern, in die Diskussion einzutreten, sei es mit Martin Nicol, Manfred Josuttis oder Isolde Karle.

Jörg Neijenhuis
Liturgik – Gottesdienstelemente im Kontext

In 24 Kapiteln werden die liturgischen Elemente des Gottesdienstes vorgestellt – in ihrer Funktion sowie in ihrem Eigenleben. Wer Gottesdienst gestalten und feiern will, muss sich gut mit ihnen auskennen. Hierzu befähigt dieses Lehr- und Arbeitsbuch.

Welchen Ort haben die liturgischen Elemente im Gottesdienst, welche Aufgabe übernehmen sie, wofür kann man sie einsetzen? Der Autor beantwortet solche Fragen aus historisch-, systematisch- und praktisch-theologischer Sicht. Viele eigene Erfahrungen fließen ein. Hinzu kommen aktuelle Herausforderungen: Wie steht es um Moderation im Gottesdienst? Um die liturgische Kleidung, um die Gesten, ums Sitzen und Stehen im Gottesdienst? Und: Hat der Gottesdienst ein Burn-out? Neijenhuis' »Theologie der Liturgie« bewahrt sowohl den Prediger als auch den Gottesdienst davor.

Uta Pohl-Patalong
Religionspädagogik – Ansätze für die Praxis

Vikarinnen und Vikare müssen sich nicht nur auf Verkündigung und Seelsorge, sondern auch auf Unterricht vorbereiten; dabei hilft der neue Band der Reihe »ELEMENTAR« in gewohnter Weise: kompetent, verständlich und praxisnah.

Die religionspädagogische Landschaft ist unübersichtlich geworden: Von interreligiösem Lernen über den Performativen Religionsunterricht bis hin zu neuen Methoden existenzieller Bibelauslegung reicht die Palette. Menschen, die neu ans Unterrichten kommen oder sich darauf vorbereiten, suchen vergebens nach Orientierung. Diese Lücke schließt der neue Band. In zehn Kapiteln werden die neuen Zugänge vorgestellt, eingeordnet und begründet. Anwendungsmöglichkeiten werden nicht nur skizziert, sondern auch am Beispiel verdeutlicht. Handlungsanweisungen führen ein in eine reflektierte Praxis. So lernt jedermann / jede Frau besser unterrichten und kann dazu Stellung nehmen im Examen wie im pädagogischen Gespräch mit Eltern und Kollegen.

Wenn Sie weiterlesen möchten...

Matthias Bernstorf / Thorge Thomsen
Selbst Verständlich Predigen? So geht's!

In neun unterhaltsamen Kapiteln zur Traumpredigt – die Tipps der beiden Autoren, die zugleich »vom Radio« sind, machen es möglich! Ein Buch, das insbesondere ehrenamtlichen Predigenden Mut, Kompetenz und Gehör verschafft.

Von Zeitplanung und Themenwahl über Formulierung, Probe und Performanz bis hin zum Rückblick spannt sich der Bogen. Alle Kapitel sind bewusst elementar gehalten, mit Humor gewürzt und mit Übungsaufgaben versehen (Lösungen inbegriffen!). Vorab klären sich Sinnfragen, wie: Kann ich?, Darf ich?, Mit welcher »Konkurrenz« muss ich rechnen? Den Abschluss macht eine Prädikantin – sie erzählt von ihren eigenen Erfahrungen bis hin zu der befreienden Botschaft, sie könne den Sonntag gelassen auf sich zukommen lassen, sich auf den Gottesdienst freuen und ihn dann fröhlich feiern. Dazu verhilft dieses Buch – und zwar, wie Präses Nikolaus Schneider im Geleitwort schreibt, in einer alltagsnahen Mischung aus Praxis, Vertiefung und praktischen Arbeitsaufgaben.

Harmjan Dam / Gaby Deibert-Dam / Udo Hahn / Norbert Dennerlein /
Martina Steinkühler / Hermann Schulze-Berndt
Aktiv in der Gemeinde
Handbuch für Mitarbeitende und Teamer

Das neue Handbuch für Ehrenamtliche in den Gemeinden bietet Orientierung über die meistgefragten Themen: Wie gehe ich mit Menschen um? Was gehört zum Glauben dazu? Was nützt Beten – und wie geht das? Was sagt die Bibel? Was hilft es mir, evangelisch zu glauben?

Was glaubst du? Beten Sie mit uns? Wie verstehst du biblische Geschichten und was hat das mit dem Pfingstfest auf sich? – Wer sich auf eine Mitarbeit in der Kirchengemeinde einlässt, exponiert sich und setzt sich Fragen aus. Er braucht Kenntnisse und auch das sprachliche und / oder gestalterische Können, das, was er glaubt und weitersagen will, auf den Punkt zu bringen. Das Handbuch informiert verständlich über die Kernthemen gemeindlicher Arbeit und verlockt und ermutigt zum Umgang mit ihnen. Und da Jesus selbst, wie Autor Schulze-Berndt anschaulich darlegt, der erste Religionspädagoge war, lernen Ehrenamtliche von ihm, wie man Menschen zum Glauben einlädt und mit ihnen lebt.

Wenn Sie weiterlesen möchten...

Philipp Elhaus / Matthias Wöhrmann (Hg.)
Wie Kirchengemeinden Ausstrahlung gewinnen
Zwölf Erfolgsmodelle

Es gibt sie: Kirchengemeinden in Stadt und Land, die nach innen und außen anziehend wirken, anerkannt, gefragt und gebraucht sind. 12 »attraktive Gemeinden« haben ihre Stärken analysiert, sich von Fachleuten beraten lassen und ihr Profil weiterentwickelt. An ihnen ist zu lernen, worauf es ankommt in der Gemeindeentwicklung und wie sie auch in der eigenen Gemeinde gelingen kann.

Von »religiöser Produktivität« ist die Rede – das hat mit Freundlichkeit und Bestimmtheit zu tun, damit, dass die Haupt- und Ehrenamtlichen in den Gemeinden »etwas wollen«, sich verbindlich einbringen und von dem, was sie wollen, »ergriffen« sind. Das hat auch mit klaren und kommunikativen Strukturen zu tun, mit Kooperation und einem demokratischen Miteinander in den Gremien. Und es hat zu tun mit Geben und Nehmen, mit Gaben und Vorgaben, damit, sich auf die soziale und emotionale Situation des Umfelds einzustellen, Bedürfnisse wahrzunehmen und entsprechende Angebote zu machen. Neben den Beispielen und Analysen geben die Autoren praktische Tipps zur Weiterarbeit – jeweils an den eigenen »Baustellen«.

Renate Rogall-Adam / Gottfried Adam
Small Talk an der Kirchentür
Eine Anleitung zur Kommunikation in der Gemeinde

Haupt- und Ehrenamtliche lernen in den Gemeinden einladend aufzutreten: Mit einem guten Wort zur rechten Zeit sowie einer Mimik und Gestik, die Offenheit und Gesprächsbereitschaft signalisieren, lassen sich Gemeindemitglieder langfristig binden.

Familie G. ist neu zugezogen. Regelmäßig besuchen sie den Gottesdienst der neuen Gemeinde – zu sechst. Der Pastor gibt ihnen an der Kirchentür die Hand – beim ersten- wie beim letzten Mal. Denn irgendwann gehen sie nicht mehr hin ... Um solches Scheitern zu vermeiden, empfiehlt sich diese Einführung in die kleine Kunst des Small Talks. Auch wenn es scheinbar ums Wetter geht, werden hier in Wahrheit Beziehungen geknüpft und gepflegt, kann ein entspanntes und engagiertes Miteinander wachsen. Die Autoren klären wichtige Fragen des Funktionierens von Kommunikation, stellen verschiedene Kommunikationstypen vor und zeigen an praktischen Beispielen wie's geht, wie's gar nicht geht, wie man es gut und besser machen kann.

Wenn Sie weiterlesen möchten...

Eckard Siggelkow
Mitten im Leben
Bewegende Geschichten für die Gemeindepraxis

Diese Lebens-Geschichten machen Mut. Sie erzählen von schwachen Menschen, die stark sind, und von starken Menschen, die Schwache stärken. Sie sind kennzeichnend für menschliches Verhalten und Miteinander und können so ideal für Andachten und Predigten verwendet werden.

Menschen am Rande der Gesellschaft gehören in die Mitte der Gesellschaft – mit diesem Anliegen geht die Diakonie in die Öffentlichkeit. Im Rahmen dieser Aufklärungskampagne hat Eckard Siggelkow Geschichten, Begegnungen und Beobachtungen gesammelt, die Mut machen, Grenzen zu überschreiten und Wagnisse zu riskieren. Entstanden sind so »Fallbeispiele« und Stoffe, die in den Mittelpunkt von Predigt oder Andacht gehören. Ein Register erleichtert die Suche nach dem jeweils Passenden. Um die Verwendung für die Praxis zu erleichtern, sind die Geschichten um geeignete Bibelstellen, Liedverse und Literaturzitate ergänzt.

Siegfried Macht
Erzähl mir (keine) Märchen!
Ein Vorlese- und Praxisbuch für Gemeinden

47 kurze und etwas längere Geschichten mit Wahrheit und Pfiff erzählt Siegfried Macht. »Mensch« findet sich darin wieder, gleichgültig, ob Maulwürfe, Hasen, eine Eiche oder gar Gott die Hauptrolle spielen. Jeder Geschichte sind »Gedanken zum Text« und »Impulse für Gruppen« beigegeben, außerdem «biblische Bezüge«.

»Warum der Mensch tanzt und die Erde sich dreht«, »Wie Abraham das Lachen lernte«, »Von warmen Quellen und arbeitslosen Teufeln« – Siegfried Machts wunderbare Geschichten gehen auf originelle Weise den großen Fragen nach und auch solchen, auf die man selbst nie gekommen wäre. Die Antworten verblüffen, ergreifen, verführen nicht selten zum Schmunzeln – immer aber zum Nachdenken. Schöpfung und Erschöpfung, Lachen und Weinen, Arm und Reich, Ohnmacht und Macht, Krieg und Frieden sind übergeordnete Themen. Die persönliche Lieblingsgeschichte der Lektorin handelt von einem Maulwurf, der sich in eine Eidechse verliebte ... Die Themen haben es in sich – sie drängen zur Aussprache und zur Auseinandersetzung. Dazu gibt es Anregungen und Angebote, die vielfältig nutzbar sind – in der Gruppe, bei Konfis, Familien oder Senioren, aber auch allein mit sich selbst.

Wenn Sie weiterlesen möchten...

Karin Ulrich-Eschemann

Gutes predigen nach dem Vorbild Jesu
Gottesdienste zu Lebensthemen

Menschen kommen in den Gottesdienst, um zu hören, was gut ist und was böse und wie sie selbst gut leben können. Es gilt, einladend und werbend zu predigend, so dass deutlich wird: Es geht nicht um Fesseln, sondern um die Freiheit, die Liebe, die Gott in Jesus schenkt, weitergeben zu dürfen.

Jesus hatte eine besondere Art zu predigen: erzählend, fragend, einbeziehend. Jesus stand mitten im Leben, er kannte die kleinen Sorgen der Menschen ebenso wie ihre großen Fragen. Die Antwort, die er ihnen anbot, war Gottes Vaterliebe. Dass sie sich von dieser Liebe anstecken lassen sollten und konnten, das war seine Ethik. Karin Ulrich-Eschemann ist davon überzeugt, dass Jesu Art, Ethik zu predigen der Königsweg ist. Mit den Andachten und Gottesdienstvorschlägen dieses Bandes folgt sie ihm.

Hans-Gerrit Auel / Hans-Helmar Auel / Amélie Gräfin zu Dohna

An Gott kommt keiner vorbei
Gottesdienste zu besonderen Gelegenheiten

An Gott kommt keiner vorbei, außer Stan Libuda. Gottesdienste zu besonderen Gelegenheiten führen uns in unterschiedliche Milieus, die sich neu entdecken lassen. Amelie Gräfin zu Dohna, Hans-Helmar Auel und Hans-Gerit Auel präsentieren 16 Gottesdienste zu besonderen Gelegenheiten. Wenn die neue Glocke eingeweiht wird oder die Kirche ihren Namen bekommt, wenn neue Mitarbeiter der Gemeinde, die Orgel oder der Organist ihren Dienst aufnehmen, wenn ein Haus zu segnen ist, ein Gottesdienst an Fasching oder am Karsamstag gefeiert wird, finden sich hier zahlreiche Ideen, um einen eigenen Gottesdienst zu entwerfen.

Klaus Grünwaldt / Matthias Günther (Hg.)

Für die, die sonst nicht kommen
10 Mitmachgottesdienste

Die besonderen Gottesdienste dieses Bandes locken vor allem Jugendliche und ihre Familien, und zwar mit neuen Liedern, mit vielen Mitmachmöglichkeiten und Aktionen sowie einem konsequent lebensweltlichen Ansatz. Zur Umsetzung bedarf es eines größeren Teams von Ehren- und Hauptamtlichen, einer effektiven Öffentlichkeitsarbeit und eines Pools kreativer Ideen. Das alles wird machbar durch gute Vorlagen bis hin zu ausformulierten Anspielen und Ansprachen.

Wenn Sie weiterlesen möchten...

Stephan Goldschmidt
Meditative Abendgottesdienste

Diese Abendgottesdienste eignen sich besonders, mit einem Team vorbereitet zu werden. Mit seiner bildhaften Sprache gelingt es Goldschmidt, auch kirchenferne Menschen in den Meditationen, Gebeten und Predigten anzusprechen.

Ganz besonders Abendgottesdienste eignen sich dazu, meditativ gestaltet zu werden. Sie werden vor allem von jüngeren Menschen besucht oder solchen, die mitten im Arbeitsleben stehen. Stephan Goldschmidt legt nach zwei Bänden mit Symbolgottesdiensten nun einen Band mit 16 meditativen Gottesdiensten vor. Jeder Gottesdienst besitzt ein Thema, das in den Liedern, Gebeten und Predigten liebevoll entfaltet wird. Die einzelnen Themen orientieren sich zum Teil am Kirchenjahr und Jahreskreis. Alternativ nehmen sie aktuelle oder spirituelle Fragen auf wie beispielsweise die Suche nach dem Glück oder nach Heil und Heilung.

Stephan Goldschmidt
Meditative Abendgottesdienste II

Von der Adventszeit über Ostern und Trinitatis bis Erntedank finden sich hier erprobte Entwürfe für Abendgottesdienste. Sie liefern Ideen, um in der Gemeinde einen meditativen Impuls während des Jahres zu setzen.

Goldschmidt stellt 20 in der Praxis erprobte Entwürfe für Abendgottesdienste vor, die allesamt meditativ ausgerichtet sind. Es finden sich Entwürfe zu Sonntagen unter anderem im Advent, zu Neujahr, Lichtmess, zur Passions- und Osterzeit sowie zur Sommerzeit, Erntedank oder zum Ende des Kirchenjahres. Die Entwürfe sind dem Kirchenjahr verpflichtet und versuchen zugleich lebensgeschichtliche Themen aufzunehmen. Im Aufbau orientieren sie sich an der protestantischen Gottesdiensttradition. Durch kreative Elemente und überraschende Wendungen besitzen manche Entwürfe aber zugleich einen experimentellen Charakter.

Hans Freudenberg
Christnacht feiern
15 (be)sinnliche Gottesdienste

15 komplette Gottesdienste mit Symbolen, bestens geeignet um die Christnacht zu begehen.

Die Christnachtgemeinde ist eine spezielle: jünger und kirchenferner als gewohnt. Entsprechend elementar und zeichenhaft sind die Entwürfe: statt Predigt Meditation und neben dem Wort viel Musik, viel Schauen, viel Fühlen. Die Titel der Gottesdienste machen neugierig: »Weihnachtsnüsse knacken«, »Bilder gegen das Vergessen«, »Himmlische Düfte« u.v.m.

Martina Steinkühler
Die Bibel spricht
Worte des Lebens zum Lesen und Hören
Mit einem Geleitwort von Fulbert Steffensky
2011. 576 Seiten, gebunden
ISBN 978-3-525-58027-1
E-Book ISBN 978-3-647-58027-2

»Martina Steinkühler tanzt die Bibel«, schreibt Fulbert Steffensky zum Geleit: Die wichtigsten Texte aus Altem und Neuem Testament – persönlich und packend, offen für das Leben und den Glauben heute.

In einer gut lesbaren und vor allem gut vorlesbaren Sprache erzählt die Autorin von Gott, der das Leben liebt und nicht den Tod und dessen Name ist: »Ich bin, der ich bin, und ich bin für dich da«. Sie erzählt berührend und packend von Abraham, Mose und David, von Propheten, von Jesus und Paulus. Der Band bietet gute Texte zum Vorlesen in Verkündigung und Katechese; zugleich einen roten Faden zum eigenen Kennenlernen der Bibel bzw. zur Auseinandersetzung mit ihren überlieferten Texten.

Vandenhoeck & Ruprecht

Katharina Friebe / Claudia Janssen /
Karin Lindner / Silke Heimes (Hg.)
Leidenschaftlich. Sieben Wochen das Leben vertiefen
Mit einem Geleitwort von Präses Nikolaus
Schneider
2012. 160 Seiten mit 7 Grafiken und 7
Liedern, gebunden
ISBN 978-3-525-58031-8

Tag für Tag bietet der Band eine Einladung zum Nachdenken und Nachspüren, zum ganz eigenen Erleben der Passionszeit. Fundierte Reflexionen, sprachliche, bildliche und musikalische Anregungen begleiten die Lesenden durch die Passionszeit, die auf diese Weise zur Entdeckungsreise wird.

Reiner Knieling / Andreas Ruffing (Hg.)
Männerspezifische Bibelauslegung
Impulse für Forschung und Praxis
Biblisch-theologische Schwerpunkte, Band 36
2012. 255 Seiten, kartoniert
ISBN 978-3-525-61617-8

Wissenschaftlich fundiert und gut lesbar zeigen Fachleute an ausgewählten Büchern des Alten und Neuen Testaments, wo männertheologische Spuren zu legen und zu verfolgen sind. Konsequenzen der neuen Sicht für Predigt und Bibelarbeit werden reflektiert und entfaltet. Männer kämpfen um Status, Einfluss und Anerkennung. Sie sehnen sich nach Geborgenheit und Rückhalt. Männer lieben Freiheit. Und sie übernehmen Verantwortung. Solche typischen Männerambivalenzen müssen in Seelsorge, Gottesdienst und Gemeindepraxis stärker in den Blick geraten.

Vandenhoeck & Ruprecht